本书获得国家自然科学基金面上项目"留守经历的长期影响、作用机制与对策研究"(71774138)、浙江省之江青年项目"留守经历的时间效应研究"(18ZJQN01YB)及浙江大学学科交叉预研专项项目"留守经历的长期影响研究"资助,特此致谢!

本书的出版受"中央高校基本科研业务费专项资金资助""浙江大学文科精品力作出版资助计划资助",特此致谢!

CHILDHOOD MEMORIES

童年追忆

留守生活的
回溯与分析

刘志军
张伊茜
杨程越 著

中国社会科学出版社

图书在版编目（CIP）数据

童年追忆：留守生活的回溯与分析 / 刘志军，张伊茜，杨程越著. -- 北京：中国社会科学出版社，2024. 7. -- ISBN 978-7-5227-3848-2

Ⅰ. D432.7

中国国家版本馆 CIP 数据核字第 20240V4J40 号

出 版 人	赵剑英
责任编辑	刘亚楠
责任校对	张爱华
责任印制	张雪娇
出　　版	中国社会科学出版社
社　　址	北京鼓楼西大街甲 158 号
邮　　编	100720
网　　址	http://www.csspw.cn
发 行 部	010 - 84083685
门 市 部	010 - 84029450
经　　销	新华书店及其他书店
印　　刷	北京君升印刷有限公司
装　　订	廊坊市广阳区广增装订厂
版　　次	2024 年 7 月第 1 版
印　　次	2024 年 7 月第 1 次印刷
开　　本	710×1000　1/16
印　　张	21
插　　页	2
字　　数	307 千字
定　　价	128.00 元

凡购买中国社会科学出版社图书，如有质量问题请与本社营销中心联系调换
电话：010 - 84083683
版权所有　侵权必究

目 录

前　言 ……………………………………………………………… 1

卷一　引论

第一章　概念、视角与方法 ……………………………………… 3
　　一　概念辨析与背景介绍 …………………………………… 3
　　二　问题视角与留守片段：听到的、看到的、感受的 …… 8
　　三　内省视角与曾留守者：我们为什么会选择这个群体 … 15
　　四　素材与方法 …………………………………………… 18

卷二　个案鉴读

第二章　骨肉分离——是理解还是隔阂 ……………………… 23
　　一　理解：作为一种弹性家庭策略的离别 ……………… 27
　　二　隔阂：作为一种终将离散的亲子关系 ……………… 33

第三章	留守日常——不断适应中的童年	43
一	代理监护：是别处温暖还是额外负担	47
二	非独生子女：是相互扶持还是个人牺牲	56
三	自我世界：是走向自洽还是走向自由	65

第四章	抚今追昔——作为个体归因的留守	78
一	留守经历的具身化	82
二	陷入留守的周期困境	99
三	跨越困境渐入人生佳境	107

第五章	乡村琐事——美好与问题共存	118
一	阴晴圆缺如人生百态	123
二	挥之难去的伤痕记忆	137

第六章	跨国留守——从留守到流动	156
一	跨国浙商家庭的留守故事	157
二	跨国留守的朝鲜族儿童	170

卷三　回溯分析

第七章	留守经历与行为发展	189
一	问题与研究回顾	189
二	分析框架	191
三	关键变量说明	193
四	保护性因素及危险性因素简析	196
五	影响因素检视	204
六	本章结论与讨论	211

第八章　留守经历与人格发展 ········· 214
  一　问题与研究回顾 ········· 214
  二　分析框架与统计方法 ········· 216
  三　关键变量说明 ········· 217
  四　分析结果 ········· 225
  五　本章结论与讨论 ········· 229

第九章　留守经历与情绪创伤 ········· 234
  一　问题与研究回顾 ········· 234
  二　分析框架 ········· 236
  三　关键变量说明 ········· 236
  四　影响因素检验 ········· 237
  五　本章结论与讨论 ········· 243

卷四　总结反思

第十章　超越个体与时间：对留守经历长期影响分析框架的检讨与反思 ········· 249
  一　儿童留守现象及其影响争议 ········· 249
  二　留守的复杂效应及由此引出的问题 ········· 250
  三　分析逻辑与思路 ········· 252
  四　模型与方法 ········· 253
  五　分析结果 ········· 257
  六　主要结论 ········· 262
  七　CORP 全息分析模型的提出 ········· 263
  八　本章小结 ········· 266

第十一章　留守儿童问题的研究反思与应对路径 …… 268
　　一　制度改进和创新 …… 270
　　二　多方合力的行动者网络构建 …… 283
　　三　推动儿童参与的儿童友好社会建设 …… 288
　　四　本章小结 …… 292

结束语 …… 294

参考文献 …… 296
　　一　中文文献 …… 296
　　二　外文文献 …… 307

后　记 …… 319
　　张伊茜：属于这个时代的记忆 …… 321
　　杨程越：在时间的原野上书写 …… 323
　　刘志军：念念不忘，终有回响 …… 324

前　言

留守儿童问题，是进入21世纪以来社会各界关注的现象级议题之一，围绕相关主题的讨论不可谓不热烈、研究不可谓不深入、成果不可谓不丰富，大大推动了政府、学校和社会对留守儿童这一群体的关注、投入和支持。近年来，中央和地方政府出台各级各类政策制度，在民政部门设立专管儿童福利服务的司局处室，将更多更好的儿童福利服务纳入中长期规划，试点并全面铺开儿童主任制度，探索建设儿童友好城市、儿童友好社区及儿童友好社会，在制度层面上为根本性地应对和解决留守儿童问题奠定了良好基础。

然而，纵观已有的留守儿童研究，绝大多数侧重从群体层面描述留守带来的困难和挑战、分析留守对儿童发展的消极和积极影响、归纳提出消解留守儿童问题的对策建议，对于一个个留守儿童的鲜活的立体性的描述则凤毛麟角。虽然也有少量著作和论文中插入了留守儿童的访谈个案，但散布于这些论著中的片段性的个案文字，并不能立体性地向人们展示留守儿童的鲜活形象和完整的过往故事，不利于外界对伴随着改革开放的人口大流动而大量出现的留守儿童做出全盘了解和认识。也有少数论著通过深入访谈，以个案的形式完整展示了留守儿童的生活故事，但遗憾的是，这些个案都是针对正在留守的未成年儿童的访谈写成，其中多数是小学和初中学生，其留守生活还在持续，并未经过岁月的沉淀，通过他们的故事来了解留守儿童生活的全貌，有着天然的局

限性。

正是有感于上述不足，笔者自 2017 年以来，聚焦于已年满 18 周岁的曾经为留守儿童的成年人开展了一系列调查研究，除开展常规的问卷调查和定量分析以外，还特别地对部分曾经留守者开展了回溯性访谈，以全方位地展示留守儿童们的生活样貌、所思所想和自我反思。这些年来，我们的团队在全国 21 个省份访谈了 137 位有过留守经历的、于 1980 年及以后出生在改革开放时代的年轻人，并整理成了一个个完整的访谈故事，以全方位展示留守儿童们在留守期间的生活琐碎、亲子互动、上学经历、社会交往、个人发展等方面的立体性信息。

在面对面访谈及整理阅读他们的访谈故事的过程中，我们常常被他们细腻丰富的情感所触动，被他们艰难挣扎的往事所震动，也被他们在逆境中隐忍自强的精神所感动。倾听着、阅读着他们自述的留守期间的过往故事，我们往往在不知不觉中就代入了他们的留守角色，体悟着他们的体悟、呼吸着他们的呼吸、思考着他们的思考、痛苦着他们的痛苦、快乐着他们的快乐，也期盼着他们的期盼！

虽然在从事留守儿童研究以来，笔者已经发表了 21 篇中文论文、5 篇 SSCI 收录的英文论文，也撰写了关于改进和创新儿童主任制度以应对留守儿童、事实孤儿等困境儿童问题的评论，获得《人民日报内参》的转载、中央领导的批示及民政部领导的过问，在学术层面、咨政层面有了一定的成果，但依然遗憾于隐藏在这些成果背后的鲜活的留守儿童们的过往故事，还没有机会完整地呈现于社会大众，尤其是千千万万个曾经留守和正在留守的儿童们及其父母、祖父母、外祖父母们的面前，带着大家一起去感受、去回味、去体悟，让全社会都能产生对留守儿童等困境儿童的心灵共鸣。

正是基于这样的考虑，本书将围绕这 137 个曾经留守者的访谈材料铺陈和展开。一方面引述完整的个案故事，原汁原味地呈现留守儿童当时的家庭生活、学校生活和社会生活；另一方面也基于质性访谈材料的编码，开展留守经历对行为发展、人格发展及情绪创伤等方面长期影响的专题学术分析。不过，由于篇幅的限制，我们仅选择了 38 份个案材料纳入本书，在正文中分类加以总结概括和展示，以满足读者对原始叙事的阅读需求。基于137份个案材料所做的专题分析，已分别成文在学术期刊公开发表，这次纳入本书时，我们对材料来源及变量编码部分的重复性内容做了删减合并。在最后一章的对策建议部分，也纳入了笔者近年来撰写的关于儿童主任制度困境及其改进创新、儿童友好社会建设中的儿童参与等方面的文章内容，期待借此进一步推动国家、政府和社会更多关心儿童问题，为最终建成儿童友好的美丽乡村、儿童友好的美丽社区、儿童友好的美丽中国助上一臂之力！

除前言和结束语以外，本书包含四卷十一章内容。其基本框架如下：

卷一为引论，将用一章的篇幅介绍留守儿童相关的概念与背景、看待留守儿童问题的视角、素材来源及其处理、资料分析方法等。

卷二为个案鉴读，包含五章内容（第二章到第六章），将分类展示38位曾留守者的自我讲述，其间加入概括与评述。第二章的4个个案聚焦于核心家庭是如何做出留守决策并利用家族和社会力量接替其养育职责的，关注的是留守儿童在策略性的家庭分拆背景下产生的或理解或隔阂的表现、影响因素及其后果。第三章的8个个案，则聚焦于留守儿童们的日常生活，关注曾经的留守儿童如何看待和接受自己的留守身份与生活，这些过往的留守经历又对他们之后的学习、工作和生活带来了哪些方面的影响。围绕第二、第三章生发的上述问题，第四章的8个个案重点呈现留守儿童的个体归因。

如果说第二、第三、第四章更多关注的是留守儿童个体成长的微观生活环境，包括儿童与父母、代理监护人、同辈等群体的交往和互动，那么与之相对的，第五、第六章则将留守问题置于一个更为宏大的社会结构与制度安排的视域中加以讨论。第五章希望通过对10个个案故事的讲述，来展现乡村留守儿童的生活状态，以及通过他们的眼睛管窥乡村生活的甜与苦、快乐与辛酸，并在此基础上思考与乡村问题、教育问题相交织的留守问题。第六章则将用8个跨国流动家庭的留守儿童个案，来呈现他们同中有异、异中有同的处境和后果。其中四位来自浙

江，为父母在意大利、巴西等国做生意的曾留守者；另外四位来自辽宁，是父母在韩国务工的朝鲜族曾留守者。前者有相对优渥的家庭条件，并且童年的大部分时间身处城市之中，受过良好的学业教育；后者的父母虽然在收入上可能高于国内的普通工人，但与农民工相似，社会经济地位一般，他们的子女也大多会在成年后跟随父母赴韩务工。

卷三为回溯分析，包含三章内容（第七章到第九章），将基于137个个案编码材料，围绕留守经历对行为发展、人格发展及情绪创伤的影响作专题的扎根分析。人生海海，山山而川，留守经历并不是一场突如其来的事故，让生活轨迹骤然改变，而是生活长河中的一个看似平滑的拐点，潜移默化地改变了留守儿童的人生流向。但如何厘清这背后的影响机制，仍是一大挑战。因为要对留守儿童发展的影响因素做出探讨，需要获取比较翔实的个体数据作为支撑，而定性的个案访谈则具有相对优势。然而，个案材料的非结构性和主观性也为材料的分析带来了困难。为此，本书将借助 Nvivo 质性分析软件进行双人编码来消减潜在的影响，并利用 SPSS 分析软件对编码转换过的数据做适当的量化分析，以实现定性与定量分析结论的互补和参证。

卷四为总结反思，包含两章内容（第十章与第十一章）。其中第十章主要针对留守经历长期影响的分析框架，做出系统检讨与反思；第十一章则对留守儿童相关研究做出反思性的讨论，并提出改进新时代留守儿童关爱保护与发展工作的可能路径与应对策略。

卷一　引论

　　留守儿童，几乎每个人都听说过、接触过、感叹过。但大多停留在模糊的感知和认知层面，对于究竟哪些儿童才是留守儿童，留守儿童又分为哪些类型、数量有多少，我们该如何看待留守儿童及其面临的机遇和挑战，都难得其详。本卷将用一章的篇幅，对与留守儿童相关的基本概念、社会背景、观察视角等做出交代，也将简要交代本书写作所用素材的来源和资料处理方法等。

第一章 概念、视角与方法

一 概念辨析与背景介绍

作为世界上人口最多的国家，中国一直在快速发展变化。在过去的三四十年间，流动人口急剧而持续地增长，从1982年的670万人增长到2015年的2.47亿人（国家卫生健康委员会，2018：3—4），再到2020年第七次全国人口普查时的3.76亿人（国家统计局，2021）。在城乡二元结构的大背景下，众多流动人口因各种条件的限制并不能将子女带去城市生活，多数农民工家庭处于分居状态，制造出农民工的"离散型家庭模式"（金一虹，2009）或"拆分型家庭模式"（谭深，2011）。公益机构新公民计划根据第六次和第七次人口普查数据，更新发布了《在一起！中国流动人口子女发展报告2021》。该报告显示，2020年，中国流动人口子女规模约1.3亿人，超过中国儿童总数的40%（魏佳羽，2022）。流动人口的子女大多只有两种选择，一种是跟随父母成为流动儿童，另一种是与父母双方或单方分离成为留守儿童。从这一数据中我们也大致可以推算出，当今留守儿童的总规模约6000万人[①]，占中

[①] 这里采取的是"留守儿童"最宽松的定义，即父母双方或一方外出而被留在户籍所在地、不与父母共同生活的18周岁以下的儿童。

国儿童总数的近1/5。

多年以来，不论是在我们的日常生活中，还是在新闻报道、报纸杂志或是学术研究里，留守儿童总是作为一个问题对象出现在公众视野中。关于"留守儿童"这一概念的定义，学界众说纷纭，在儿童年龄、留守时长、父母一方还是双方外出等界定上各有主张，相关讨论参见笔者此前发表的专题论文《留守儿童的定义检讨与规模估算》（刘志军，2008a）。与当时的主张不同的是，基于笔者团队近年来对于留守经历长期影响的研究发现（刘志军，2018、2019、2020a、2020b、2021、2022、2023a、2023b；刘志军、徐芳，2020；刘志军、杨帅、王岩，2022；杨帅、刘志军、王岩，2023；Liu & Zhou, 2020; Wang et al., 2022; Yang et al., 2023），考虑到单亲外出儿童也受到深刻影响，本书采用相对宽松的留守儿童定义，将其界定为"父母双方或一方外出超过半年，留在户籍所在地生活的未成年人"。

留守现象并不是某个时代或者某个地区特有的现象，它横贯古今、遍及全球。就中国而言，古代一些特定群体的营生方式就容易产生留守儿童，比如在外奔波的商贾、游历天下的文人、东征西伐的官兵等；另外，一般百姓的流动也可能产生留守儿童，比如近代的"走西口""闯关东"的国内迁徙和"下南洋"的跨国谋生等，在没有一定现实基础上的流动往往会首先采取单人迁移，稳定后再举家迁移的策略（罗国芬、佘凌，2006）。

留守现象同样存在于中国以外的其他国家和地区，尤其是在跨国务工和国内迁移较普遍的欠发达地区。在加勒比国家中，有10%—20%的儿童因父母双方或一方跨国务工而被留守原籍（Blank, 2007）。其中，墨西哥双亲家庭中的17%的儿童在童年时期的某一阶段中父亲曾移民外出（Cortes, 2008; Dillon & Walsh, 2012）。在罗马尼亚，越来越多的移民父母选择将子女留在国内以便从事临时性的雇用工作（Graham & Jordan, 2011），2007年罗马尼亚国内约有82000名留守儿童，其中超过三成儿童（26000名以上）的父母双方身处外国，超过半数儿童（47000名以上）的父母一方在国外（Tomşa & Jenaro, 2015）。此外，在东南亚和南亚地区，大量青壮年出国从事家佣和低技术工人等职业，使得跨国留守现象也十分普遍。菲律宾有大约 200 万名儿童（占 5%）的父母一方或双方在海外工作；印度尼西亚有 2%—3% 的儿童被留守在国内（Janson，2014）；在斯里兰卡有超过 1/10 的人受雇为国际劳工，他们留下了大量留守儿童（Wickramage et al.，2015）。据 Jayasuriya & Opeskin（2015）的估计，有 100 万名左右的儿童受到了移民现象的直接影响。检索 Taylor & Francis 等国外期刊数据库，与 "left-behind children"（留守儿童）相关的文章大多建基于中国国情，而对于其他国家中存在的相似意义上的（跨国）留守儿童则通常用 "children who remain behind"（被留下的儿童）、"children of immigrants"（国际移民的子女）等词表示。因此，从历史的、全球的视角看，留守现象是具有时空变迁的共性问题。①

在此基础上，我们需要关注的是，改革开放后的留守儿童现象不仅仅是历史的延续，更带有社会转型期的一些特征。本书所关注的群体就是在改革开放后的第一批留守儿童，他们生于 1980 年至 1999 年，业已成年。在本书中，我们暂且将其称为"曾留守者"。

其实早在 20 世纪 80 年代中期我国大规模人口流动出现之时，留守现象就随之"遍地开花"了，但其被社会所广泛关注则是到了 21 世纪初特别是 2004 年以后。《光明日报》《人民日报》《中国青年报》等多家全国性报刊对于留守儿童问题进行的大规模报道，很快引起了政府与社会的高度关注。2004 年 5 月 31 日，教育部专门召开了"中国农村留守儿童问题研究"座谈会，标志着留守儿童问题正式进入了政府的工作议程。以此为契机，针对留守儿童问题的报道、研究和干预呈井喷之势（谭深，2011；刘志军，2008b）。媒体和学者们对于留守儿童的关注通

---

① 谈到 "left behind" 一词，这里稍做补充。美国在 2002 年正式颁布了 *No Child Left Behind Act*（简称 NCLB，"不让一个孩子掉队"法案），作为 1965 年的 *The Elementary and Secondary Education Act*（ESEA《中小学教育法案》）的更新。这一法案特别关注确保各州和学校提高某些特定学生群体的表现，比如非英语母语者、贫困和少数族裔儿童，他们中不少人是流动儿童，需要跟随季节性变动工作地址的父母在各地流动。

常来自于对其处境担忧的一般性认识:"因为家庭生活和教育的缺乏,无法享受同龄孩子的'花季'、'雨季',生理和心理的成长都面临着问题。"(李陈续,2002)

留守儿童按照户籍可以分为两类:农村留守儿童和城市留守儿童。在相关研究早期,留守儿童往往指的是农村留守儿童,城市留守儿童尚未能被给予和前者同等的关注。

农村留守家庭和留守儿童的大规模出现,主要源于户籍制度以及与之相关的教育、就业和社会保障制度等。20世纪80年代后期,是我国规模性农民工群体方兴未艾的重要时期(周大鸣,2021)。相比于通过教育进入体制内流动的人即城市职工,这一群外出务工者是在没有明确制度框架的背景下流向城市的。他们处境的好坏,不仅取决于市场和自己的行动决策,还很大程度上受制于流入城市的管理措施(陆益龙,2010:75)。政策的松紧、市场的好坏深刻地影响他们的生存境遇,将他们置于无时无刻的风险之中。因此,将子女托付给农村原籍地的祖辈等其他亲戚朋友寄养,成为他们不得不为之的选择。这类儿童又被称为"农民工留守儿童",占留守儿童的绝大多数。

城市留守儿童产生的原因则更为多样化,其中市场转型和单位制瓦解则是推动其成规模出现的时代诱因。在我国由计划经济转向市场经济的阵痛改革中,许多国有企业因为不适应市场竞争机制纷纷倒闭或改制,企事业单位的裁员致使大量员工下岗失业,成为了灵活就业人员,不得不自谋生路乃至背井离乡。而一部分人的孩子也就在这场下岗浪潮中成了城市留守儿童(王璐、李先锋,2008)。除此之外,父母是军人、商人、企业外派职工或者双方异地工作等的家庭也可能出现留守的现象。

留守儿童的规模是了解留守儿童情况的重要指标。人口学家段成荣等(2013)根据第五次和第六次人口普查数据进行推测分析,认为全国农村留守儿童数量在2000年约有1981万人,2005年约5861万人,2015年约有6103万人,十五年来农村留守儿童规模巨大,且增长迅速。张吉鹏等(2019)通过比较第六次人口普查数据中0—15岁人口的流动比例（10%—15%）与20—35岁的父母群体的流动比例（25%—35%），认为两者比例之间的差距背后则代表着大量儿童未能跟随父母而成为留守儿童。据全国妇联课题组（2013）的调查，我国大约有6100万名留守儿童。即便根据国务院提出的更为严格的农村留守儿童定义，在2016年也有902万名不满十六周岁的农村留守儿童（刘志军，2018），至2018年8月底，这一数字下降到697万[①]，但绝对数量依然庞大。虽然因为定义歧异、统计工具和统计方法的差异而致使数据结果悬殊，但留守儿童特别是农村留守儿童规模巨大是学界、政界乃至全社会的共识。

国内关于留守儿童的研究不计其数，大多数是采取问卷及量表的形式收集资料并做量化分析，这些研究无疑是有巨大意义的。值得一提的是，近年来学界对于留守儿童的关注视角开始从局外人逐渐转为当事人内部视角，留守儿童不再被单纯视为留守的被动承受者，他们能够充分发挥能动性，用自己的方式去参与、适应或者抵抗这段经历（王晓、童莹，2019）。

我们选取有留守经历的成年人而非儿童作为研究对象，是考虑到其社会化过程基本完成，形成了相对稳定的心理状态，并且或多或少地对于自身的留守经历有一定的思考。他们的过往经历、现时状态和未来设想，对于我们而言都有很大的启发。既有的关于政府、社会组织、新闻人、教育专家等对于留守现象的叙述和解读已经层见迭出，在这个基础上，给予留守的真实经历者以话语权，倾听他们的声音，显得弥足珍贵。

在这个基础上，我们通过深度访谈的方式，希望重现统计数据下的一个个鲜活个体——曾留守者是如何经历、回顾和消化自己的留守经历的。在这本书中，我们尽量保持了最原初的田野记录，努力去还原他们过去和现在的成长脉络与心路历程；也希望借由这本书，让读者们走进

---

① 《图表：2018年农村留守儿童数据》，民政部门户网站，2018年11月2日。http://www.mca.gov.cn/article/gk/tjtb/201809/20180900010882.shtml。

他们的精神世界，而不是停留在"标签化"的认知判断上，唯有了解，才能真实地为这个群体做些什么。

二 问题视角与留守片段：听到的、看到的、感受的

学界很早就开始关注留守经历对于儿童成长的影响问题，并从学业教育、体质发展、心理健康、情感危机等多个维度做出了剖析。虽然结论不一甚至有相互矛盾之处，但总体来说，留守儿童在很多方面都遭遇了发展问题。

欧美学者的研究表明，留守经历会导致情感、心理、行为、教育和健康方面的问题（Amato, 1991; Crawford-Brown, 1997; Jones et al., 2004; Pottinger, 2005; Lyle, 2006; Bakker et al., 2009; Castañeda & Buck, 2011; Popa, 2012; Lu, 2014; Lara, 2015; Tomşa & Jenaro, 2015），产生学校表现差、辍学、与老师及同辈的冲突、焦虑、低自尊、情绪低落、冷漠、自杀行为、吸毒等各种问题（Valtolina & Colombo, 2012）。例如，对于加勒比地区留守儿童的研究就发现，留守儿童会遭遇心理困扰（Adams, 2000; Elliot-Hart et al., 2006; Glasgow & Gouse-Sheese, 1995; Jones et al., 2004; Pottinger, 2005; Castañeda & Buck, 2011; Dillon & Walsh, 2012; Davis, 2016）、产生行为问题（Crawford-Brown, 1997）、体质发展缓慢（Castañeda & Buck, 2011; Davis & Brazil, 2016）、遇到家庭关系方面的挑战（Olwig, 1999; Davis, 2016; Dillon & Walsh, 2012）等问题。留守儿童在留守期间遭受的苦痛，会一直延续到后期跟随父母到移民国定居的过程中，其中一些儿童将面临融入和重建亲子关系的挣扎（Adams, 2000; Aronowitz, 1984; Glasgow & Gouse-Sheese, 1995; Levitt et al., 2004; Suárez-Orozco et al., 2002）。

这些发现与在中国、东南亚、非洲等其他地区的研究发现是相符合的（Dillon & Walsh, 2012），如生存质量综合得分显著较低（Huang et al., 2015; Jia et al., 2010）、生活条件更差（Zhao et al., 2014; Chang et al., 2011）、有更高的非致命意外伤害率（Shen et al., 2009）、会受到更

少照料、有更多的营养问题、体质发展缓慢或体重超标等（Luo et al., 2008; Gao et al., 2010; Zhang et al., 2015; Wickramage et al., 2015），有更多的吸烟、酗酒、过量饮用饮料、沉迷电视等不健康行为（Ling et al., 2015; Wen & Lin, 2012; Gao et al., 2010; Yang et al., 2016），更少亲社会行为（Fan et al., 2010），学业表现受到不良影响（Liang et al., 2008; Jia et al., 2010; Wen & Lin, 2012; Lu, 2012; Zhang et al., 2014; Zhou et al., 2014; Pörtner, 2016），存在抑郁、焦虑、孤独等心理健康风险（Liu et al., 2009; Jia & Tian, 2010; Jia et al., 2010; Fan et al., 2010; Graham & Jordan, 2011; Guo et al., 2012; Su et al., 2013; Zhao et al., 2014; Guo et al., 2015; Liu et al., 2015; Cheng & Sun, 2015; Wang et al., 2015; Ling et al., 2015; Wickramage et al., 2015），等等。全国妇联2008年的研究报告将农村留守儿童分为三个年龄组，并梳理了这三个年龄组各自所面临的突出问题：幼儿（0—5周岁）面临的是母乳喂养、亲子呵护的缺失，在家庭教育上的不足得不到正规学前教育的补偿等问题；义务教育阶段儿童（6—14周岁）面临的是安全和青春期教育缺失，寄宿制教育不规范，进城生活困难等问题；大龄儿童（15—17周岁）面临的则是辍学厌学、就业层次低、性侵害等问题（全国妇联课题组，2008）。

《柳叶刀》杂志于2018年发表的一篇荟萃分析文章，对全球范围内父母外出与儿童健康关系的研究做了系统全面的梳理，经筛选后纳入111项研究（其中涉及中国留守儿童的91项），涵盖了264967名儿童样本，结果显示，与非留守儿童相比，留守儿童的品行障碍、铺张浪费、吸食毒品等行为风险显著更高（Fellmeth et al., 2018）。

在留守经历对于个体的短时段和长时段的影响问题上，学者们观点各异乃至相互抵牾，不同学者针对相似问题的结论可能是有负面影响或者是没影响；但总体来讲，留守儿童面临更高的发展风险，是学界共识。本书并不旨在得出一个确切的结论，而更多地希望描述和展示材料，并进行简要的归纳分析。更深层次的推论则是仁者见仁，我们将其留给读者自己斟酌和体味。

对于缺乏留守经历的一般人而言，了解留守儿童这一群体主要是通过新闻媒介。曾有学者统计过，留守儿童在《人民日报》中的媒介形象主要呈现为四种：缺少家庭教育和父母关爱的"问题儿童"、政府和社会帮扶下的"幸福儿童"、需要关爱的"弱势群体"和少年早熟的"懂事孩子"（孙欢欢，2016）。

对于一个群体标签化的叙述，在早期能够吸引社会大众去关注和了解这个群体，从而实现对其的直接帮助；但在后期，这类标签一旦定格化，就可能变成刻板印象，对这一群体的个体产生消极影响。对于留守儿童的报道和研究，从外部视角为我们营造了关于这类人群的"群体画像"，而处于现实生活中的活生生的个体如何发挥能动性来经营自己的生活，还需我们走进他们的人生。以下是我们摘取的几位曾留守者的人生片段，从他们自述的文字中可以管窥他们在留守生活中遭遇的身心困境。

寄人篱下

大概是8岁那年，我爸妈决定外出打工，把我交托给了大伯一家，只有过年才回来。10岁的时候，有次下雨自己骑自行车上学，下坡时没注意连人带车摔倒，膝盖摔伤了，后来伤口没及时处理又感染了，无法使劲，走不动路，在医院打了一星期吊瓶，又回家卧床一个月才完全恢复。当时特别委屈，因为别人都是家长用电瓶车送，只有我家里没人送，只能我自己骑车。其实我特别不能理解为啥爸妈要把我丢给大伯家，他们根本没时间管我，什么都要我自己弄，每天早晨都要泡方便面吃，写完作业还要自己烧饭、洗碗、洗衣服。虽然我因而锻炼出了很强的独立生活能力，但我觉得好不公平，别人家父母即使不在，也有爷爷奶奶照顾，什么都不用做，饭给你盛好，衣服给你洗好晒干，上学放学都有人接送，唯独我全部都要自食其力。（男，1993年生，河南潢川县人，高中学历，访谈

时在河南郑州当厨师）

我8岁的时候爸妈去北京做生意，把我托付给了舅舅家。舅舅家看起来很幸福美满——我去他家之前也这么认为，但其实他们总吵架，家庭整个环境很压抑。舅舅在县城上班，几乎每天都有应酬，很晚才回家。舅妈因为这事经常跟舅舅吵架。别看我舅舅在外谈笑风生，一回到家就摆一张臭脸，对舅妈极其冷淡，我都看不下去了。舅妈实在难过，经常借酒消愁，一喝酒就口无遮拦，两个人就又开始无休止的争吵，严重的时候就打架、摔东西。后来我甚至都到了这种程度——舅舅一回来我就提心吊胆，生怕他们说着说着就吵起来，吵着吵着就打起来。我最害怕暴力冲突，也无法预料暴力冲突的后果，每次他们打架我都非常害怕。因为他们有扔东西的习惯，我担心出事就站在他俩之间。现在想来真是辛酸呀！而且他俩的事我还不方便跟我爸妈说，就一直瞒着他们，只能一个人默默忍受这种暴力压抑的家庭环境，真是童年巨大的阴影呀！我现在对婚姻都没有什么憧憬了，而且日常生活中也特别害怕冲突。（女，1991年生，河南息县人，本科学历，访谈时在息县做公务员）

无依无靠

我4岁的时候爸妈就外出打工了，我一直跟随爷爷奶奶生活。因为我体质不好，长得很瘦，容易受人欺负。有一次在学校跟同学闹矛盾，对方先动手，我就还手，后来对方打输了，就把他家长叫来了。那个人的家长来了把我骂了一顿，我也不敢还口，我感觉特别委屈，我想如果我爸妈在就好了，就有人为我撑腰了。那个同学还威胁我说，如果我告诉老师就打我，我打不过他，也不想让我爷爷奶奶他们担心，就只能忍气吞声。之后那同学就一直以为我好欺

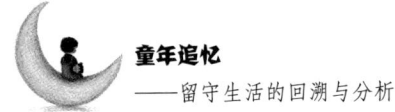

负，各种为难我，有时候还找我要钱，我感觉特别没有安全感。四五年级的时候我一直受他欺负，后来他转校了我才摆脱他。这事我一直没敢告诉爸妈，我觉得说出来挺没面子的。爸妈不在家时我觉得我没有一个安全的基地，很缺乏安全感，某种程度上也算一种人格缺陷吧。我感觉自己比较软弱、太老实，每当自己受伤害总是倾向于忍气吞声，而不是像别人那样据理力争、一定讨个说法。（男，1994年生，安徽安庆人，高中学历，访谈时在合肥做理发师）

我5岁时爸妈就离婚了，之后我跟我爸生活。后来8岁的时候我爸给我找了个后妈，后妈生下了个弟弟，他们就外出打工了，我就被送到爷爷家。爷爷奶奶对我比较放任，我的要求他们都尽量满足，他们觉得我是个没妈的孩子，想弥补我这方面的缺失。另一方面，也可能是他们太溺爱我了，造成我这种任性的性格，上学的时候太贪玩，没好好读书。后来还打架闹事，爷爷奶奶直接管不住我了，他们也不敢跟我爸说，害怕我爸回来教训我。现在想想，那时自己太叛逆了，还是挺对不起爷爷奶奶的。特别不愉快的经历，就是经常因为不按时交作业、调皮闹事被老师批评，我应该算班里典型的坏学生了。我感觉我之所以没走上一条正路，父母是有一定责任的。我没有一个完整的家庭，没得到正常孩子获得的父爱和母爱，也没有感受到来自父母的关心，我觉得我好像没有存在的意义和价值。所以我总是做一些叛逆的事情，希望引起大家注意、获得存在感。而爷爷奶奶又不能在适当的时候加以惩戒，我就养成了我行我素的行为习惯。（男，1992年生，江西赣州人，初中学历，访谈时在杭州做外卖骑手）

祖辈隔阂

我7岁的时候爸妈就外出打工了,我一直跟爷爷奶奶生活。说到难过的经历就是爷爷对我过于苛责。说实在的,我真怕他,他是教英语的小学老师,我英语又很差,每次轮到我爷爷检查我背英语单词,我都紧张得要死。他拿着一把戒尺,只要我哪个单词不会就直接抽上身。还有一次,我因为贪玩,英语成绩下降得很厉害,他直接不让我吃饭,把我饿了整整两天,还把我关在家里三天不让我出门。我奶奶根本劝不了爷爷,他这人脾气一上来,越劝火气越大。他是典型的大男子主义,是家里的权威,他教训我的时候别人只能看着,他认为教训他孙子天经地义,别人也管不着。我觉得他这样反而适得其反,因为我每次成绩下降,他就要严厉责罚我,导致我压力很大,有的时候考得不好甚至不敢把卷子带回家。而且我害怕他说我笨,每次遇到问题,情愿问同学也不愿问他。他越是对我严苛,我越是不敢靠近他、不敢向他请教,结果我也并没有从他那里学到好的学习方法。而且他管得太紧,就导致我后来上中学脱离他的管制后,各种放纵自己,我觉得这就是一种过度压抑后释放天性的表现。(男,1992年生,浙江温岭人,本科学历,访谈时为温岭一空调公司职员)

我10岁的时候父母外出打工,把我和哥哥寄养到爷爷奶奶家。不愉快的经历主要是发生在我和奶奶之间。我跟她从思想观念到生活习惯等很多方面都有冲突。我经常喜欢带好朋友来我家里写作业或者一块玩,她每次就会各种责备我,因为带人来家里把家里搞得乱糟糟,对我朋友表示出一种很不待见的样子。我喜欢买一些课外书,比如一些名著看,她就很不理解,认为这些和学习无关,纯属浪费钱。我最不能忍受的是每次有谁做了坏事,她第一个想到的人就是我。印象最深的是,有一次她发现她藏在衣柜衣服口袋里的钱

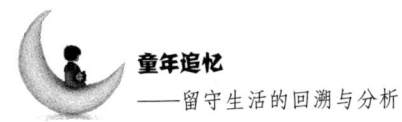

丢了，她记得我那天下午一直在卧室，所以就一口咬定是我拿的。我感觉非常无辜和委屈，坚决不承认，但也没法证明是谁拿的。后来我奶奶就一直认为是我拿的……我感觉我奶奶之所以对我如此不待见，一方面是她根深蒂固的重男轻女观念，她对我哥向来态度是很好的，但对我就采用双重标准。另一方面是她对我妈不太满意。她跟我妈的那些陈年旧事我就不提了，婆媳关系是我们家一本难念的经。然后她就将这种不满意宣泄在我身上，我能感觉到是这样。我和爸妈说过，可是他们也做不了什么，跟老人讲道理或者试图去改变他们的观念都是徒劳的。（女，1992年生，河南淮滨人，本科学历，访谈时为某县医院护士）

放任自流

我从6岁开始留守，母亲早逝，父亲当时去绍兴打了一年工，后来就在村里做小工了。村里有个比我大几岁的哥哥，时常逃学去网吧，班主任管不了，小学毕业就被父母带出去刷盘子，我觉得如果父母在身边，这件事情很可能不会发生，因为他的爷爷奶奶太宠他了，而且年迈，对这个孙子没办法，采取放任的态度。还有一个同村人，年龄和我一样，他父母一直在外面打工，把他放在家里由奶奶带着，他没有爷爷，是他们家唯一的孙子，被众星捧月地宠着。后来，那男孩就开始叛逆，不听他奶奶的话，上课就是睡觉，晚上就在网吧，为了有钱上网，多次被发现偷村里面人家的钱。六年级刚读完，就跟随着父母外出打工。他在外面打工也不安分，和老板同事争吵、做贼，他父母对他也没有办法。再后来他父母就单独出去打工，留他一人在家。5年前，他在自己家二楼摔下去，头部受伤，就一直戴着头盔独自在家里生活，依旧偷钱。据说是由于他脑袋有些问题，被别人报警抓进去过，但是没几天就放了，所以村民拿他也没办法,他也就更加猖狂。前年6月份,他老妈教导了他几句,他就在房间里面喝农药了。(女,1994年生,浙江绍兴人,访谈时为在读硕士研究生)

三 内省视角与曾留守者:我们为什么会选择这个群体

过去以"问题"视角看待留守儿童的研究,在当下被反思和批判。比如统计分析缺乏具体的论证过程甚至是没有交代调查方法,最重要的是,难以界定留守儿童所遭遇的问题在多大程度上是因为父母缺位而引起的(谭深,2011)。就前文所说的留守儿童普遍面临的心理问题,往往被归因于家庭层面——祖辈的"重养轻教",以及父辈出于对孩子的愧怍而采取过分的物质补偿和放任教育,容易让儿童形成不良行为和心理障碍。

奥地利精神病学家阿德勒(Alfred Adler)有一句名言:"幸运的人一生都被童年治愈,不幸的人一生都在治愈童年。"心理学中的依恋理论(Attachment Theory)揭示,在童年时期形成的与父母的依恋模式会成为其以后的人际关系的原型,深远持久地影响着他们未来的情感体验(吴薇莉等,2004)。

相比于留守儿童这一群体,我们选择曾留守者作为访谈对象,是考虑到"留守儿童"本身是一个阶段性的、流动性的概念,当儿童结束留守而和父母一起生活时,他是否还被算作留守儿童呢?而曾留守者在辨别上更为清晰,只要在童年中经历过父母双方或一方外出务工超过一年的成年人都被归为我们的研究对象[①]。从这个角度看,"曾留守者"可以被看作这个人群的终身属性。

虽然中外学术界关于留守对于儿童的影响的研究已经十分丰富,但对于留守的长期影响的研究还相对比较缺乏,一般考察的是留守对于

[①] 考虑到半年时间的留守过于短暂,且这种情况极少发生,我们在实地调查中将留守最低时间设定为一年。

正处于留守状态的未成年人的影响,或者曾经的留守经历对于未成年人各方面发展的影响。已有的关于留守经历对于成年后的影响的研究,除了汪建华、黄斌欢(2014)关于留守经历对新工人的工作流动的影响,谢东虹(2016a、2016b)对于留守经历对新生代农民工城市居留意愿、工作流动的影响,纪韶(2016)对有留守经历的新生代农民工的综合就业能力、融入城市程度的研究以外,主要集中在大学生等人群的分析,得出了留守经历对大学生的总体心理健康(刘成斌、王舒厅,2014;詹丽玉等,2016)、抑郁及焦虑(李晓敏等,2009;李晓敏等,2010)、孤独感(温义媛,2009;谢其利、宛蓉,2016)、缺陷感(张莉华,2006;杨玲等,2016)、躯体化和强迫症状(詹丽玉等,2016)、自尊(李晓敏等,2010)、羞怯体验与社交焦虑(吴丹,2015;杨玲等,2016)、社会疏离感及人际关系(张莉华,2006;胡江辉等,2008;唐胜蓝等,2013;苏娜娜等,2016)、价值观与人格(徐礼平、王平,2009;温义媛,2009;陈孜等,2012)、生活技能(杨曙民等,2015)、心理安全感(吴丹,2015;苏娜娜等,2016)、主观幸福感/生活满意度(王玉花,2010;徐礼平等,2012;周春燕等,2014)等方面有显著影响的结论。海外学术界关于留守经历对成年后影响的研究虽然少见,但也有一些关于童年期生活经历或生活背景对于成年后影响的研究,如Hietanen等(2016)分析了童年期家庭社会经济地位对于中年时期的社会交往的影响,认为较低的童年期SES与中年时期较低程度的志愿工作和社会活动显著相关。

从前人的研究结果来看,"留守经历"对大家关注较多的大学生群体的影响与"留守"对中小学阶段留守儿童的影响是较为一致的。那么,正如谢新华、张虹(2011)所指出的那样,留守经历在大学阶段的影响主要是延续了童年期的影响,还是在继续发挥较大的影响力,这种留守情结会否随着时间的流逝而淡去或是无法解开,其影响机制及内容与早期是否有所区别,这些问题都有待进一步揭示和澄清。此外,留守经历对于大学生之外的群体的影响又如何,也都值得探讨。简言之,以往的多数研究关注的是正在留守的儿童,但他们仍处在发展发育阶段,其发展结果难有定论；而对有留守经历成年人的研究还主要限于大学生群体或特定地域，其代表性或有欠缺。

另一个突出的问题，是既有的关于留守经历的短期抑或长期影响的研究，都过于依赖定量化的问卷调查数据或量表测验数据；少量采用访谈资料所做的研究，则受限于访谈个案数量及分布范围，代表性存疑，同时又因论文篇幅所限，难以全方位有血有肉地呈现正在留守及曾经留守者的鲜活生活经历与现身说法的丰富讲述。

基于上述不足，本书希望基于笔者在完成国家自然科学基金面上项目（"留守经历的长期影响、作用机制与对策研究"）及浙江省之江青年项目（"留守经历的时间效应研究"）的过程中所做的对已经成年的曾留守儿童的深入访谈，进行系统整理和分析。一方面从客位的视角，借助质性分析软件 NVivo 对访谈资料进行信息编码，以专题方式做出关联分析、问题概括与对策探讨。另一方面，也将从主位的视角，原汁原味地呈现被访者的讲述，期待以个案方式全方位地展示留守儿童们的生活现实，与全社会分享他们的悲欢离合、喜怒哀乐以及他们自己对于留守生活的深刻记忆和对留守儿童问题的回溯性思考。

从材料角度看，本书将立体而生动地展现和刻画个体"成为留守儿童"的原因、过程与长期影响。选题贴近现实，材料鲜活，可读性强，容易引起读者共鸣，并在共鸣中获得触动与启发，对于社会各界全面而立体地了解和理解留守儿童群体具有良好价值。从学术角度看，本书将基于大量个案材料进行编码分析，创造性地提出"家庭—学校—社会"多层级留守负荷与留守保护的全息分析模型，以弥补学界在留守儿童研究方面缺乏通用分析框架的不足。本书提出的留守儿童关爱保护政策的制定需规避按类施策的简化思维，应基于留守负荷与留守保护的综合评估做出精准干预和支持等创新性的观点，有助于后脱贫时代留守儿童关爱服务体系的优化，也对 2019 年开始在全国实施的儿童主任制度的设计与完善具有启示意义，对于推动建设儿童友好的社区和社会具有良好的参考价值。

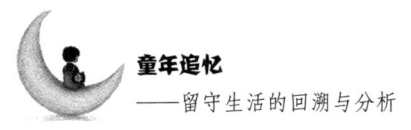

童年追忆
——留守生活的回溯与分析

四 素材与方法

本书所用的分析材料为课题组于2017年以来获得的137份有留守经历者[①]的个案访谈记录。访谈对象皆为有过留守经历的1980—1999年出生者。由经过培训的访员根据事先拟定的访谈提纲进行一次或多次面谈，必要时辅以微信、QQ或电话交流以做补充。访员在访谈结束后，也要求通过其观察，结合从其他渠道获得的相关信息，对被访者的经历和情况做出综合判断。访谈主要围绕四个方面的内容展开：一是个人的基本情况、家庭背景与当今状况；二是留守时间、留守类型等与留守相关的细节情况；三是童年留守期的学习与日常生活；四是对于留守影响的自我评价。

所有个案访谈由参与课题的教师、研究生与本科生合作完成，调查主要在2017年暑假（67份）、2018年寒假（59份）及2018年暑假（11份）前后展开，其中112份由来自农村地区的浙江大学学生回到自己所在的村庄采访完成，其余25份在城镇地区完成，但访谈对象也基本上是出身农村的"80后"。访谈对象的来源地分布见表1.1。

表1.1 个案来源地分布
（单位：个）

区域	个数	省市区	个数	区域	个数	省市区	个数	区域	个数	省市区	个数
东部	56	浙江	31	中部	56	河南	15	西部	25	广西	11
		山东	8			湖南	13			四川	3
		广东	8			安徽	11			内蒙古	3
		辽宁	4			吉林	6			甘肃	3
		福建	2			江西	4			云南	2
		江苏	2			湖北	4			贵州	2
		河北	1			山西	3			重庆	1

---

① 根据通常的留守儿童定义，个体如果在未成年前与父母双方或一方分别时长超过半年，则可以算作有留守经历。本书考虑到绝大多数留守儿童的留守时长不止半年，因而仅选择留守时长超过1年的成年人进行访谈。

个案来自全国 21 个省份，分布较为广泛，并主要集中在浙江、河南、湖南、安徽、广西壮族自治区、山东、广东和吉林。中西部个案约占总数的 3/5，来自东部省份的 56 个个案也主要来自这些省份的欠发达地区。

访谈对象以 1990 年代出生者居多，其基本特征见表 1.2。

表 1.2 个案特征与留守相关情况

（单位：%）

特征	类别	百分比	特征	类别	百分比
性别	男	44.5	出生年代	1980 年代	14.6
	女	55.5		1990 年代	85.4
独生子女	是	48.2	文化程度	大专及以下	27.0
	否	51.8		本科	58.4
				硕士及以上	14.6
父亲文化程度	小学及以下	26.3	母亲文化程度	小学及以下	56.2
	初中	47.4		初中	28.5
	高中及以上	26.3		高中及以上	15.3

对这些访谈资料的处理分为三个阶段。第一阶段是对访谈个案进行文字整理，以呈现曾留守者的童年留守经历、成长过程、心路历程及自我评价与检视等内容。第二阶段是借助质性分析软件 Nvivo 中文版对资料进行分析。具体的分析步骤如下：将访谈记录以电子文本的形式导入 NVivo 内存文件中，然后逐字逐句对文本进行开放式的编码。确定编码时以显性内容为主要依据，同时结合隐性内容进行判断和归纳。过程中尽可能以原始转录资料中的关键词为基础编码。根据本书的主要研究目的，我们主要围绕以下三个方面的内容进行编码：①访谈对象的行为、认知及人格等特质。②留守经历中的危险性因素。③留守经历中的保护性因素。为减少个人对隐性内容进行主观判断时产生的编码偏误，首先由两位编码员共同阅读编码 5 份个案，讨论确定总体的编码框架，再各自对剩余个案做单独编码，最后进行比照，如

有差异，再由两人讨论确定最后的编码。第三阶段是借助问卷星系统，将访谈记录所呈现的个人、家庭基本信息及其他通过 Nvivo 编码的内容进行转录，形成量化数据，并利用 SPSS 22.0 对量化后的数据做描述统计及相关分析等。

卷二 个案鉴读

本卷将分五个主题,用五章的篇幅分类展示曾留守者的自我讲述。为让读者快速把握个案的主要内容及其启示,我们在每一个个案之前用简短的一段话做了概括与评述。

受益于被访者的热情支持和倾力配合,我们得以在他们的娓娓道来中体味留守世界的百味人生——核心家庭是如何做出留守决策并利用家族和社会力量履行教养职责的?儿童如何看待和接受自己的留守身份与生活?过去的留守经历在个体的往后余生又产生了哪些一言难尽的影响?他们的酸甜苦辣折射着怎样的社会结构叙事?来自不同地域和家庭背景的留守儿童又面临着哪样或同或异的命运?这些都将通过一个个鲜活的故事呈现在大家面前。

为保护个人隐私,个案中出现的人名均为化名,我们也对部分可能透露个人信息的文字做了技术性处理。

第二章 骨肉分离——是理解还是隔阂

从宏观层面说,不完全的城镇化与工业化加之不完全的户籍制度松动,是留守家庭和留守儿童出现的结构性原因;而从微观层面说,是父母需要外出务工经商且无法照顾随行孩子而不得不留守。

"留守"在英文中通常被翻译为"left-behind",其字面意思是留下、撇在一边;相比之下,中文的表述更妙,不仅描述了"留"的状态,更强调了"守"的意义和期待——守候、等待、坚守(熊凤水,2016:84—85)。当家庭结构为了生计而被迫改变时,家庭生活并不一定因此被挖空。家庭成员通过重新分工和相互理解,努力去弥合离散所带来的部分家庭职能的缺失。尽管说,实现家庭功能的手段和模式发生了改变,比如功能的执行主体、执行方式和执行地点呈现出分离趋势,但是其"生养"等基本功能是无法为其他社会组织所取代的(杨菊华、何炤华,2014)。

亲子关系是家庭中最为核心和基础的关系,会直接影响儿童的身心发展和未来的人际处理方式(叶一舵、白丽英,2002)。对于留守家庭而言,亲子关系很大程度上取决于父母的所作所为,在物理上隐形的父母通过通信联络、物质支持、血缘情感等方式与子女互动和维系。有效的沟通能帮助孩子理解父母离开的原因和为这个家庭所做的牺牲,从而对孩子的成长产生相对正面的影响。另外,父母过去和邻居、亲友结交的友好关系也能在他们的缺席时间里,给予儿童莫大的帮助,儿童从与

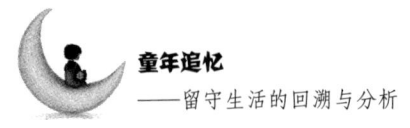

父母相好的长辈中获得的照顾能缓解他们的无助感和被抛弃感。

就亲子直接联系而言，商品化的物质联结和借助电子通信的虚拟联结成为父母通常采取的两种方式。有不少父母会通过远程通信询问孩子最近的情况尤其是学习、身体状况，这种询问或许没法直接产生显著性效果，但能够一定程度上表达自己的关心，拉近与孩子的距离。不过我们必须理解的是，这种联络的密度也并非父母主观可以决定，在手机电话尤其是通信软件普及以前，高昂的电话费成为农民工父母与子女保持频繁通信的重大阻碍。在一些落后村庄，21世纪初的时候整个村里只有一台座机，在外的父母如果要联系家人，就得通过拨打这户人家的电话，让其跑去通知家里人才能取得联系。而外出父母繁忙的工作性质，也在事实上使得他们难以和家人保持频繁的联系。

作为补偿，绝大多数在外打拼的父母以金钱和物质支持来平衡因不能陪伴照顾孩子而产生的亏欠心理，也希望通过为子女提供更好的物质保障和学习条件，来支撑孩子的未来发展。物质联结不止于干瘪的金钱转移支付，一些精心准备的小礼物，比如玩具、衣服等更能让孩子体会到温暖。不少曾留守者在回忆留守中印象深刻的事情时，都会谈到父母送给自己的一些礼物；在春节、中秋等重大节庆里青壮年纷纷回乡，同村的小孩相互炫耀自己得到的礼物，是乡村记忆中十分鲜活的片段。

总体而言，亲子关系的紧密程度不一定取决于相处的时间长短，而更在于相处过程中的方式与质量。举一个不太合适的例子，一个长期陪同在孩子身边但是脾气暴躁而时常忽视孩子感受的母亲，可能还比不上一个常年在外务工但是性格温和且善于倾听的父亲。

> 小王，女，1996年出生于湖南邵阳，从出生起直至2007年左右，父亲都在广东务工，而母亲留在老家。小王回忆留守期间父亲每年回家两到三次，通常是寒暑假期在家半个月。父亲虽然在家时间不长，但是很关心她，会经常问她生活学习方面的表现。每次回家都会给她带些小礼物，而且会待在家里陪她。父亲并不怎么发脾气，所以小王觉得和父亲相处起来很愉快，喜欢亲近父亲。每当父

亲回家，小王都会很开心，不仅因为有好吃的、好玩的，更是因为享受父亲的陪伴。自己也并不会因为父亲常年在外就感觉疏远，和父亲的关系还算不错。相反，虽然母亲就在自己身边，但小王和母亲直接接触交流的时间并不多，因为母亲太忙碌了，她习惯有些事情先和外婆讲，很少与母亲分享生活的细节和感受。而且母亲性格比较急躁，相处起来会因为小事唠叨责骂个不停，所以她有些害怕和母亲相处。——摘自未收入个案《爱在争吵后：慈父严母与我》

作为亲子关系另一端的儿童，他们如何去看待和消化"被留守"这一决定，也在很大程度上影响到了他们的亲子关系。一些人从一开始就能理解父母的付出，一些人理智上能理解，但情感上不能，还有极少数人直到成年也没能与父母达成和解——这与他们的成长环境、监护人的引导、父母行为等都密切相关。一些我们作为成年人或者局外人认为很荒诞的事情，在留守儿童当时的心境下是合情合理的。一些儿童故意在学校调皮捣蛋、不认真学习，就是为了让老师联系父母"回家管管孩子"，或许自己就可以辍学外出打工，和父母团聚了。

小韦，女，壮族，1993年出生于广西鹿寨县D村。"父母还在家的时候，我是很受父母疼爱的。父母去广东租地种菜之后，虽然每年暑假都可以与他们团聚，但还是让我时不时地想念他们。我觉得自己不招奶奶疼爱，哥哥有时候脾气也不好，经常拿我发火。……初中毕业后，我就任性地放弃读县里第二高中的机会，去广东父母那找了一份批发公司办事员的工作，为的是和爸妈在一起。做了几年之后，回头想想，在家留守的时候缺钱和缺少父母的关爱，于是想早点离开老家去爸妈身边挣钱。我没读什么书，找的工作特别累而且钱又少，所以现在特别想回去读书，可是已经错过读中专的年纪了。"——摘自未收入个案《桑田：打工潮消退之后》

另外，留守的节点和时长也会影响到亲子关系，如果是与父母的情感尚处于培养阶段的低龄儿童，或者是处于成长关键期急需长辈监护指正的青少年，此时与父母的分开则很可能会对亲子关系造成大的间隙，父母很可能不再被他们视为最亲近的人，并且这种心理定势很难再扭转。

小薛，男，1991年出生，浙江省温州市乐清市×村人，因为户口问题而被迫在初中离开父母回老家读书，从而成为留守儿童。他自认为留守对于他现在的生活并没有什么影响，因为他当时已经是初中生了，年龄不算小，但他根据自己姐姐的情况感叹说："如果是小学的话，缺少父母爱问题可能会比较严重。像我的姐姐，她小学读到一半的时候就回老家了，我认为她多多少少会受到一点影响，比如对于父母的态度、家庭责任等方面思想观念就和我有点不一样。"——摘自未收入个案《何以跨越：迟到的过渡期》

不少曾留守者反映，自己并不是每时每刻都感知自己是留守儿童的，这种触痛更多是一种情境性的。比如开家长会时，其他儿童都是父母参加，而自己只有爷爷奶奶甚至爷爷奶奶都不愿意来参加；同伴们玩闹时被嘲弄说"有人生、没人养"；难过或者开心的事情无人分享，或者告诉了祖辈，但他们也因为代际隔阂而无法理解……

父母缺场不一定代表着父母养育的缺席，亲子分离更不能等同于亲子关系的断裂（吴重涵、戚务念，2020）。父母直接或间接的陪伴质量会影响孩子自我的认知。在亲子关系疏远的情况下，孩子会感觉自己被抛弃；而亲子联系密切，则会给予孩子安全感和被爱感，认为父母是为了自己才外出的，而自己也应该努力才能对得起父母的牺牲。在后一种情境下，思念并不是留守儿童与外地务工的父母之间唯一重要的情感状态，父母呈现的"外面的世界"对子女而言是期待、希望的播种。

本书的访谈对象均是已经脱离留守状态一段时间的成年人，他们对成长史的追溯跳脱出了当年的情境，再回过头去讲述当年的心情，此中滋味是奇妙的。太多人回忆过去在留守时期的心态，只认为自己厌烦远方父母打来的好似千篇一律的问候电话，可成年后才明白那是自己心中渴望父母关怀的叛逆表达。

本章以核心家庭作为着眼对象，第一节记叙了留守之果，关注留守作为一个重大家庭决定如何被抉择以及成员间如何为"追求更好的生活"这一共同目标而相互理解与扶持；第二节讲述留守之殇，关注留守经历对于亲子关系的影响。

一 理解：作为一种弹性家庭策略的离别

（一）爱在邻里间：合力勾画童年

个案札记

方岚，女，1995年生，河南濮阳人，与父亲、母亲和弟弟共同生活。方岚的留守经历自十三岁一直延续至成年。五年间，她最初与弟弟居住在村中由姥姥姥爷照护，在姐弟双双考入县城初中后，两人租住在学校附近的出租屋中开始了独立生活。少年时期的留守体验，涵育了方岚自律且独立的品质：在家中她是不让远方父母操心的女儿、是让姥姥姥爷骄傲的孙女、更是让弟弟全心依靠的姐姐；而在家庭之外，她同样接受了来自老师、邻居和村委会的关注与帮助。方岚的父母和祖辈均重视子女的智识教育，父母在外出务工期间与儿女保持着紧密的联络，与子女身边的代理监护人沟通同样密切，这一定程度弥补了父辈不在儿童身边教养的缺憾。进入青春期的方岚变得叛逆、偏执、不愿与人沟通，但在亲人与学校老师的及时开导下，最终顺利度过了青春期的波澜。在成为女儿、孙女与姐姐的角色之余，她开始学着成为真正的自己。遗憾的是，虽然父母保持着对方岚学业的重视，但在情感关怀方面仍有缺失，这让成年后的方岚与父母之间仍留存着显著的疏离感。由方岚的故

事可以看到，呵护留守儿童健康成长不仅需要监护人与代理监护人的努力，更需要全社会多种行动者的关注与帮助。

过往故事

　　成为姐姐是一个复杂的命题，对方岚来说尤其如此。方岚成长在河南省濮阳市的一个小村庄，三岁时她的弟弟降生，从这一年起，她开始用终生作答名为"姐姐"的试题。成为姐姐的第十年，方岚十三岁，为了负担家里的开销，父母开始长期外出务工。于是，除了姐姐的身份之外，她又扮演起了半个爸爸和妈妈的角色。这段以留守身份作为脚注的日子，裹挟着一些柔软的、迷茫的或不可触碰的回忆，停驻在她十三岁到十八岁的时光里，以至于未来许多年，她会一次次回望这个节点。

　　十三岁这一年，方岚前往县城一中就读初中，弟弟尚留在她曾经的村庄小学念书。每天早上，姐弟俩总是同时出门，弟弟将方岚送上村口的公交车，随后转身步行前往村庄中央的小小学校。也是这一年，同时负担一儿一女两个孩子的学业让家中的开支明显加大，单靠父母在家务农已然不足以承担一家人的生活以及儿女的学习所需。再三权衡下，方岚的爸爸妈妈不得已决定外出务工。孩子的姥姥姥爷身体还算健康，两家住得不算远，足以照顾他们兄妹。有了长辈的照护，父母放心不少，在多方打听后踏上了前往四川攀枝花的务工之路。从四川攀枝花到山东德州，再到更远的省份，母亲跟随父亲从事铺地板砖的工作，哪里有活儿干便流动到哪里。即便工作再忙，父母也总牵挂着身在老家的两个孩子，每两个月便见缝插针回家探望一次，每逢暑假更是接连回来两三次，只为抓紧放假时间多多陪伴儿女。铺地板砖的活儿也分淡旺季，到了寒假的冬日里，父母便早早歇工回到家中，待到来年春日才匆匆踏上远途。

　　身处外地的日子里，电话成了联结父母与家乡唯一的纽带。相隔千里的母亲忧思儿女，时常打电话回家，给姥姥打、给舅妈打、给孩子的老师打。十五六岁的年纪正是孩子成长的关键时期，母亲总担心孩子在

第二章 骨肉分离——是理解还是隔阂

学习、人品、性格方面行差踏错、影响终身,便像抓住救命稻草似的叮咛每一个人。万幸的是,方岚懂事得早、聪敏又勤快,这与家人和老师的教育也是密不可分的。

几年后,随着弟弟也考上了县城的初中,方岚同他一道住进了学校附近的出租屋里。在这里,除了学习之外,收拾家务、洗衣、做饭成了方岚新的必修课。在照顾弟弟衣食起居的新日常里,还是个半大孩子的她迅速成长。中学的班主任是个年轻的女老师,得知她的留守境况后,总会默默关心方岚,每次考试后也会约上她聊聊,给予了青春期的方岚许多鼓励与帮助。每个周末,方岚都同弟弟一道骑上半小时的车回到村里的姥姥家,帮着姥姥干些农活,农忙的日子里,村里人都夸赞她是掰玉米、装麦子的好手。

姥姥姥爷年轻时没读过几天书,却都极为重视教育,对两个孩子的学习都一视同仁的严格。方岚的父母虽远隔千里,仍不忘时常与二老交流孩子的近况。除了姥姥姥爷,舅舅舅妈对方岚姐弟也极好,不仅在物质和精神上特别给予关照,平日里也时常与女孩的父母联络,嘱咐他们放心在外工作。在村里的日子虽然短暂却总是愉快温馨的,村里的留守儿童并不多,因此邻里对方岚这样的家庭总会特别关照。每逢姐弟周末回家,村长时常会来询问是否有什么需要帮助的,隔壁的婶婶总变着法儿地邀请他们去家中吃饭,乡里自己种的蔬菜也总想着给方岚家中送些。

留守的日子里,方岚变得愈发独立。不仅在生活上像个小大人似的学着照顾弟弟,在学业上也总是严格要求自己。父母不在身边在某种意义上成就了她独立思考的能力,因为身边没有可以寻求帮助的人,方岚自小便养成了遇事自己多琢磨、多尝试、多练习的习惯。然而,这枚"硬币"的反面时常也意味着固执己见与不善沟通。由于缺乏父母的及时引导,儿时的方岚有些偏执,一旦与他人意见相左便会爆发冲突、坚持自己的观点不肯罢休。这种情况随着青春期的到来不减反增,在与同学沟通交往的过程中,她时常过分固执、不愿与他人深入沟通。老师和姥姥关注到这个现象,在她们的疏导与教育下,方岚逐渐学会了与人交流，尝试着主动化解矛盾。慢慢地，她与同学的关系更加融洽了，遇到困难时也会主动向父母或老师倾诉，在老师和亲人的帮助下方岚学会了如何与别人相处，也更懂得反省自己。

几年后，方岚成功考上了河南省的一所普通高校。从十三岁到十八岁，五年的留守经历让她与父母间留存了延续至今的疏离感。假期里，她很少回到家中，而是跟随学校的支教团队前往山区支教，成为更多留守儿童口中的"小老师"。望着现在的他们，她时常回想起曾经的自己。她总想着，如若以后有了孩子，在面临与父母类似情况时，她一定要选择留下，在孩子人生的关键时刻扶上一把、送上一路。不论是成为母亲还是成为姐姐，对方岚而言，这依旧是一个复杂的命题。但就在此刻，在成为母亲、成为女儿、成为姐姐之前，她将先成为自己。

（二）爱在漂泊中：从留守到流动

个案札记

本文的主人公龙霄，男，1995年出生于安徽省亳州市涡阳县，在这里度过了近十年的留守时光后，龙霄经历了从留守向流动的转变。离开涡阳县，龙霄转入父母长期务工的地方读书。跟随父母务工的步伐流动，龙霄在短短两年间先后于六所小学求学，辗转走遍了亳州、阜阳、淮南、蚌埠、六安五个地级市。最终在小学六年级时，为了儿子能获得更好的受教育条件，父母决定在安徽省六安市舒城县定居。父亲长期从事长途运输工作，母亲则放弃外出务工、留在家中照顾龙霄及其弟弟。长期的留守让龙霄早熟、敏感且缺乏安全感，而频繁游走于不同地区的流动经历也一度让他无所适从。在流动与留守之间寻求平衡的日子里，回到故乡涡阳县是他重要的情感寄托，而在可以预期的未来，他也许将用更长时间来作答"何以为家"的命题。

过往故事

1995年龙霄出生于安徽省亳州市涡阳县。涡阳县素有"老子故

第二章 骨肉分离——是理解还是隔阂

里,天下道源"之称,龙霄生于涡阳、长于涡阳,儿时他常在村口老子祠的樟树下驻足,听祠堂老先生讲一讲"无为而治,道法自然",如此这般生活了十几年,直到举家离开涡阳前往隔壁六安市的舒城县定居。

龙霄的祖上都在涡阳县务农,到了他父亲这代也不例外。父亲于1968年出生,只读到小学二年级便辍了学,母亲于1970年出生,更是连小学也未读过。刚刚开始改革开放的日子里,村中越来越多人不愿再守着庄稼望天吃饭,开始外出务工赚钱,龙家父母正值壮年,自然也不例外。彼时父亲虽然在爷爷的操持下娶妻生子,但仍有一个小三岁的弟弟尚未婚嫁,适逢龙霄的爷爷农忙时不幸被农机碾伤,失去了基本的劳动能力。作为家中长子,龙父承担起了照顾家庭的重任,选择跟随村中的长辈们一同外出务工,以此维持这个小小家庭的运转。

父亲和母亲决定到大城市务工的这一年,龙霄四岁,正是爱跑爱闹的年纪。在父母离家的日子里,他总一路小跑到村口的樟树下,随后一溜烟地爬到高处,大声喊着再见。离开涡阳县后,龙父龙母先是在隔壁亳州市的工地上四处接些建筑散活。这样四处奔波、想尽办法找活干的日子并未持续太久,涡阳县同乡的人聚在一起后,有人带头成立了建筑施工队。人多力量大,揽活的底气也足够,队伍很快便与包工头建立起了固定的联络。就这样跟着施工队,龙家父母结束了"有上顿不一定有下顿"的日子,基本上可以保证每个月都赚到供应家庭开支的钱。唯一不便的是,二人时常要跟着施工队流动至各处,有时要去极远的地方接活,能陪伴家人的日子便更少了。

随着时间的推移,龙霄很快到了上学的年纪。彼时农村对孩子的教育并不重视,到了十岁才上小学一年级的孩子也大有人在,龙霄的母亲认为儿子也可以晚点再去上学。然而,多年在工地沉浮的日子让父亲愈发深刻地认识到,干农活、做工匠没有出路,只有读书才有可能出人头地。于是,父亲坚决支持龙霄同城里的孩子一样,从七岁开始读小学,甚至还为此同母亲争执了多次。在父亲的坚持下,七岁这年龙霄进入了涡阳县的小学就读。自一年级开始,他的语文就极差、数学则极好,没有父母的监督与培养，这样偏科的情况愈发严重。严重的偏科让龙霄成了数学课堂的"宠儿"、语文老师的"重点关照对象"。自幼缺少父母的陪伴，让龙霄总是渴求老师的关注与表扬，儿时甚至一度通过一些出人意料的方式意图博人眼球。面对偏科的境况，他也曾暗自努力用功，希望赶上语文课堂的进度让老师另眼相看。但兴许是天赋或是兴趣所限，龙霄始终没能改善这种情况。

就这样在涡阳县读了四年小学，随着龙霄的弟弟出生，龙父龙母也有了一定的积蓄，便想着将龙霄和弟弟带在身边，尽己所能地陪伴孩子长大。五年级时，龙霄离开了涡阳县，转入父母长期务工的地方上学。此后短短两年中，龙霄一共上过六所小学，几乎跟随父母务工的步伐辗转走遍了亳州、阜阳、淮南、蚌埠、六安五个地级市。最终在小学六年级时，龙霄的父母流动到了舒城县城关镇柏林乡，柏林乡有自己的小学和初中，距离这里不远的舒城县中心还有几所不错的高中。为了让龙霄可以稳定地读书，父母决定就此安定下来，在这里置办了一套两层的商住两用房。就这样，龙霄在柏林乡第一小学度过了六年级短暂的小学时光，随后在柏林乡中心学校完成了初中学业。考上高中后，龙霄来到舒城县中心的城关镇上学，由于学校地处偏远且住宿条件太差，爸妈为龙霄在高中附近租下了一间房子。母亲偶尔赶来陪伴儿子，有时也拜托同住的学生家长帮忙照看，但更多时候，早年的留守经历让龙霄早已习惯一人独处了。

柏林乡的房子边没有龙霄在涡阳老家所熟悉的樟树，但好在住宅背后有着属于他们的几亩可耕种土地。大部分时间，母亲都在柏林乡照看龙霄的弟弟和这片土地，父亲闲不下来，自龙霄初二起便跟着熟人跑起了长途运输，绝大多数时间都出门在外。日子过得飞快，几年后龙霄顺利考取了本科。拿到录取通知书时，向来滴酒不沾的父亲喝了很多酒，领着龙霄回到涡阳老家的祖坟磕了几个响头。

步入大学后，家里的日子依旧靠父亲的长途运输支撑。家中给予的生活费用远不足以维持龙霄在一座省会城市的日常开销，但龙霄深知父母的不易，从未开口向家里索要更多的生活费，而是开始通过做兼职贴补自己的生活。大三的职业规划课上，老师提问同学们的未来规划是什么，班级中大半同学毫无意外地选择了继续深造，但龙霄是个例外。作为农村家庭中的长子，龙霄显然担当了更多的重任，父亲坚持让他读书的这些年，是他生命中难得的欢愉。未来，他并不希望继续读研，反而想着早点找到工作，帮助父母分担家庭费用支出。

如今，叔叔一家尚在涡阳的老宅长居，每逢过年时，龙霄便会与家人一起返回涡阳。秋去冬来，草木凋零，樟树依旧绿意盎然，昭示着来年的春日会是个好日子。

二 隔阂：作为一种终将离散的亲子关系

（一）走向鸿壑：留守问题学生

♥ 个案札记

本文主人公云轩，男，1999年出生于湖南邵阳的农村。云轩的父母长期在广东务工，从出生到成年，云轩有着整整18年的留守经历。三岁时，他远在广东的父母离婚，随之先后组建了自己的新家庭。再婚后，母亲逐渐与云轩断了联系；父亲则与后妈养育了一个女儿，对他也鲜少过问。云轩与爷爷奶奶共同生活在邵阳，同时受到生活在本地的两个姑姑关照，奶奶对云轩自幼溺爱、姑姑的教育方式则偏重责骂批评，身边缺乏合适的引路人，让云轩在学校的学习成绩不佳、学习态度敷衍，同时在生活中体重严重超标、花钱大手大脚，有着与同龄人攀比的心态。云轩对父母极为依恋，十分渴望父爱母爱，奈何求之而不得，多年来鲜有父母的音信，奶奶和姑姑的教养显然也不能取代父母监管的重要性。无论是奶奶的放任溺爱，还是姑姑的批评责骂，都不是正确的教育方式，而这无形中加剧了云轩对学习的畏惧和逃避，最终让他成了班级里的"问题学生"。

童年追忆
——留守生活的回溯与分析

过往故事

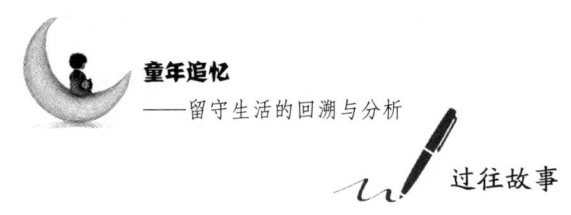

奶奶是云水铺乡出了名的火暴脾气，村里人大都怕她，云轩自小便知道。少年时，同学们总说他是爸妈不要的野孩子，奶奶听了二话不说便跑到同学家里，骂骂咧咧大半日，声音大到全村人都能听到，连闻讯赶来调解的姑姑也免不了被说上一通。在云轩十八年以"留守"为题眼的时光里，世事无常、命途多舛，闲言碎语如雨点般落下，而他在奶奶的羽翼下鲜少受到伤害。

1999年，云轩出生于湖南省邵阳市，在这里他与爷爷奶奶一同生活至长大成人。早在他刚刚出生时，父亲便长期在广东务工，母亲则在邵阳婆家与奶奶共同照料刚刚出生的幼子。待到云轩长到一岁，母亲也回到了广东打工，而年幼的他则留在邵阳老家，和爷爷奶奶继续生活，这段离别父母独自留守的经历持续到了今日，已整整过去十八年。

父亲1977年出生于湖南省邵阳市云水铺乡，因为身体条件拔尖，初中毕业后便进入体育类高中进行皮划艇训练。可惜的是他并没有通过选拔成为运动员，于是便在高中毕业后前往广东务工，从工厂基层开始做起制造工作。随着年岁渐长，父亲的职位有所提升，过了几年便出来单干，投资开办了一家轻工业工厂。母亲比父亲小上两岁，1979年出生于河南，文化程度为初中，年轻时在广东的纺织厂里做女工。对于湘中地区许多教育水平有限的年轻人而言，从20世纪90年代直至今日，前往广东工厂谋份普通工作都是首要选择，云轩的父母就是他们中的一员。父母在厂里相识相恋，怀孕后两人便如约结婚。母亲怀孕后请假从广东回到婆家邵阳待产，并在生下云轩后留在邵阳抚养儿子直至他一岁左右。

从云轩记事起，父母的关系便十分冷淡。就算回家住一起，也几乎没有交流。父亲身材高大，对外人总是很随和，对云轩和母亲却总是很冷淡。与父亲相比，云轩更愿意同母亲待在一起，在他为数不多的印象里，母亲总是温柔耐心地笑着。从奶奶偶尔的愤怒言语里，他大概能够拼凑出父母离心的真相。在他出生后，母亲在家照顾他的这一年时间里,父亲在广东与第三者发展起恋情。奶奶总用"那个女人"来指代父亲的新恋情,她说"那个女人"害了自己尚在襁褓中的小孙子。母亲回到广东务工后,很快便发现了这一情况,云轩的父亲执意要离婚追求"真爱",然而却遭到了全家人的坚决反对。姥姥严词禁止父亲与这种女人厮混,然而在云轩上小学二年级的时候,父母还是离了婚,而"那个女人"很快也成了他的后妈。如今,父亲和后妈定居广东,生下了一个女儿,母亲离婚后也重新组建了家庭,只留下云轩与爷爷奶奶相依为命。

儿时的云轩被问得最多的话是:"你知不知道你爸妈都不要你啦?"有一次他气不过顶上一句嘴,"我管他们个锤子"。可再一抬头,面前便是拿着棍子的奶奶。奶奶先是回敬了问这个问题的乡里人,然后拿着棍子把云轩一路连滚带爬打回了家。奶奶说,父母在广东能挣到比邵阳更多的钱,他们工作忙、收入不高、广东物价又贵,把他留在湖南才能让奶奶更好地照顾他。奶奶的背总微微佝偻,她喜欢戴着明亮颜色的头巾、穿着棕色的格子衬衫,而她尤为不喜欢自己说脏话,云轩望着她洗得有些泛白的外衫,终究还是选择了沉默。

虽然父母都是农民工,但云轩还有两个姑姑在邵阳市区。大姑姑在市区开店做生意,大姑父则是邵阳县的高中老师。三岁起,云轩跟随爷爷奶奶从村里转住到大姑姑家里,平日里姑姑姑父工作都很忙,有时一个月才回家一次,基本只有爷爷奶奶在管云轩。2005 年,算算日子到了云轩上小学的时候,父亲在两位姑姑的帮助下在邵阳市区买了房,家中解决了城市户口,小轩便来到市区一所不错的小学读书,爷爷奶奶也搬到了新房中同他一道生活。两位老人在村里忙了一辈子,在城市的家中从来就闲不住,爷爷除了在家做饭,就喜欢上街溜达或者去小茶馆打牌,每隔几个月便喊着在城市里待不住,要回农村老家务农一段时间。因此,实际上将云轩拉扯长大的只有奶奶一个人。

早年云轩的父母在广东打工的收入不高,爷爷奶奶全靠经济条件不错的两个姑姑供给。他自幼与爷爷奶奶共同吃住,姑姑便连带着照应外甥的吃住开销。随着父母离婚、父亲和后妈再婚,父亲的职位晋升、后

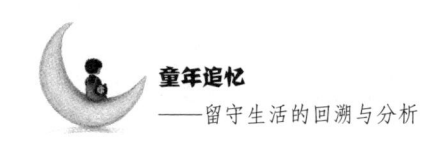

妈的收入也提高，他们家开始在广东投资办厂，收入也水涨船高，给邵阳家中寄的钱也增多了。就这样，少年时期有姑姑照应、稍微大些时家中的光景也好了，云轩同爷爷奶奶的日子算是衣食无忧，生活水平甚至比市区的普通人都高，连过年的待客零食都是姑姑找的"进口货"，而不是超市货架上的普通商品。从小学开始，云轩的零用钱便一直很宽裕，不仅爷爷奶奶会给他零花钱，姑姑怜惜他父母不在身边，时不时也给他塞上一些钱，为他置办衣服和鞋子也从不小气。就这样，比大多数同学都"富有"的云轩成了同龄人中的孩子王，手里的零花钱不仅可以供自己消费零食和玩具，还时常可以请客，邀请同学们吃上一顿当时对普通学生而言很是奢侈的肯德基。自幼在饮食上不加节制，让云轩年纪轻轻便体重超标，虽然姑姑发现后开始有意控制他的零花钱，可为时已晚。随着年龄渐长，姑姑和爷爷奶奶在零花钱上对他的放纵与溺爱影响了他的消费观念与生活状态，云轩的花销与日俱增、物质需求也更加强烈。这一方面是因为云轩的家庭经济并不拮据，父母在外务工和姑姑补贴家用足够支撑小家，他的生活水平甚至比许多普通邵阳家庭的学生更加优越；另一方面，也来自隔代抚养难以避免的溺爱与观念落后，云轩的奶奶总认为能吃是福，因此放任甚至鼓励云轩购买零食，即使孙子体重超标也没有采取制止措施，缺乏长辈对孩子消费习惯的约束与引导，让云轩养成了错误的饮食与消费习惯。

云轩刚刚入读小学的年级，父亲便咬咬牙为他买下了邵阳市双清区一所拔尖小学的学区房。然而自入学起，云轩的成绩便远远落后于同学。当班级平均分九十分以上时，他却永远只拿七八十分。姑姑很是着急，在周末带上外甥满城补课，请家教为他上课、检查作业、答疑解惑。尽管如此，云轩对学习仍旧提不起兴趣，久而久之，连姑姑都忍不住数落他"天生不是学习的料"。云轩听了总是不服气，忍不住说自己除了学业落后，其他方面都很能干，在学校里他做大扫除总是最勤快、最认真的学生，得到了老师不少表扬。初中时，云轩只考上了邵阳市一所很普通的中学，但即使如此，他在班级依旧是倒数，很多门考试都不及格。初二那一年，云轩得了脑膜炎，因此耽误了半年学习并留级了一年。过去因为他成绩差，姑姑和奶奶免不了批评一番，耳提面命地禁止他看电视。随着初二云轩大病一场后，家中长辈对他在学习方面便不再多做要求，只是嘱咐他不要和别人学坏即可。就这样，小轩在中考时意料之中地未能考取公立中学，转而进入了私立高中。读书时，云轩的老师和同学总喜欢关注那些成绩好的学生，他在班级中并不打眼，多年的后进生和留守经历让云轩内心暗含深刻的不自信，在他的主观认识里，消费也内含与同龄人攀比的作用，因此便转而将希望寄托于通过比同龄人更高的物质消费而获取尊严。随着年龄增长，学校的课业难度不断增加，云轩的成绩却依旧稳健地保持在倒数，渐渐地长辈们也从最初的恨铁不成钢转变为放任自流。无论是奶奶的放任溺爱还是姑姑的批评责骂，显然都不是应对云轩厌学情绪的最佳办法，反而加剧了他对学习的畏惧和逃避。云轩身边缺乏一个人耐心地引导其学习的动力和意义，或者认真倾听了解他对学习的真实想法和症结，这是他成为"问题学生"的重要原因。

多年以来，云轩的父亲通常只有每年过年的时候回来住十余天，其余时间则是每月向家里打一次电话。电话通常由奶奶接听，云轩靠在不远处的沙发上，只要能远远听见父亲的声音便很开心了。少年时他总想着和父亲亲近些，奶奶也会拣着孙子表现好的事迹同父亲分享，但父亲听罢后从来都没什么反应，也不会主动过问儿子在留守时的情况。尽管如此，云轩仍然像大部分男孩子一样，天然地想与父亲亲近，奶奶也总是不厌其烦地在电话中讲起他的近况，直到被父亲冷冷打断。与父亲不同，母亲对云轩很是温柔疼爱，总会力所能及地利用在家的有限日子陪伴他，这是他童年生活中为数不多有母亲相伴的温情时刻。小学二年级时，尽管奶奶和姑姑万般劝阻，心灰意冷的母亲还是和出轨的父亲离了婚。自此以后，母亲再也没有回到邵阳探望过云轩，只是每个学期打两三个电话回来，她总是在周末将电话打到姑姑的手机上，有时不凑巧碰上云轩在外和小伙伴玩耍，听到姑姑隔着老远大声呼喊他的名字，他便知道母亲的电话来了。到云轩小学六年级左右时，有一天姑姑突然同他说因为自己换了手机，不小心把母亲的电话弄丢了，从此他就和母亲彻底失去联系。直到又长大了些，云轩方才偶然得知，是因为母亲离婚后嫁给其他人，要假装自己没有结过婚，所以才决意不同自己联系。在差不多的时间，父亲也同"那个女人"再婚了。起初因为家人都不认可这段关系，父亲都是单独回家过年。直到他们于2010年生下女儿，父亲才开始大摇大摆地带着后妈母女回家。后妈起初对小轩表面还算客气，但日子久了便连表面的客气也彻底被打破。云轩总忍不住憎恨她，恨她破坏自己的家庭，让自己像是个没有爸爸妈妈的孤儿。对云轩而言，过年的日子总是难挨的，父亲对妹妹特别好，总是抱她、哄她、陪她玩，对自己的态度则截然相反。过年时，他们一家三口看起来其乐融融，而自己总像是个局外人。

不幸中的万幸，奶奶非常疼爱云轩，甚至可以称得上是溺爱。在生活中，奶奶给予了云轩无微不至的照顾，总是无条件地满足他的要求。即使身边的人都说他不是块读书的料，但奶奶总会每天坚持检查他是否完成作业。平日里云轩在学校里遇到什么趣事、受了什么委屈，总会第一时间同奶奶讲，她也会耐心地倾听。相比之下，云轩的爷爷更加严厉。虽然他在家里的时间不多，但每当孙子犯错，爷爷就会掏出鸡毛掸子打他。而奶奶就算有时生气，忍不住批评云轩，但是只要他认错，再说好话哄哄奶奶，老人家就会很高兴，不再过多追究。自他们一家搬到市区后，周末惯常和姑姑们一起吃饭，姑姑们为他总也上不去的成绩、总也下不去的体重干着急，总忍不住责问，好在奶奶总会在旁边开解，表扬他做事情能干、说话嘴也甜。久而久之，姑姑虽然嘴上念叨外甥的种种毛病，终究也没精力去管，更拧不过祖辈的溺爱。在学校里，云轩经常不听课，有时还会在老师的眼皮底下讲小话。这时老师都会点名批评，一般学生都不作声，但云轩每次都大声笑着回答——"好的我错了老师，我保证再也不说话了！"然后下次依然如故。自幼奶奶的溺爱让他天不怕地不怕，早已锻炼出逃避长辈责罚的油嘴滑舌，对老师的批评也泰然自若。即使姑姑有时来开家长会后会一时责罚他，但终究不可能像父母一样关注他的长期发展和表现。

如今云轩正读高三，长期最后一名的成绩让他早已放弃了高考，想着在高中毕业后听从家人的安排外出打工。父亲在广东有了自己的厂子，想着接儿子过去为他谋一份生路，但云轩却打心眼里不愿意，他早已厌恶成为父亲新家庭局外人的日子。父亲听了他的话在电话里大骂，祖母一把夺过座机让他闭嘴，安慰云轩让他慢慢思考。好在高三的日子还很长，也好在祖母还在他的身边，至于未来，云轩将有一整个夏天去考量。

（二）走向他乡：离去复又归来

个案札记

陈念，1995年生人，女，毕业于职业高中，访谈时在浙江省绍兴市新昌县的企业单位担任采购经理。陈念的留守时光历时六年，从六岁持续至十二岁，跨越了几乎全部的小学时光。留守期间，陈念由爷爷奶奶照顾，曾长期寄宿在大伯家。在妹妹出生后，父母返回家乡，陈念就此结束了留守并与父母一起生活至今。童年的留守生活让陈念与父母和胞妹的关系冷淡，她无法原谅父母远赴高原务工的抉择，也不能接受父母回归后将关注尽数投向妹妹的做法。在留守的六年里，祖辈不恰当的教育方式与生活理念，压抑了陈念的物质与情感需求，让她内向、冷漠、羞于表达自己的想法。除了父母的缺位与代理监护人的失职，家庭之外的亲属、学校与社区对留守儿童的关注也甚少，而在儿童形成自我价值观与独立思考能力的关键时期，这样的关注、帮助与指引又显得格外重要。

过往故事

格尔木市地处青藏高原腹地，陈念曾经特意查询过，在蒙古语里这个地名意为"河流密集的地方"。她想，格尔木多山多水，确实担得起这个名字。

陈念对格尔木的全部想象，来自父母口中偶尔谈起的高原景观，早在陈念刚刚进入小学时，父母便以"为了将来给她提供更好的物质生活

条件"为理由，奔赴千里之外的格尔木工作。这样的理由能瞒得住年幼的陈念一时，却瞒不住渐渐成长的她一世。日子久了，陈念发现，父母在格尔木工作这么多年并没有什么成绩，家庭的物质生活条件也完全没有从根本上得到改善。因此时至今日，她仍旧不能理解父母不惜放弃对她成长关键期的陪伴和管教，选择前往青海的原因。陈念总忍不住想，哪怕他们当时能够选择去一个更近一些的地方工作，亲子见面的频率能够高一些，那么自己童年大概率能够过得更幸福，与父母也能够建立更加亲密的亲子关系。

留守期间，陈念由爷爷奶奶负责照顾生活起居，中间有一段时间，爷爷奶奶带着她借住在二伯家。陈念所在的村庄里有许多与她同龄的留守儿童，大家在日常生活中不会觉得自己与其他的孩子有什么不同，久而久之也没有人会留意到"留守"的问题。除了孩子本身，不管是村里还是邻里之间，乡亲们同样不会意识到留守这样一种状态。在日常生活中，他们看起来和其他同学、朋友如出一辙，但是陈念明白，但凡近观他们的生活细节，人们便能够看出更大的差别。照顾他们的不是本应该与他们最亲密的父母，而是不能袒露内心的亲戚。可惜的是，家庭之外的人事不关己，少有的关心也仅仅局限在知道"她父母不在家，出去工作了"罢了。

农村经济物质条件匮乏，加之爷爷奶奶能省则省的节俭生活习惯，让陈念的童年是在物质条件的不满足中度过的。那时候，陈念唯一的愿望便是能把好吃的都吃遍，但对于爷爷奶奶来说，给一点零花钱已经很不错了。那段日子里，她很羡慕其他小朋友能够买各种各样的零食、父母给他们更多的零花钱，而她却不敢对千里之外的父母寄托更多的希望。物质上的欲望长期不能得到满足，导致陈念在很长一段时间都羞于也不敢表示出自己的需求。很多年后，已经成年的她有足够的经济能力在超市的货架边扫购，但逝去的童年却再难追回。

随着陈念与爷爷奶奶共同搬家至二伯家生活，留守期间的新烦恼伴随着寄人篱下的生活接踵而至。在这里，她不能任性，不能要求，不能吐露。年龄稍长的她不再没心没肺，而是开始学会看别人的脸色，小心翼翼地关注别人是否喜欢自己。就这样，陈念再也不敢表达自己真实的情感，只是笨拙地学习起"如何寄人篱下"。

虽然在爷爷奶奶身边长大，但陈念与他们的关系并不亲密。爷爷奶奶对她的管教仅仅停留在大方向上的简单教育，对生活细节的关注则甚少，对她学习的关心也不足，只会在大考结束之后询问一下成绩，完全忽视了她平时可能遇到的学习困难和成绩波动。缺乏必要的管束与鼓励，陈念的学习情况在初中之后每况愈下。随着年龄的增长，她的性格变得愈发内向和冷淡。当在生活中遇到困难或受到委屈时，她也很少能把自己内心的情感表达出来，至多也只和小伙伴吐露几句。

缺乏对父母具像化的想象，是陈念内心最大的困惑，每一次和父母的团聚都会相隔一年，长时间的分离，让童年时期的她很难对父母保留具体的思念。团聚的短短几天无法让她立刻培养起与父母的亲密关系，她忍住向父母撒娇或任性的想法，只是为了在父母离开时少一些失落和惆怅。与父母寥寥几次在他乡的团聚，对于陈念来说，更多的是到大城市增长了见识，坐飞机、坐火车都可以作为回到家乡后和小伙伴们炫耀的资本。父母虽然会尽可能地让她玩得愉快，但是他们同时还要上班，并不能真正陪她在城市里四处逛逛。父母不在身边的时候，由于交通通信的限制，她与父母之间几乎是零交流。

父母的每一次离开，都会给陈念带来一段不长不短的阵痛期。整个小学阶段，在她好不容易习惯这种阵痛、尝试去理解父母离开的原因时，他们复又归来。与她猜不透父母为何曾经离去的原因不同，这一次他们归来的原因明晃晃地刺痛了她的眼睛——自己的妹妹出生了。随着二伯家在不惑之年拼命生下了二儿子，父母也按捺不住想要二胎的期待。这一年，陈念已经十多岁了，但父母在做决定时完全没有与她商量，更没有征求她的意见。就像过去他们突然之间远走他乡一样，家中又突然出现了一个比她小了整整十二岁的妹妹。陈念内心本身对弟弟妹妹的抗拒，加之自己以后大概率也要承担照顾妹妹责任的可能性，更加剧了她对父母的怨念。

随着妹妹渐渐长大，在陈念看来，父母对妹妹的教育方式近乎是一

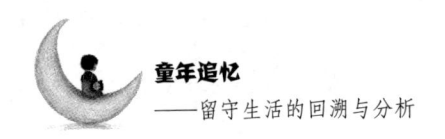

种溺爱，大部分时候都是有求必应。当她指出妹妹的错误，或者要求妹妹做得更好的时候，父母也总是纵容妹妹继续任性，这在无形中更是加大了她与妹妹之间的嫌隙。这样的"溺爱"似乎是在补偿他们多年对于陈念家长责任的缺位，而恰恰是这种疑似补偿的表现让她更加烦恼。在父母的大为溺爱下，妹妹身上逐渐有了陈念身上所没有但是她非常期望拥有的特质——刁蛮，妹妹可以在父母面前任性，而她小时候的任性却只能换来一顿打骂。父母对妹妹的宠爱也同样让陈念嫉妒。在她的整个童年时光里，父母的角色都是缺位的，好不容易盼到父母归来，他们所有的关注又都到了妹妹身上，全然忽视了大女儿的存在。

从职业高中毕业后，陈念入职了当地的一家企业，平日中她宁愿挤在单位的员工宿舍里也很少回家。年初的时候，她终于找到机会独自一人去了一趟格尔木。穿过旷野的风迎面而来，她听到远方的原野上有人在低声吟唱。

第三章　留守日常——不断适应中的童年

或许是传统使然，儿童养育中的父母缺位往往由祖辈填补，也就是我们常说的"祖带孙""隔代亲"。传统上的"男主外、女主内"的家庭模式在生计变迁的过程中策略性地转化为"父辈主外、祖辈主内"。在不少由祖辈拉扯大的人心中，爷爷奶奶、外公外婆成了超越父母的亲密存在，他们对爷爷奶奶等代理监护人有着更深的情感，而对父母却产生距离感。因此，祖辈的离开乃至逝世往往会给他们带来难以磨灭的沉重打击。

在时代快速变迁、代际撕裂的转型期，中国传统家庭"祖带孙"模式中的问题慢慢暴露，各种曾经被忽视和被视为理所当然的观念与教导方式为新一代所批判和抵抗，比如重男轻女、无底线宠爱、"棍棒底下出孝子"等。祖辈对待孙辈的抚养模式容易划入两个极端，一边是出于补偿心理的无底线溺爱；另一边是出于被迫照顾的放养。即使祖辈有良好的养育方式和全情的付出奉献，但他们的身体条件和受教育程度也限制了他们参与孙辈教育的一些活动。我们的受访者主要是"90后"（尤其是"95后"）和少量"85后"，他们的祖辈一般是"40后"，对于那一代老人尤其是农村老人而言，艰苦的成长环境让他们中的大多数人中途辍学乃至大字不识，他们即使希望能监督孙辈的学习情况，也只能心有余而力不足。更何况对于生于饥馑年代的老一辈而言，只管孩子吃饱穿暖就行，至于学习读书就是老师的责任了，再加之他们在家中还有农

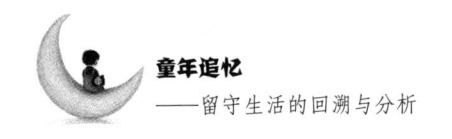

务要忙，参加家长会、和老师沟通自然成为他们意识之外的事情，即"重养轻教"。我们的受访者中也多有这方面的遗憾，例如自己的家长会爸妈无法参加而老人们也不愿意参加，一些学习用品老人们也舍不得花钱购买。

关于留守的负面影响，博文认为主要是使自己丧失了一部分家庭教育：有些同龄人早就从父母那里得到的经验，博文直到很晚才知道。在为人处世方面，博文曾经没有自信，在人际交往方面有一点困难："就是有些事没人教你，只能自己看着学，但心里总没什么底气。"——摘自未收入个案《祖辈终究弥补不了父辈的缺失》。

还有一些父母为了让孩子有更好的生活学习环境，选择将他们寄养在叔辈家（如舅舅家、伯父家等）或老师家，又或者是学校有寄宿条件时让孩子寄宿。年轻一辈往往学历更高、教育方式也更现代，但是非直系亲属的关系让代理监护人在执行监护责任时有所掣肘，并且家中孩子较多时也难以对每个孩子予以同等的、充足的关注。不过遗憾的是，被留守的儿童往往内心极度敏感，这种监护类型常常会让他们产生寄人篱下的感觉。

虽然说大多数父母是直接替孩子安排留守期间的代理监护人，但也有少量父母会遵从孩子的意见，考虑到孩子和家中哪一位长辈更亲近，或者和哪一家的小孩相处得更和睦。这种沟通是极其重要的，在经历了家庭对于留守的共同决策下的儿童，更能理解父母，也更有可能获得愉悦的童年。父母和代理监护人如果能够给予儿童足够的关心，则可以大大减弱儿童对于留守的抵触情绪，继而缓解留守带给他们的或短期或长期的消极影响。

值得注意的是，代理监护人如何引导儿童理解父母离开的决定，是极为重要的。一旦儿童能够理解父母是为了家庭而外出，也认识到父母在外打工的辛苦，这种感受会反过来对儿童起到约束和激励作用，这与平常我们对于留守儿童"缺乏监管"的看法有些许出入。因为监管不一定都是直接的，这种基于对父母的理解而产生的自我约束或者说逆向监管方式同样是有效的。但如果代理监护人出于一时生气或者戏弄，告诉儿童："就是因为你顽皮，父母才不要你了"，"父母不想管你，才让我带你"，等等，那么，这类带有极强的消极暗示的话就会深深扎根在儿童心里，成为挥之不去的阴影，甚至会勾起留守儿童破罐子破摔的逆反心态或无人疼爱的自卑心理。

对于父母双方均外出的留守儿童而言，在学校和代理监护人中间很可能会出现管护的"空档"，老师没有足够的精力对每个孩子予以关注，而代理监护人又出于各种原因难以给儿童和父母一样的全方位管教；更极端的情况是，儿童周围的同学和老师会因为其留守儿童的身份有意或无意地忽略甚至挖苦他们。在这样一种"父母不疼、社会不管"的情况下，留守儿童难免会随大流、沾染社会上的不良习气，比如泡网吧、乱花钱、拉帮结派、赌博等。

> 陈娜告诉我，在幼儿园，留守儿童和非留守儿童有特别大的区别。幼儿园的她，从不参加任何活动，在老师面前存在感非常低，也因此被同学孤立。对于陈娜来说，那段回忆是耻辱的、不堪回首的。那时，住在爷爷奶奶家的她被剪短了头发——因为爷爷奶奶都不会扎辫子，而她又时常跟着表哥出去玩，因此数次被幼儿园班主任罚站。只有每年父母回来一两次，给她带了新衣服、穿上新裙子，她才能安静地像个女生一样坐一会儿。陈娜觉得，她那时就像一个透明人，从未受到老师的关注，甚至自己没有去幼儿园也不会被人发现。——摘自未收入个案《留白：透明人在匆忙人海中》

留守儿童中间有一群孩子的成长经历更显波折，他们无法在一个稳定的养育环境下自如地成长，而是被迫从一个家庭换到另一个家庭，从一个地址换到另一个地址。经常变动的寄养环境对于尚未成年的儿童来说有许多挑战，比如寄养家的生活作息、新学校的学习进度、转校后的

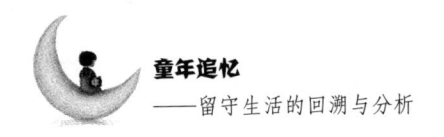

新同学，他们被逼迫着不断适应调整，但并不是每个人都能适应，一些儿童在这个过程中产生了抵触、叛逆、厌学、自闭等消极情绪，而缺乏安全感和自信心则成为这群儿童的通病。

卡茨（Katz C.）在《成长于全球化》（*Growing Up Global: Economic Restructuring and Children's Everyday Lives*）一书中提出，儿童在全球资本主义过程中并不是完全消极的承受者，而是以自己的方式参与到社会再生产之中。她将儿童的日常反应分为三类：适应、改造和抵抗。儿童并不是成年生活世界的逃避者，他们敏锐地感知到这种变化和压力，并以自己的方式去应对强加于他们之上的限制（Katz，2004）。

虽然在这群曾留守者身上，我们多多少少能看到一些留守带给他们的不好印迹，但也不能忽视他们面对被留守的境况时所做的努力。在既有的条件下，这群曾经留守的儿童会用一些别的方式让自己尽可能过得开心舒适，比如和同龄伙伴玩耍、用书籍打发孤独、通过与亲近的人倾诉来调整心态等。尤其对于多子女家庭而言，兄弟姐妹之间的互助更能增强这群儿童身上的韧性。在父母中的双方或一方离开时，作为长子或长女的哥哥姐姐往往会承担更多的责任，比如家务劳动、对弟弟妹妹的照看。在成为"代理"父亲/母亲的过程中，他们不断学习和掌握新的技能并变得更加独立，但与此同时，自己的学习和生活节奏会受到影响。如果我们深入了解他们当时的生活，就能对此获得相对完整的理解。

小学高年级的时候，父母为了让孩子们有更好的学习环境，让孩子们前往乡里的中小学联校上学，但是得自己租房子做饭。从这时候开始，龙吟开始带着弟弟们独自生活了……跟着龙吟的是两个依次小两岁的弟弟，对应地比他依次低两个年级，因此龙吟不仅要在生活上照顾两个弟弟的饮食起居，也要关心两个弟弟的学习情况，更多的是要做好表率作用。长兄如父，三个人生活在一起，基本上都是龙吟做饭和洗衣服，虽然刚开始都不会，但慢慢地就学会了。此时，龙吟还开始摸索厨艺，虽然生活条件很艰苦，但他尽可能地为弟弟们做好吃的饭菜。父母定期打来电话询问几兄弟的情况，都是由龙吟逐一进行汇报，此时他的内心才是轻松和自豪的，父母在电话那头的牵挂和鼓励使得他卸去了一身的疲劳，更加坚定地要带好弟弟并搞好学习。——摘自本章个案《长兄：如父忧思难忘怀》

在本章中，我们避免对案例以监护人类型进行细致的分类，比如单亲监护、隔代监护、叔辈监护、同辈或自我监护等；主要的考虑是，在许多曾留守者的童年中先后经历了数个或数种监护类型，甚至在同一时段也会存在多个监护人共同照顾并且无法区分出主次的情况，因而对案例进行生硬分类并不现实与合理。作为一种权宜之策，我们根据受访者自身的叙述重点，将其分为代理监护、非独生子女的留守和自我世界三个部分。"代理监护"一节主要包含隔代监护和叔辈监护，我们希望去呈现的，是在一种长辈对晚辈的监管和看护下子女与周围人的关系经营和心理状态；"非独生子女的留守"一节主要关注同辈或自我监护，希望借此展现一个多子家庭的相互扶持和个人牺牲，以及同一家庭下的子女因受到的待遇不同而走向了截然不同的性格与人生；"自我世界"一节的主人公在监护类型中属于上述的某一种，但更强调他们自身的成长与心路历程，尤其是其中一些主人公通过自身的心理建设和兴趣培养，在有限的条件下创造了自己的快乐与生活，希望借此凸显儿童在留守决策之下的行为主体性和能动性。

一 代理监护：是别处温暖还是额外负担

（一）鸿沟：祖辈在位与父辈缺位

❤ **个案札记**

郑振阳，1997年生，男，浙江温州人，自幼与父母、胞弟分隔两地，由祖父祖母看顾长大。祖父母为其提供了良好的成长环境、注重教

育方式、关注身心健康，郑振阳在积极的祖辈教育中成长，自述留守经历并未给他造成显著的负面影响。遗憾的是，父辈教育的缺位仍然留下了不可弥补的遗憾，在成年后仍旧影响着他和父母的亲密关系，以及他与弟弟之间的兄弟情谊。祖辈教育在我国有着悠久历史，也是留守儿童中常见的家庭教育模式。在父母缺位的背景之下，保持在位的祖辈教育将有助于留守儿童的成长与发展。和谐的祖孙关系与恰当的教育方式，能够有效弥补留守儿童与父母长期分离的缺憾，为儿童发展保驾护航。同时也应注意到，祖辈过度的溺爱、滞后的教育理念、潜在的代沟问题可能会对留守儿童产生一定的负面影响。这需要祖辈在教育中关注留守儿童情感与教育需求，学习现代教育理念，为儿童发展提供及时有效的互动与支持。由振阳的故事可见，祖辈教育需要兼重传统价值观与现代教育理念，尊重、关爱、支持留守儿童，为他们提供良好的成长与教育环境，如此方能成为"温暖"而非"负担"。

过往故事

二十四岁这一年，振阳在杭州有了专属于自己的房间。虽然尚且合租在老旧拥挤的杭城小区，但一间带着独卫和阳台的独立房间，在他看来已然足够。在这座城市生活六年之久，振阳的常住地伴随着本科毕业从郊区转向了城区。每天早上八点半，他准时从出租屋出发，换乘五站地铁后抵达办公室，而后把双腿蜷缩在一方办公桌下，双手来回敲击键盘，如此度过他的一天。作为一名IT行业工作者，振阳没有明确的下班时间。这份工作不消耗太多体力，更多的时候只操劳脑子，为了完成工作中的KPI，他时常埋头于各式数据与代码中直至深夜。公司楼下的小餐馆成了他固定的夜宵地，老板来自温州乐清，那里也是振阳的家乡。用家乡话与老板道一声再见，振阳的一天以这里为界，在夜宵后走向属于自己的时间。

回到自己的房间，他瘫倒在沙发上刷起了朋友圈，映入眼帘的第一条便是母亲的旅行日志。近几年来，母亲工作日通常在家附近的小厂里上班,周末和节假日则喜欢跟随老年旅行团在外走走看看,拍好看的旅行照发朋友圈。这个为家庭付出了半生青春的女人,终于在供养两个儿子长大后,开启了自己的人生。振阳的父亲年轻时经营无方、生意失败,祖父留下来的殷实家底几乎被他挥霍殆尽,在一家人最穷困潦倒的日子里,是母亲瘦削的肩膀勉强支撑起了这个摇摇欲坠的四口之家。彼时的振阳正读高中,在最紧张的高考之际,母亲起早贪黑地照料他的生活,这是他前二十余年的人生中与母亲最亲密的时刻。而今,脱离"妈妈"的身份,母亲跋涉在自己的旅途中,这让振阳很开心。

弟弟振强抢在所有人之前为母亲的朋友圈点赞,振阳赶忙跟上点亮了小红心。只比自己小一年零五个月的弟弟郑振强如今仍与父母同住,读完职业高中后他留在了温州,先后从事过淘宝店主、加油站工人和小公司文员等工作。振强朋友圈的个性签名是"知足常乐",虽然工作并不稳定,但他似乎继承了母亲的乐天与豁达。

诚实地说,朋友圈是振阳了解父亲、母亲和弟弟的主要途径,换句话说,他并不多么了解自己的家人。振阳出生后没几个月,母亲再度怀上了弟弟振强,尚在襁褓中的振阳便被祖父祖母接到自己家中照顾。童年的记忆总是与祖母有关,夏日傍晚祖母特制的解暑凉茶、晚间入睡前的轻轻一拍、小学入学第一天的加油鼓劲、护眼台灯下戴起老花镜为他批改作业的背影……在振阳的成长轨迹中,祖母是最亲密的家人、长辈与伙伴。

初中之前,父母带着弟弟天南海北地做生意,而振阳则留在乐清的祖母家,成了传统意义上的"留守儿童"。虽然父母的踪影一年只出现几次,但祖母毫无保留的爱与关怀让他的童年并无太多缺憾。性格阳光、人缘极好、乐观开朗,这是从小到大师长朋友对他的评价。初中之后,随着父母携弟弟回到乐清,振阳开始了另一种意义上的"留守"。多年分隔两地,振阳面对父母总有些手足无措,与弟弟也成了本该熟悉的陌生人。即使与父母身处同一座城市,振阳仍然和祖父祖母住在一起,与父母见面的次数寥寥无几——父母的家中没有属于他的房间,多年如此。

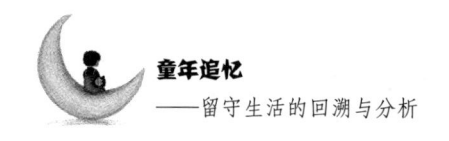

时光迅疾向前，二十四岁的振阳在杭州有了自己的小屋。偶尔回到乐清，他依旧住在祖母家里。父母和弟弟的房子对他来说只是逢年过节要拜访的地方，并不是真正的住所与归属。几年前祖父去世，祖母的生活愈发孤独。每周与祖母通话时他时常陷入沉思，是否应该放弃在杭州打拼的念头，回到老人身边陪伴其终老。而在电话的另一端，祖母总是温柔地安慰他不用挂念，随后把话题引向别处。有时他们聊起振阳工作中的温州同事，有时他们聊起小城中的家长里短。

祖母说父亲开始学习佛道，常常在家附近的寺庙或道馆一待便是一整天。振阳哑然一笑，父亲与那一代大多数温州人一样，年轻时走南闯北在外打拼。北至内蒙古，南至云南，父亲的经商之路很是坎坷，挥霍完祖父留下的殷实家产后，年近半百的他放下生意回归小城，成为了普通的个体户。在很长的日子里，振阳一度厌弃失败的父亲，虽然如今关系趋于缓和，但父子相处的时间仍然少之又少。

这一年的新年，父亲带着全家人在正月初一前往乐清当地的古寺上香。寺庙的金顶在阳光的照射下炫彩夺目，终年不散的檀香味混杂着母亲絮絮叨叨的低语飘向远方。如今面对父母，振阳已不复最初的手足无措，但在人声鼎沸中他下意识噤声贴近祖母身侧，与父母和弟弟隔开了一段距离。寺庙的精致牌坊外，有一段长长的绿荫大道，参天古树将在夏天时繁花盛开。他无端想起儿时的夏日，祖母总牵着他的手走在百年梓树之间，踏出大门的那一刻，所有的喧嚣、焦虑与忧愁仿佛都被红墙隔绝在寺庙内，只留下微风鸟鸣，古朴沉寂。

（二）归途：亲友邻里的关照守望

个案札记

黄晓柔，女，1998年生，广西人，自幼父亲早逝、母亲外出务工、爷爷奶奶和外婆早逝，而外公行动不便并需要人照顾，这使得晓柔的社会支持网络严重残缺，属于遭遇多重困境留守儿童的典例。不幸中的万幸，是在与胞姐互相扶持独立长大的过程里，晓柔受到了来自亲友、邻里、学校、政府与社会公益力量的多方支持。黄晓柔认为，社会支持帮助自己更好地融入了乡村社会，为留守儿童提供了良好的情感与物质帮助，减少了父母不在身边所带来的情感挫折，让她形成了良好的社会认同感，更愿意在学成之后回归乡村、建设故乡，回馈曾经帮助她的亲朋邻里。亲戚、邻居与村民成为留守儿童的代理监护人并不罕见，他们能够在留守儿童父母长期外出务工期间，负责照顾与看护独立生活的儿童，帮助儿童成为健康、积极、有责任心的社区成员。同时，教师、学校、政府与社会慈善机构，也部分履行着代理监护的角色，为留守儿童提供了必要的关注与支持。来自多元行动主体的社会支持，将有助于留守儿童更好地融入社区、建立积极的自我认同、促进儿童全面发展。由晓柔的故事可见，有效的代理监护既需要父母结合实际情况做出适当安排，也需要政府加以引导，形成全社会共同支持留守儿童的社区氛围，确保留守儿童得到全面监护与培养。

过往故事

在广西的乡村小学里，孩子们不知道的东西有很多。他们没有见过高铁，不会说流利的普通话，不知道澳大利亚是世界上的另一个国家。黄晓柔就来自这样一所乡村学校，两年前从广西来到上海读大学，她第一次坐火车。

晓柔的留守故事始于六岁，这一年父亲因故去世，留下她与大两岁的姐姐同母亲相依为命。晓柔的母亲过去经营着一家早餐店，但父亲去世后，仅仅依靠早餐店的收入已无力支撑一家人的生活。纵然万般不舍，母亲还是决定前往广州打工，为两个年幼的女儿拼一份前程。从西部到沿海、从小城到都市，回家的路途很长很远，心疼路费的母亲往往只有春节与中秋节才会回到广西团聚。在每个母亲离开家的日子，晓柔总会从家门跟到村口，倚在村口的歪脖子树上，看载着母亲的摩托车缓缓远去。这一幕在日后的很多年里反复出现在她的梦中，而她也终于读懂了母亲的艰辛与坚韧，学会了与外人谈及自己对母亲

的钦佩与思念。

　　童年的日子里，晓柔和姐姐是在邻居的照应下长大的。家中的爷爷、奶奶和外婆早逝，只余下行动不便、需要人照顾的外公。身处命运的旋涡中，两个半大的孩子独立生活，需要从很小起便学着打理自己的生活。做饭、洗衣、缝补、打猪草……日子过得艰苦，但好在左邻右舍的好心人很多。独自与姐姐在村中生活的日子里，晓柔最害怕的便是家里的电灯坏了。十岁那年的冬夜，家里的电灯故障，晓柔与姐姐摸黑走出家门，手牵手奔跑在村外湿漉漉的空气里，直到看到邻居张伯家暖黄色的门灯方才气喘吁吁地停下脚步。这不是晓柔家的电线第一次跳闸，张伯熟练地领着两个孩子返回家中修好了电灯，还顺带检修了家中的电路、水路。不仅是张伯，王婶、李姨、吴叔……小村庄中的邻里关系紧密，这些邻居同晓柔的父母相熟，看着黄家两姐妹长大，在母亲外出务工后也时常照应她们。

　　高中时晓柔考上了县城的学校，从村中搬到了镇上的姨娘家。姨娘家离高中的距离不算远，坐车只要半小时就到了，而从晓柔家的小村庄到县城坐车却需要四个小时。离开村子的那一天，邻里都来相送，姨娘揽着晓柔与王婶李姨一一告别，晓柔一脚踏入了高中生的生活。

　　除去邻里与亲友的关心关照，晓柔姐妹也接受了来自政府、学校与社会的资助。这种帮助并不出自"留守儿童"这一身份，而是因为她们家是低保户。每个月镇政府都会发放一笔补贴，学校也为家庭困难的同学提供学费减免补助，社会上也有慈善人士为学生提供帮扶补助。日子虽然过得不宽裕，但也足够日常生活。每个月回家的日子里，晓柔的姐姐便领她去村委会领取补贴，就这样过去三个春秋，晓柔姐妹先后考上了大学，成为村里为数不多的大学生。

　　如今，晓柔的姐姐已经大四，即将毕业工作，家中又将多一份收入，日子远不再像从前那么窘迫。正在上海读大二的晓柔打定主意，毕业后不再留在大城市工作，她总想着回到家乡、建设家乡。自幼在乡里亲朋的照应下长大，想要回馈报答他们。广西的夏天风很大，风里带着水汽，这一年暑假晓柔回到广西，焕然一新的村庄正等待年轻人归来建设。她拎着行李背包路过村口的那棵歪脖子树，儿时的她趴在树上看母亲远去，如今它已然枝繁叶茂地迎接着村里的青年归客。

（三）深挚：截然不同的姐弟人生

个案札记

许奕，1998年生，女，四川德阳人，家庭成员有父亲、母亲和弟弟。自许奕幼年时期开始，父母便带着弟弟前往广东务工，将她独自留给了爷爷奶奶抚养。与父辈育儿相比，祖辈教育在教育理念、教育方式与教育能力方面时有欠缺。由于二位老人的教育理念较为滞后，缺乏良好的教育方式与教育能力，往往忽略了许奕的情感需求与心理成长，这让许奕在成长过程中经历了重大的心理挫折。同时，由于学校的老师没有及时对留守儿童进行心理疏解与关注，进一步加重了他们的孤独感与心理压力。虽然这种孤独伴随着许奕的成长与时间的推移有所自愈，但曾经遭受的挫折与苦难切实留下了痕迹，让许奕在成年后与父母长期疏离，在日常生活人际交往中能力不足，在亲密关系建构中情感冷漠。

过往故事

由于背山面海，海洋性亚热带季风气候主导着广州夏天的节奏。二十岁这一年的夏天，许奕跟随学校社会实践的团队来到广州，第一次踏上这片土地，地理书上对祖国东南地区"温暖多雨、光热充足，温差小、夏季长、霜期短"的描述就此有了具象化的体验。她好奇地打量着这座繁华的城市，一如她曾经偷偷地打量从广州归来的父母。

许奕的家乡四川德阳位于成都平原的东北部，距离成都67公里，小城的经济并不算发达——"德阳发展，发展德阳"——她听着这样的口号在祖国大西南的广袤平原上长大。经济不发达意味着工作机会不多，在许奕儿时，德阳的外流人口很多，自己的不少同学都是留守儿童，这样的命运很快也降临到她的身上。她的父母学历不高，父亲初中毕业，母亲的学历则只有小学。为了更好的工作机会，听说在广东有远房亲戚可以有个照应，许奕的父母便带上弟弟离开了四川。在外打拼的日子里，他们先后在东莞开过餐厅，后来又到广州经营超市，其间也帮朋友干过零活。

父母离开德阳的这一年，许奕六岁，弟弟三岁。不同的是，弟弟跟随父母坐着绿皮火车横跨半个中国奔赴广东，许奕则与爷爷奶奶相伴留在了农村。从四川德阳到广东广州，中间相隔的远不止两千公里的铁路，还有几十年的发展差距与十几年父母的陪伴与爱。父母在广东常常一待便是一两年，不能时常回家探望许奕，只能努力用经济上的支持来偿还情感的缺席。年纪尚小时，许奕总问起父母为何只带上弟弟而没有捎上她，而父母只是一句"弟弟还小"便将她搪塞了过去。后来年岁渐长，许奕学会了沉默，任由这无声的抉择成为一道跨不过去的坎，无情碾过她的少年时光。

小学时，许奕最害怕的日子是开家长会那天，远在广东的父母自然无法赴约，而近在身边的爷爷奶奶也从不肯前往。在二位老人的观念里，孩子在家中听话并且成绩好几乎是他们全部的培养目标，至于学校的家长会不过是可有可无的存在。许奕的成绩向来优秀，让他们愈发觉得没有参加家长会的必要。比起前往家长会，他们更愿意将时间倾注在务农上，即使许奕的家境在德阳当地算得上殷实，但素来节俭的二位老人仍整日忙着务农，将家周围所有的土地都种上蔬菜与庄稼，只为省下一些买菜的钱。观念的错位下，爷爷奶奶不愿意为了参加一个"无关紧要"的家长会而浪费耕作的宝贵时间，对许奕请求他们去开家长会的话语更是置之不理。

开家长会的日子，老师会让同学们都到校门口迎接，牵着爸爸妈妈的手到自己的教室里就座。而年幼的许奕在校门口等着永远等不到的人，待到四下空无一人了便默默转身回到教室。小小的教室里早已多了几十位家长，在一片片的人声喧嚣中她低着头回到自己的座位上，难挨的不仅仅是回到座位的那段路，更是班主任即将到来的质问。明知许奕父母不在家的班主任，每次都会单独点出她的名字，询问为何她的父母没有到场。全班的目光聚焦向坐在第三排的许奕，她有些手足无措却只得苦笑应答，这样的时刻总让她的思绪无端回到小学刚刚入学的日子里。

刚进小学时，出于教学需要，班上的数学老师让全班同学自带一些"小棒"来上课。器材不贵，只需要一块钱就够了，有些同学的"小棒"是父母帮他们制作的，同样精美得很，可这对没有零花钱、父母又不在身边的许奕来说却成了难题。爷爷奶奶认为这种物件没什么用，不肯为她购买添置，更不肯花些时间为她制作。就这样，一年级的许奕因为没有带"小棒"而被一次次叫到教室后面罚站。起初，有好几个同样没有"小棒"的同学同她一起受罚。可是几次上课后，渐渐地他们都有了自己的"小棒"，罚站的人也就只剩下了许奕。

无数的日子就这样一闪而过，许奕早已不再愤怒或难过，更多的是对隔代抚养所带来的观念差距感到无奈。务农出身的爷爷奶奶常常不能体会到许奕作为一个孩子的情感需求，更遑论施予许奕太多的关注，更多时候是一种近乎冷漠的"苦养"与"放养"。这般的"苦养"的确让许奕很快地独立自主起来，但也造成了她喜好独处、不喜与人社交的性格。多年后，父母在广州的经营遇阻，复又回到德阳，同一屋檐下的朝夕相伴也难以让她体会到所谓中国家庭的亲密温暖——恰恰相反，许奕与父母之间的疏离感持续至今。随着许奕渐渐长大，这种疏离感延伸到了她生活的方方面面，她不大热衷于社交活动，不喜欢那些"吵吵闹闹"的娱乐项目，拒绝了许多与其他人建立亲密关系的可能，对任何事都表现得无所谓。在她看来，表面的热闹背后隐藏着空洞的虚无，与人的联结蕴含着离别的可能。

此时此刻，她身处学校社会实践的队伍中，同行的同学正热切讨论着晚饭吃什么，而她只是呆呆地抬头看向天空。台风即将过境广州，夏天最明艳的晚霞通常都在这时出现，她独自入神地看着灼烧的天空，像是一个快乐的逃兵。

二　非独生子女：是相互扶持还是个人牺牲

（一）长兄：如父忧思难忘怀

个案札记

邓龙吟，男，1987年出生于湖北省农村，汉族，本科就读于天津某职业技术学院。邓家共有四个孩子，除了龙吟本人外，他还有两个弟弟和一个妹妹。邓家兄妹的留守时光贯穿其少年时代，父母常年在外打工，兄妹四人先后由爷爷奶奶、外公外婆照料。稍大些入读离家较远的学校后，龙吟便开始带着两个弟弟独自生活，由他负责照护弟弟的生活起居以及学习教育。早年间，龙吟在社交方面略有内向，在情感表达中不够细致，随着他迈入工作岗位、与妻子成家立业，工作与生活的磨砺让他的性格更加外向活泼。虽然性格有所改变、生活状态也不断变化，但善良与向上的底色却始终如一，这与龙吟少年时期的留守经历不无关系。长兄如父，自幼年开始龙吟便承担了照顾、教育、引领弟妹的职责，这在无形中锻造了他自立自强、乐于助人、坚强积极的品性。而在大段的留守时光中，与弟弟妹妹相互扶持的经历，也消解了留守带给他的孤独和无助，让他有无限勇气面对漫漫前路。

过往故事

俗话说"穷人家的孩子早当家"，龙吟很喜欢这句俗话，因为它相当凝练地概括了自己的前半生。龙吟家中共有四个孩子，他是大哥，除此之外还有两个弟弟和一个妹妹。邓家父母常年在外务工，龙吟和弟弟妹妹自幼先后跟随爷爷奶奶、外公外婆生活，而他也曾带着弟弟们独自生活过一段时间，上高中求学时更是一个人独自生活了相当长一段时间。伴随着升学转学，龙吟的生活状态不断发生变化，但不变的是他始终保持着留守状态。

小学早期，龙吟和弟弟妹妹们一起住在爷爷奶奶家里，由他们照顾生活起居。奶奶对孩子们很是严格，总是教导他们要做勤劳踏实、诚实守信的人。小到"不可以欺负同村弱小的孩子"，大到"不属于自己的东西坚决不要拿"，这些奶奶总是喋喋不休的话语，后来成为龙吟恪守终生的信条。那个年代，农村的生活条件艰苦，龙吟早已习惯在课余时间同家人一起干农活，像常规的下田插秧、下地种花生和玉米、进山砍柴……于他而言是每一个寒暑假的必修课。虽然物质条件匮乏，但是龙吟总想着要给弟弟妹妹树立一个好榜样，因此永远不喊累、不抱怨，尽可能干更多的活，同村人见到他也满口称赞。不仅农活干得好，龙吟的学习成绩也是不错的，几年后便考上了乡里的中心小学。

小学的最后几年，龙吟又带着弟弟搬迁到了外公外婆家。外公外婆住在大河边，闲暇时他经常和小伙伴们偷偷去河边洗澡、钓鱼钓虾和挖贝壳。担心孙子的安全，外婆没少用狗尾巴刺打他的屁股，但他还是乐此不疲。当时留在村里的年轻人远比现在多得多，许多人都在家里以种田或打鱼为生，因此同一个村里往往有很多同龄孩子，大家一起上学、一起玩耍、一起偷偷去河边撒野。童年的时光总是快乐的，虽然父母一直在外打工，但是爷爷奶奶、外公外婆的悉心照顾，同龄小伙伴的陪伴玩闹让龙吟的童年生活充满了阳光和温暖。

行至初中时，为了让孩子们有更好的学习环境，父母打定主意让兄弟们前往乡里的中小学联校上学。联校离爷爷奶奶和外公外婆家都远，孩子们需要自己租房子做饭。也就是从这时开始，龙吟开始带着弟弟们独自生活。好在有几个亲戚住在附近，因此从有人照顾到独自生活的过渡还算平稳，出租屋附近的邻居们对他们也非常关心。龙吟的两个弟弟分别比他小三四岁，相应地比他低了几个年级。在小小的出租屋里，龙吟不仅要在生活上照顾两个弟弟的饮食起居，也要关心两个弟弟的学习情况，更多时候需要做好表率作用。长兄如父，三个人生活在一起时，基本上都由龙吟负责做饭和洗衣服，半大的孩子刚开始什么都不会，连衣服如何洗干净都要从头学起，日子久了竟然也很快掌握了家务活的精髓。业余时间，龙吟还开始摸索厨艺，虽然条件艰苦，但他仍想尽可能

地为弟弟们做出好吃的饭菜。龙吟最自豪又满足的时刻,往往是在父母定期打来电话询问三兄弟情况时。龙吟会如数家珍般地逐一汇报他们的近况,而父母在电话那头的牵挂和鼓励使他卸去一身的疲劳,更加坚定了自己要带好弟弟、努力用心学习的决心。好在两个弟弟都十分懂事,在家里和学校中都很听话,学习上也很用心,平日里时常帮着龙吟分担家务活。三个男孩子手忙脚乱地相互扶持着长大,就这样过去了好几年。

　　一有空闲时间,龙吟就喜欢读书,平时节省下来的生活费全都被他用来买了书本。《海底两万里》《钢铁是怎样炼成的》《格林童话》《伊索寓言》和中国四大名著早早地被他翻了个遍,连带着彼时刚上五年级的弟弟们也喜欢看《三国演义》和《水浒传》。龙吟觉得,在书籍的海洋里可以汲取大量营养,领略到乡村以外的美丽风景,和主人公一起探索世界的奥妙。那个时候,电视机还没有普及,方圆几里只有隔壁亲戚家有一台黑白电视机,但龙吟鲜少像村里的孩子那样挤过去看电视,而是更乐意沉浸在书籍的海洋里。稍大些时,邓家的生活条件稍有改善,暑假期间孩子们都能够去父母所在的地方团聚,不仅能亲身见识书本里的大世界,还能吃到母亲做的美味佳肴,这对于三兄弟来说是再幸福不过的事儿了。

　　由于要照管两个弟弟的学习和生活,在生活费上必须学会精打细算,这让龙吟在无形之中养成了勤俭节约的好习惯。或许是由于精力被家务琐事分散,他的中考成绩并不十分理想,在县一中读了一年之后就选择了转学,前往市里的一所中学寄宿学习了三年,正式开始了独自一人的生活。对龙吟来说,城市里的生活和过去相比并没有太大的差别。因为家庭条件艰苦,平日里他基本上只会待在学校里学习,很少外出娱乐。体谅父母在外打工的不容易,龙吟不愿意再给家里增加负担,高中三年甚至从没有买过一件新衣服。初中的时候,有城里的慈善家向龙吟所在的山村捐赠了一批旧衣服,全村人都赶到村干部家里去,排着队按照数量和身材领取。爷爷领着龙吟去晚了,被告知只能领取一件衣服,爷爷便让孙子自己去选。龙吟刚开始不太好意思,但在被爷爷吼了一声之后还是扭扭捏捏领取了一件夹克。这件夹克一穿就是三年，他暗暗觉得，这是他从小以来穿过的最帅气的一件衣服。随着年龄增长，他的身高也蹿高了不少，夹克在他上高中后便留给了两个弟弟。如今，这件帅气的夹克还在老家的某个角落里放着，一直都舍不得丢弃。对龙吟来说，这件衣服有着很大的纪念意义，记录着他难忘的童年生活。

不管是初中带着弟弟，还是后来上高中时独自生活，龙吟始终谨记着奶奶的教导，在生活中与人为善，从不和别人发生口角争执或肢体冲突。在学校里，与他同龄的孩子大多父母双双外出务工，他们将学校当作自己的家、视老师为家长、视同学为手足姐妹，因此身边也不曾出现因孩子是留守儿童而受到欺负的情况。龙吟最感恩的老师是他中学时期的班主任，这位年轻的女老师对他的学习和生活都非常关心，经常给予他鼓励和支持。直到龙吟毕业参加工作，他都始终与这位老师保持着联系。龙吟想，一路走来虽然艰苦，但是父母的牵挂和叮嘱、老师的关心和鼓励、亲友的照顾和支持一直让他和弟弟们倍感温暖。他们的教导使三兄弟学会了努力奋进、学会了乐于助人、学会了感恩知足。周末龙吟便会和朋友们一起去帮助附近的孤寡老人挑水砍柴，还帮着他们扫地抹窗。帮助他人使他感到快乐，让他觉得自己的存在可以发挥更大的价值。

高考之际，龙吟凭借着自己的努力，考取了天津的一所职业技术学院。在这里，他结识了后来与他相伴终生的妻子。毕业后，他接受学校分配，留在当地工作了一段时间，并于2015年国庆节期间与恋爱了近五年的妻子走入婚姻殿堂。妻子是山东人，性格活泼开朗，在2017年4月诞育了一个男孩。如今，龙吟与妻子双双来到父母打工的广东省，在东莞市的一家教育培训机构工作，二人的月薪均为6000元左右。在东莞他们暂时与父母同住，父亲母亲如今都已年过半百。父亲是初中文化水平，早年在村里当过村长，年轻时外出闯荡惯了，老来也闲不下来，目前以房屋租赁为生计，每月能有3000元左右的工资贴补家用。母亲是小学文化水平，有一定的识字阅读能力，如今在家含饴弄孙很是快乐。

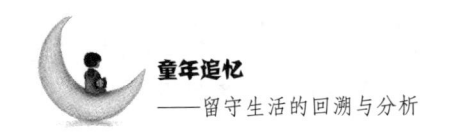

经过工作和组建家庭这几年的沉淀，父母发现龙吟有了明显的改变。在过去的学习生活里，龙吟的性格比较内向，可能是自幼便离开父母的原因，他在社交方面的经验有所欠缺，在情感表达中也不是那么细致。随着在工作岗位上锻炼了几年，加之有了自己的孩子，龙吟逐渐开朗了许多，待人接物也更加从容。回想童年生活，龙吟认为贫穷的农村生活并没有使他感到自卑，相反，锻造了他自立自强、坚强勇敢的品性。大段的留守经历，使他意识到亲情的珍贵，让他愈加珍惜如今和家人共度的时光，对待家里人也始终温柔和善、慷慨大方。龙吟说，如今孩子尚且由他的母亲带着，但待到孩子再稍微长大一些，他便会把孩子带在身边，给予孩子更多的陪伴与教导。

龙吟喜欢和孩子打交道，因而选择进入一家培训机构工作。在这里，他看着孩子们，仿佛看到曾经的自己、胞弟与幼妹。

（二）幺妹：三兄弟护童年梦

个案札记

龙咏，1997年生人，女，汉族，未婚，本科就读于湖北师范大学，为上一个案主人公龙吟的妹妹。龙咏的留守经历始于童年，从出生起便和大哥、二哥、三哥一起，共同由祖辈照护。祖辈虽然重视对孩子们品性的教育，却忽视了对他们学业成绩的培养。由于缺少及时的引导与监督，初入小学的龙咏十分贪玩，即使有三位哥哥的轮番辅导，成绩仍然并不理想。为了更好地教育幼女，父母选择将龙咏接到务工所在地的广东省就读小学，从一名留守儿童成为流动儿童。在这里，有了父母的陪伴与管教，龙咏养成了良好的学习习惯，成绩也大有起色。待到龙咏初中时，由于当地政策要求外来务工人员的子女必须回到原籍就读，龙咏不得不离开父母，回到老家开始了留守生活。有了小学时打下的基础，龙咏的成绩总算不再"吊车尾"，奈何由于高中文理分科时草率选择了自己不擅长的理科，她的课业成绩再度下滑，在高考之际只考取了一所专科学校。在这里，受到辅导员和哥哥的鼓励，她决意要突破自我，顺利通过了专升本考试，并正在为成为一名研究生而努力。一路走来，虽然父母难以在人生的重大抉择与日常生活中及时为龙咏提供帮助与支持，但老师、伙伴、祖辈的陪伴是如此可贵，更为重要的是，家中的兄长部分补位了父母角色的缺失，这让龙咏顺利走过了人生的一道道弯。

过往故事

20世纪七八十年代，在大山深处，人们除了苦力地干活就是干苦力的活，因为只有这样才可能生存下去。

龙咏的父亲从小热爱读书，却由于家中条件有限早早结束了学业。儿时的龙咏常听爷爷说起，父亲读书时天天吃红薯，很少能吃上大米饭，但他从不与别人攀比，只顾着自己埋头苦读。虽然只有初中文化水平，但是龙咏十分自豪父亲的素养和学识一点也不比旁人差，只要有空闲的时间，他都会去学习一些新的东西，比如计算机、餐桌礼仪、书法等。父亲对孩子们向来十分严格，事事都讲求精益求精，龙咏很敬佩父亲这种"活到老，学到老"的精神。与父亲相比，母亲的文化课读得并不好，家境所限让她连小学都没能读完。在龙咏的眼中，母亲勤劳、贤惠、顾家，在外跟随父亲一起奔波打拼从未有半点埋怨。虽然父母常年在外务工，但她是如此热爱着自己的父亲母亲。

父亲年轻时是一名共产党员，在村里当着村干部。那时家中已有三个哥哥，父亲母亲商量着如果不出去闯闯，很快可能连饭都吃不上了，更别说日后供养孩子们读书。于是，父亲放弃了村干部的职务，和母亲毅然选择了外出打工，留下龙咏与哥哥们和爷爷奶奶生活在一起，这一年她尚且在襁褓中。

龙咏懵懵懂懂地长大，学着哥哥的样子每天帮着爷爷奶奶做一些杂活。年纪尚小的她很是贪玩，有时忘记了奶奶吩咐的农活，便被罚站在门口。每逢此时，爷爷便会好声好气地向奶奶求情，奶奶是典型的"刀子嘴豆腐心"，不一会儿便心软了。那时的龙咏并不知道什么是学习、为什么学习，只知道玩才是最大的乐趣，以至于连"1+1"都不知道等于几,更别说参加考试了。一年级时她的成绩不堪入目,试卷上清一色的"零蛋",答题全靠猜画乱答。看到妹妹试卷上醒目的红色叉叉,哥哥们终于坐不住了,轮番守着她、教她做题,直到她学会了为止,有时候哥哥们还会把她带到他们的教室里去,让她躲在他们的桌子底下听课。对于孩子们的调皮,奶奶可是操了不少心,在奶奶平时的严厉教导下,几兄妹确实也学习到了很多。娃娃从小抓起,这让他们养成了终身的好习惯。不仅仅是在学习方面,奶奶更多传授着他们做人的道理,这成了四兄妹受益终身的宝贵财富。

难得有时间放假回来的日子里,父亲总会为孩子们带上一些新衣服。龙咏甚至可以想象,父亲和母亲是如何在遥远的大城市里精打细算、精挑细选,只为让孩子们穿上崭新又洁净的衣服。从不会拨弄头发的父亲,也笨拙地学着为龙咏乱蓬蓬的头发扎起了小辫子。虽然不是过年,但孩子们总是比过年还开心。父亲会给孩子们买一些零食,并且每次都会准备一个旧的照相机,为兄妹几个拍照,为的是带给远方的母亲看看孩子们的变化。能和父亲相处的时间很短,往往也就两三天,父亲每每出发时总是十分不舍,总不忘和孩子们说上一句"好好读书,听爷爷奶奶的话,爸妈到时带好吃的东西、好看的衣服来接你们"。

由于孩子们在原先学校的成绩一直不够理想,在龙咏升入二年级的时候,父母下定决心,将哥哥们和她送入了另一所中小学联办的学校就读。在这里,他们并没有和爷爷奶奶住在一起,而是自己租了房子,学起了洗衣、做饭。即使换了学校,龙咏的成绩依然很不理想,而哥哥们的成绩却有了很大提升。父母思前想后决定将最年幼的龙咏带在身边管教,一家三口共同去了广东省。从三年级起,在这关键的过渡期里父亲对龙咏的学习极其严格,在父亲和老师耐心的指导下,龙咏顺利完成了小学学业,各科成绩都有很大的进步。在龙咏小升初的这一年,随着教育部要求各地学生按照学籍注册入读初中,她不得不离开广东,复又转入了老家的县城读书。

初回老家,龙咏感觉陌生又熟悉。龙咏初入初一时,大哥已经在外地念大学,二哥刚好进入高一就读,照顾妹妹的任务便交给了二哥。母

第三章　留守日常——不断适应中的童年

亲在他们俩学校的中间路段租了一小房子。为兄妹置办好一切后，母亲便回到了外地继续打工，留下龙咏与二哥共同生活了三年。不久后，随着三哥也入读高中，住校的他每到周末也会来到小小的出租屋，兄妹三人一起加加餐、聊聊天。龙咏和二哥每次都较量着，说是谁先回到家谁就先煮饭，但结局往往是二哥负责买菜炒菜，两个人一起合理分工。他们俩每个月的生活费是五百元，省吃俭用，偶尔吃吃肉、买上些水果，便已经很是满足了。

初入中学的龙咏也许是因为换了新的环境，对新知识的接受速度也有些许缓慢。别人一下子就能懂的东西，她总是一直弄不明白，仿佛脑袋卡住不动了。就这样缓冲了半个月左右，当她逐渐缓过来的时候，已然落下了许多知识。每次有不懂的问题时她都会请教老师同学，虽然有点云里雾里，但后期再琢磨琢磨往往便明白了。老师们对班里的同学非常关心，但凡是课堂上讲过的题，都会问问大家是否都学会了，下了课也经常为没听明白的同学开小灶。初中时期，对龙咏影响最大的一位老师是夏老师，他是一名五十多岁的英语老师，对工作尽职尽责，对学生也永远耐心教导。刚刚步入初中时，英语难度骤然增大，龙咏一时跟不上，总会犯各种错误，但夏老师总会有耐心地带领龙咏重温课堂上的知识。有了夏老师的教导，龙咏的英语成绩虽然算不上突出，但总算也不是很差。

在龙咏读初中的年代，手机还远未普及。初二的某一天，她和同桌在放学后一起负责打扫卫生，有一位同学的手机掉了，便将嫌疑放到了龙咏的身上，每天喋喋不休说起此事。被人冤枉的滋味着实难言，龙咏忍不住将此事告诉了二哥，二哥立即联系了班主任，班主任查清了事情的缘由后，同学最终主动向她道了歉。时过一年，二哥也有了一台老式的手机，每个星期他们兄妹都可以和父亲母亲通通电话、聊聊近期发生的事、分享些各自的快乐。在有泪有笑中，初中三年的学习生涯如白驹过隙。

中考时龙咏并没有考上好的县高中，而是去了咸宁市的一所高中。出发的那一天是大哥拿着龙咏的行李送她前去的，为她收拾好所有的一

切，龙吟心疼地环视近乎"家徒四壁"的高中宿舍，然后叮嘱妹妹一定要好好读书。好在学校里的老师们都极其负责，龙咏就这样没什么防备地一脚迈进了住校生活，第一次住校的她对未来的生活充满着好奇与期待。高中生面临的第一个重要选择，便是文理科的选择。三位哥哥都选择了理科，龙咏几乎是不假思索地也选择了理科。然而，在后续的学习中，她很快发现自己并不擅长理科的思维逻辑，慢慢地学习也越来越困难，上课时龙咏时常不知道老师在讲些什么。这一次再也没有儿时哥哥们的亲自辅导和父亲的严加管教，挨过了一段不知所云的日子后，龙咏只好转换赛道，开始在自己比较擅长的科目上下功夫，至于理综不会的题目依然只能放着不会。龙咏最喜欢的高中老师是英语老师，印象里她总是很时尚，对全班学生的要求都极为严格，每天早自习时她都来得最早，为的是让大家珍惜每一分每一秒。学生有进步时她永远不吝啬夸奖，退步了也会鼓励孩子们不能放弃。龙咏记得老师说的最多的一句话便是"不劳则无获"，这句话始终印刻在她的脑海里，成为她和班级同学人生路上的明灯。年级更高一些的时候，龙咏也拥有了属于自己的手机，她有时会和父亲母亲通话，说说自己学习生活上的事，好让远在千里之外的他们更安心些。

龙咏深知父母外出务工的不易，从高二开始，她和室友们一起在食堂做兼职，每天中午和晚上负责给学生们打菜。兼职期间，往往用餐时间段过后才能吃饭，好在并不用花钱，一来一去每天可以省下两顿饭钱。上高中后龙咏每个月的生活费依旧是五百元，自打开始兼职后，她每个月总能省下两百多元，用于购买自己需要的东西，或是存下作为每个月回家的车费。兼职的日子久了，龙咏吃饭的时间总是不规律，不知是否是因为这个原因，高三这一年她患上了肾结石。有一天夜里实在疼痛难忍，室友二话不说便拉她去了医院，打车、付钱、挂号……朋友们为病痛中的龙咏承担了一切，这让她更加懂得了友谊的弥足珍贵。高中三年是龙咏最为迷茫又很是珍视的三年，她感谢老师们的谆谆教诲，感谢同学们的关心互爱，这都是支撑她前进的力量。

理综的吃力让龙咏的高考分数并不理想，只能考入一所普通的高等专科师范学校。万幸的是，在这里她学到了很多东西，人也比从前开朗了许多。进入学校后她积极参加社团活动和学生组织，结识了来自五湖四海的同学，锻炼了自己的综合能力。老师和同学们也为她提供了许多帮助，学校为学生提供了许多实践机会，为大家后期的实习和就业奠定了很好的基础。专科的三年生活给龙咏留下了美好的回忆，那时她没什么特别大的追求，只想着趁早毕业然后成为一名小学老师便足够了。然而在辅导员和三哥的鼓励下，她抱着试试看的心态报名了专升本考试，最终成功考入了湖北师范大学教育科学学院的小学教育专业，在这里又开始了两年的全新学习生活。两年的本科学习时间过得很快，但在她心里埋下了求知的欲望，她将带着校训里的"诚、毅、勤、敏"四个字不断学习，去做自己想做的事、去攀爬更高的山峰。如今，龙咏正投入研究生统一招生考试的备战中，面对曾经最为困扰她的数学题，她感到自己怀有无限动力。

时至今日，走出大山对许多人来说仍然不是一件易事。从大山深处而来，龙咏深知，只有走出大山，才能看到更多的希望。面向未来，她依旧以成为一名人民教师为理想，而如何帮助更多孩子走出大山将成为她终身的命题试卷。

三 自我世界：是走向自洽还是走向自由

（一）何以解忧：乐观消融恶意

♥ 个案札记

李梧，女，出生于湖北省的一个小县城。早在李梧进入小学前，父母便长期在外省务工，留下她与奶奶相依为命。为了在城里的小学就读从而有更好的教育条件，奶奶和李梧借住在城里的姑姑家，然而短短一年后便被姑姑借口赶出，自此过上了辗转失所的日子。此后短短两年中，李梧与奶奶先后迁居了四个出租屋。直到三年级快结束时，李梧的

父母才带着打工所得回到了祖孙所在的城市，购买了新的房子，李梧才就此结束了自己的留守生活。在李梧的留守生活中，颠沛流离是关键词，但她始终积极乐观，从未真切直面过他人的恶意。她将这种乐观向上归结为奶奶与父母潜移默化的引导，是长辈积极的心态与及时的疏解造就了她今日的积极心态，而这也是保护留守儿童健康心理的重要基础。

过往故事

李梧出生于普通的工薪家庭，小学时父母长期在外地打工，在这段日子里她与奶奶相依为命。奶奶育有一儿一女；姑姑是大女儿，随同姑父住在城里。早在李梧还在上幼儿园时，父亲便在外省的建筑施工单位当施工队长，母亲则是同一单位的文职人员。虽然身处他乡，父母仍忧心女儿的上学问题。为了让女儿去城市求学，在李梧一年级时，奶奶便带着她寄宿到城里的姑姑家中。然而姑姑并不欢迎祖孙的到来，在寄宿的第二年就以儿子结婚需要婚房为由让她们搬了出去。

从姑姑家被"赶出"后，李梧在小学二三年级期间，她和奶奶一直在小学附近租房子住，短短两年的时间里，她们先后经历了四个住处。刚刚离开姑姑家的时候，由于没有第一时间租到合适的房子，奶奶又没有把被赶出来的事情告诉李梧父母，祖孙俩一度流落街头、四面楚歌。头几天，她们只能住在一个日租的空荡荡的房子里。房间中家徒四壁，只是简单地粉刷了墙壁，也没有什么家具，全家上下只有铁质的弹簧床、两个小板凳、一个自来水龙头和一盏白炽灯。由于房子有一百多平的面积，所以租金非常昂贵，实在是因为没地方住，奶奶才决定在这里姑且周转几天。彼时李梧尚且还小，并不清楚事情的原委，更无法理解奶奶的叹息与泪水。奶奶没有告诉她具体的情况，只是说要带李梧换一个新的环境生活。在姑姑家时，李梧虽然并没有遭受什么不好的对待，但是姑姑一家人的嫌弃即使不通过语言表现出来，尚且年幼的她也能通过他们日常生活中的一举一动感受到。因此，当李梧听说要换一个新的环境生活的时候，内心充满了喜悦和期待。

在这个地方暂住了几天后，奶奶终于通过朋友介绍找到了一间月租三百元、一室一卫的房子。这间房子所在的三层居民楼建在一座小山的山脚下，地处偏僻，距离李梧的学校很远，但奶奶的退休金只能承担这种程度的租金。在小学阶段，李梧总是牵着奶奶的手走长长的路去上学，再走长长的路回到小小的出租屋中。同小区与她年龄接近的小学生都是在最近的小学上学，因此李梧也没能结识几个一起玩的伙伴。那段时光唯一的乐趣便是拿着奶奶给的五角、一元零花钱，在公园门口的地摊上挑塑料的小玩具，李梧闲来总是坐在公园的路口，一个人便能玩上一整天。

又过了一段时间后，这间小屋的租期到了，续租要涨到每月四百元左右，这对奶奶无疑是一笔巨款。此时虽然李梧的父母已经了解到孩子和奶奶的处境，但当时他们正在攒钱买房，这四百多元的租金对一家人来说都是一笔无法接受的开销。不得已奶奶只能带着李梧寻找新的住处。搬出来之后，他们寄宿于奶奶年轻时做售货员的同事——另一位独居的八十岁左右的老奶奶家中。由于儿女不是很孝顺，这位老奶奶只能自己应付生活，家里的环境比较差，尤其是卫生条件堪忧。待到李梧年龄稍大一点的时候，母亲告诉她，儿时她在那间屋子睡觉时还被老鼠咬过。好在两位老人的身体还算硬朗，对李梧的照顾也十分周全，生活总是可以勉强维持下去。

在这里暂住了一小段时间后，李梧的母亲终于托朋友租到一间学校旁边的干净房子，不仅有彩色的电视机，同一栋楼还有很多同校的小朋友，这时她的生活才慢慢走上了正轨。在这边住了大概半年左右，父母带着打工的积蓄回到家中，购买了新的房子又重新装修了一遍。直到这时，李梧才算真正意义上拥有了自己的"家"——属于自己的房子和可以一起生活的家人。

许多年后，李梧再同朋友谈起这段留守时光，她笑眯眯地讲完了自己被老鼠咬的故事，权当是个笑话。可朋友听罢却吃惊地捂住了嘴，哑然年幼的她怎么能忍受这样的生活。在上小学之前，李梧和家人一直在一个安静的小县城生活，房子处在一个三层居民楼的一层，两室一厅，面积大概有七十平方米，家里环境干净整洁，日常生活所需的家具电器一应俱全，家里的彩色有线电视能收到二十个以上的电视节目，还有一大群童年的好朋友可以每天一起玩耍。搬到城里后，李梧先是和父母分别，又和奶奶过着寄人篱下的生活。一路走来，与之前在小县城时的小康生活相比真的是天壤之别。朋友忍不住评价，无论是按现在还是当时的眼光来看，她和奶奶在出租房的生活都可以说是惨不忍睹。对朋友的反应李梧并不意外，回顾自己的留守经历，即使在外人看来也许条件艰苦，但她从始至终都没有感受到生活对自己的恶意，反而保持着乐观的心态，尤其是在最后一次搬到新的出租屋时，她一度觉得自己的生活真的很幸福。

探究自己为何会这么乐观、对生活充满向往，她想大概一切都是源于奶奶和父母对自己的爱。李梧的奶奶为人坚韧，自始至终她从来都没有在李梧面前流露出一丝负面情绪。李梧的父亲是一个非常孝顺的人，奶奶怕被父亲知道祖孙被赶出来而和姑姑决裂，便一个人扛下了这一切。无论是最开始出来找房子，还是日常的柴米油盐、对李梧的照顾和教育，奶奶都用她瘦削的肩膀一应承担下了这一切。在和李梧父母通话的时候，她永远只说一些家长里短，对被赶出来的事情只字不提。年幼的李梧甚至不知道自己为什么会搬出去，但是因为奶奶对她的照顾，李梧反而觉得生活变得更加自由舒适了。直到那一年过年的时候，父母回家才知道了这件事。在奶奶的劝阻下，父亲总算冷静了下来，并没有和姑姑一家人发生冲突。

与奶奶一样，李梧的父母虽然在外地打工，但是对女儿的关心丝毫没有落下。在了解到他们搬出去租住的情况后，更是经常请假从外地回来看望奶奶和李梧。待到结完工资攒够了买房子的钱，他们就立刻辞掉了当时省外的工作，回到城里购买了房子并重新开始找工作。这一系列的付出与牺牲，其中的辛苦和怨言他们都独自承受了，从没有在李梧面前流露出分毫。直到李梧长大了一些，在父母茶余饭后的交谈之中，才了解到小时候的这些故事。她想，奶奶和父母没有告诉自己这些事，是对她的一种保护。这种保护和他们无微不至的照顾，帮助她顺利度过了留守的那段生活，更塑造了她乐观面对生活的性格。

很多年后，李梧在大学修读了心理学专业，她开始谈论留守儿童心理问题这个宏大的命题。在某一篇作业的最后一段，她虔诚地写下注脚——解决留守儿童的心理问题，主要依靠父母和监护者老人对孩子的教育和引导。无论是在语言上的沟通还是对待生活的态度上，父母与家中老人的一言一行都会潜移默化地影响孩子的心理，更应该向孩子传达一种乐观积极的精神，这样才能让孩子在没有父母的陪伴下也能感受有一个完整的家和爱自己的家人，以一个健康乐观的心态来面对留守生活。这样的话，即使再艰苦的条件，孩子也会自信而坚强地成长下去。

儿时李梧曾在出租屋的窗前摇头晃脑地背诵李密的《陈情表》，却总也背不下来那句"臣无祖母，无以至今日，祖母无臣，无以终余年"。每每读到这一句，她便从窗口探出头来，看到奶奶在出租屋门前的小院子里忙碌。为了省下一些买菜钱，她在院子中总割不完的草和料理不完的菜。后来，父亲母亲回到了小城，他们有了自己的房子和小院子。奶奶喜欢种果树，新家院子里结出的橘子和石榴又苦又涩，她却坚持要种。她们曾经生活的小县城四面多山，这些她原以为翻不过去的名为留守的大山，是踩着奶奶和父母的背硬生生翻过去的。

（二）何以立命：走出皖北村庄

♥ 个案札记

辰皓，男，成长于安徽省蚌埠市怀远县的偏僻农村。村庄地处三县交界，发展较为落后，因此村中有大量人口选择外出务工，留下了许多像辰皓般的留守儿童。父亲在辰皓小学时开始外出务工，由母亲在家中照料辰皓的生活起居。在村里留守是共性现象，因此身处其中并不会感受到过多差别；然而自高中考上县城高中、抽离出村庄环境后，留守经历在辰皓身上印刻的痕迹渐渐浮现。他性格内向、不善于沟通、习惯自省，同时他与父母关系疏离，不敢表达自我的情感与想法。在寂寞的精神世界里，辰皓重要的情感寄托是与自己有血缘关系的堂哥，性格外向的堂哥引领着辰皓蹚过了孤独的留守岁月，开始学习着拥抱更广阔的天地。

过往故事

对每一个乡村少年来说，走出乡村总会在少年时期的某个瞬间成为一种必然的英雄主义，辰皓也不例外。辰皓的老家地处皖北的一个偏僻村庄，虽然名义上隶属于安徽省蚌埠市怀远县，但由于地处三县交界，村庄发展不受重视，渐渐就显出明显的落后之处来。在初中之前的时间里，电脑一直都是稀罕物，于是辰皓这样的小家伙对外界的认识也基本局限在不多的电视频道和假期里偶尔几次走马观花式地出外游玩。事实上，那个时候村里孩子们的世界就是村子里的小河、学校课间随处可见各色游戏的操场，以及追逐打闹的上学放学的乡间小路。除此之外的世界只意味着陌生、模糊与遥远。

在这样的环境下，可以想象外界发展的冲击是以一种混乱而有效的方式，在逐步蚕食原本的生活状态。小学学费从三年级开始在不断减少，终于从最初的百多元变成了义务教育，每个学年初只有几元的作业本费用需要上交。当然，教辅资料等开支是必不可少的。一群又一群孩童在学校里度过了他们的幼稚时代，只是一种理所当然的随大流选择。也有很多人在初中毕业以前就选择了和他们的父辈一样出外谋生，大多凭借体力与粗浅的装潢或泥水匠手艺赚取微薄的报酬。在那个时代，大多数的家庭都需要一个进城打工的劳动力来保证家庭的开销，并艰难地为以后的生活积攒下并不充足的保障。

辰皓的留守就发生在这样一个环境之下，既然大多数的玩伴都是如此，那么对此辰皓自然也并没有什么特别的想法。既然留守并不另类，那么这种生活方式在长久的陪伴之下已经逐渐成了他们这一代人最充分的童年记忆之一。父亲是在辰皓上小学的时候外出的，那个时候孩子对周围世界的理解还局限在一个十分表面而粗浅的层面，对家里少了一个大人的认识似乎只是衣架下不穿的衣服多了，早饭时狭小的厨房显得比以往宽敞。从那时开始，辰皓和小伙伴们在村里四处玩耍的时候能够见到的大伯或他们的成年儿子越来越少。当然，因为孩子总是一茬一茬地成长起来，辰皓这一茬正是丰收的时候，所以当时看来偌大的村庄也并不显得寂静无人，反而到处是尘土飞扬的游戏声音。因为缺少大人的有效管辖，孩子们的时间显得无比充足与自由。辰皓通常是在放学的路上就已经把自己变成了一个小小泥猴，书包一甩便向庄子里孩童聚集的地方奔去。晚饭的时间普遍较晚，天色黑得差不多的时候才会听到各家母亲催着吃饭的声音。因为辰皓和伙伴的游戏场地相对固定，而有血缘关系的兄弟更容易玩到一起，所以在比自己大两岁的堂哥家里蹭了饭再晃荡回家对辰皓而言也是常有的事。现在想来，辰皓认为自己性格中对他人的依赖感大概就是从那时开始的。家里少了提供父爱的那个人，自己又只有一个小五岁的妹妹，作为男孩子的自立程度和安全感总会有所欠缺，便总想着拿他人的爱与存在来填补。

家庭生活上来说，辰皓自认为还是蛮和谐的。父母对他的教育方式较为宽松，在辰皓的记忆中从未有过挨打的经历。可能是因为爷爷是早已退休的小学教师，所以辰皓自幼比起其他孩子对读书更有兴趣一些，于是也常常会有比他们多一点的想法。辰皓会从得到的不多的有关家里的信息来思考现在的状况，虽然基本上都没有得出什么结果，却使他在这种不确定之中形成了有些拘谨的性格。与此同时，他也会渐渐察觉许多的玩伴在某些层面上显得不那么有趣，交际圈便日益萎缩了。长此以往，主动与人交流的能力显出欠缺来，形成了一个不太好的循环，这种循环直到上了大学才有所好转。

虽然父亲在家的时候不多，但辰皓总是觉得与父亲在一起时更加轻松自在，也更有交流的欲望。这可能也是留守儿童的一个共性吧。父亲上过大专，在那一代人里算是文化水平不错的一类。虽然比起村里的其他家庭，辰皓家并没有更多的收入，但父亲的存在还是让幼年的他有那么一点小小的骄傲感。在自己逐步成长的过程中，辰皓对父亲的理解与感佩也在不断地深入。父亲做过木匠、装修工人、泥水匠……因此家里

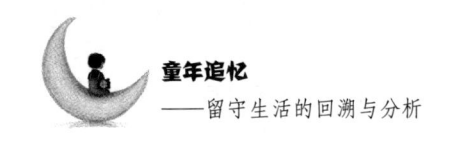

小到抽屉锁舌的更换，大到房屋的重建都依赖父亲之手。早年间报纸盛行的时候，他回家前总会在车站买上厚厚一沓用以消遣，这也成了辰皓在他回家时翻找包裹的首要目标。此外，当辰皓有什么新的认识或是想法与之分享的时候，父亲也总会有适当的点评和解说。这些在生活中看似无关紧要的相处细节，在现在看来，却是塑造如今辰皓的重要零件。

和许多孩子一样，辰皓对母亲最大的认识来自饭菜和衣服。幼年的辰皓并不能意识到母亲的饭菜滋味如何，相比在其他地方吃到的有新鲜感的饭菜又是如何。由于他和妹妹都不能吃辣，十年前也没有几家人能整天维持大鱼大肉的饮食，因此家里的饭菜多清淡素净，辰皓偏淡的口味也就在这样的饮食中被塑造成型，这在潜移默化中滋养着他安静的品性。除此之外，在家里每每能看到母亲对着一大盆衣物用功的模样，然后就是第二天穿在身上清爽干净的衣服。洗衣向来十分笨拙的辰皓对这种将脏兮兮的衣服变得洁白如雪的能力只觉十分神奇。现在想来，他有时常常会对一些细枝末节有不可避免的追求与调整大致就源于此。

就辰皓的眼光看来，自己家并不是一个善于沟通的家庭，至少长久以来的相处模式缺乏深层次的有效沟通，以至于当从电视上或者其他渠道获取到相对严肃深刻的话题时，辰皓便会倾向于用玩笑来化解，而不是坦然地进行讨论。他并未接受过这样的教育，但长久以来的生活环境已经在无形之中告诉辰皓，直截了当地用话语表达爱之类具有浓重色彩的感情是不合时宜的。虽然家庭的气氛向来是轻松随意的，但当聊天触及此类话题时他依然会有十分尴尬的感受。不仅如此，长久以来辰皓的思考都会有意无意地避开这一方面，因此对它的认识也就仅仅停留在感性的接触上，如果要进行交流，除了难以言明的情绪外也并没有什么话能够清楚地说出口。辰皓或许能够将刚看完的故事流畅地复述下来，却绝对无法做到在父母的某个生日有什么明显的祝福举动。这种表达爱的能力的缺失造成了现在的他对亲密关系的畏惧和逃避，这也许是留守所带来的不可避免的问题。在常规的角色扮演中，母亲一般会完成家中各项琐事的处理，同时她的交流水平又停留在初中，不论是体力上还是思想上辰皓都没有理由向她要求更多的关注。

第三章　留守日常——不断适应中的童年

在父母之外，对辰皓而言，留守生活里另外的一个重要组成部分便是大他两岁的堂哥了。辰皓想这是留守者的又一个必然共同之处，总要在生活的其他部分寻找到能够填充缺少的关怀之类。堂哥的性格开朗强势，和辰皓恰恰形成鲜明的对比。按长辈传统的观念来看，辰皓这种谨言慎行、学习上进的孩子自然比堂哥更讨人喜欢些。然而他始终暗暗羡慕着堂哥在风靡的各种游戏上信手拈来，以及拥有那些数不清的玩伴。由于是一同上学，住处又相隔不远，兄弟俩当然会常常同去做一件事，而堂哥自然是下决定的那个。这样的行为模式一方面给了辰皓极大的安全感，在与人打交道时不需要费什么力气，反正交涉的事情都有堂哥来做，遇到什么麻烦也总能找到人求助；另一方面也无形中使得辰皓长期处于一种受压制的状态，无法养成决断的性格也抓不住那些需要主动尝试的机会。辰皓悄悄想，这大概就是给自己建造的一个城堡吧。

在老家度过的童年每一天似乎都大同小异，至少在去县城上高中以前的日子觉察不出太多的区别。而当辰皓第一次踏入高中的大门时，另一种新的生活模式便已经向他走来。长期的留守生活并没有让辰皓形成强大的自理能力，母亲一手包办家务使得他在高中伊始，独立生活的能力依然无限接近于零。于是和许多不放心孩子的家长一样，母亲选择将妹妹转到县城的小学，租下两间民房以便辰皓走读高中。

在这个各类观念迅速成型的时期，照理社交能力应当是被充分锻炼的。然而一方面由于辰皓自己的性格使然，另一方面走读的生活也使他的假期不会像其他住校的同学那样拥有绝对的自由，同辈人之间交流的机会也就少了很多。这种拘谨的性格伴随着几个亲密朋友的出现逐渐被改变，但也只能在有限的范围内发挥作用，当进入完全陌生的环境后辰皓仍旧会迅速变回那个谨小慎微的男孩。于是这样的三年除了为辰皓提供考入大学的平台之外，他的世界仍然局限在县城的小小一隅。

这些大致上便是辰皓在十八岁之前的经历，当大学时代来临，他才刚刚开始对自己进行有意识的反思与改造。辰皓独处时热爱思考，但关于留守的问题他总是厘不清。在城乡经济水平出现明显差距的情况下，不论家长做出怎样的选择，事实上都会给自己的孩子带来难以厘清的问

题。这样的思考，或许属于我们这一代的每个人。

（三）何以心安：用尽全力生活

❤ 个案札记

苏伟斌，男，白族，1992年出生于云南大理喜洲镇R村的农民家庭，家中共有四口人，分别是他的父母、姐姐和他。伟斌的留守时光始于小学一年级，一直延续到小学六年级。在此期间，父母外出前往昆明打工，将一儿一女留在农村老家由爷爷奶奶照顾。特别的是，当时苏家还有四个堂兄弟姐妹留守，也由爷爷奶奶二人负责照顾。苏伟斌的小学、初中在本地就读，高中毕业后考入昆明学院，在昆明完成四年本科学习，毕业后进入云南云岭高速公路建设集团有限公司工作至今，访谈时他为一名技术员。六年的留守生活让苏伟斌变得坚强、懂事、自立，早早地学会了做饭洗衣照料自己。留守期间，伟斌的家庭条件艰苦，营养不良致使生长发育落后于同龄人，在学习上由于缺乏监督，成绩也并不令人满意。除此之外，父母不在身边让伟斌习惯故作坚强，遇事往往憋在自己心中，性格腼腆且少言寡语。随着六年级父母回到家乡，苏家建成了自己的房子，生活条件才有所改善，但在留守生活中养成的"遇事自己扛""有话不对人说"习惯却保留了下来，成为伟斌身上无法褪去的标签。

✍ 过往故事

苏伟斌八岁这一年，时间阔步迈入千禧年，全国上下都洋溢着格外的喜庆与期待。他也不例外，因为这一年他终于入读了小学。

八岁入读小学哪怕在喜洲镇这样的小城上也算得上晚了，由于伟斌儿时个头小，老师不让他入学，这才拖延了几年。他在家中无所事事的几年，正是家里最为穷困潦倒的日子。苏伟斌的父亲和母亲均出生于1967年，父亲小学学历、母亲没上过学。两人在本地勤勤恳恳务农了十多年，仍然没能改善拮据的家境。那时务农收入微薄，又没有其他挣钱渠道，家庭生活实在苦难。最终在伟斌入读小学的这一年，苏家父母决定外出前往昆明打工，将苏伟斌和姐姐留给爷爷奶奶照顾。在昆明，最初他们做的是饮食方面的活计，在昆明市区卖喜洲粑粑（一种当地有名的烤饼）以及包子豆浆等早点，这样的工作也是当时村里大多数人外出打工者的选择。每年暑假，姐弟俩都会被父母接到昆明共度假期。除此之外，与父母在老家见面的机会便是春节，这是一年中苏伟斌唯二能够与父母交流的时机。那个年代，手机还远没有普及，家中也没有固定电话，两个孩子还未识字无法写信，因此平日里与父母几乎没有联络的机会。如若有什么急事，父母往往是先将电话拨到村里的小商店里。虽然对孩子的学习和生活很是担心，但父母不好意思经常麻烦店里的人家，只能每年回到老家后再急切地向爷爷奶奶和街坊邻居了解一番。身处外地的日子里，他们最担心孩子能不能吃饱穿暖，孩子的爷爷奶奶年纪大了，照顾难免不周到；另外担心的便是孩子的学业，总忧心孩子贪玩，会在外面与人学坏了。好在两个孩子懂事，周边的亲戚朋友也帮衬着，苏伟斌姐弟就这样顺利地长大了。

除了苏伟斌和姐姐，他们还有两个堂兄弟一起留守，均由爷爷奶奶照顾。彼时爷爷奶奶大约 60 岁，平日里总在家中的田里奔走，对他们四个兄弟姐妹的管理也心有余而力不足。爷爷奶奶都是文盲，受教育程度很低，在学习方面只是经常叮嘱他们好好学习，不要在外面惹麻烦。他们四人平日里一起上学，中午和晚上放学后再一起回家吃饭。奶奶的眼睛不好，做的午饭有时吃不成，伟斌只能自己重新做。那时他们往往在家吃了午饭再回学校上学，但若自己做饭便总会迟到。老师不了解他们家中的情况，见伟斌迟到总免不了一番批评，渐渐地他也磨练出了一身又快又好的厨艺。

虽然父母不在身边，但因为他们一家兄弟多，也从未被其他小朋友欺负过。然而生活的艰辛总是免不了的，家庭贫穷、父母都不在身边、爷爷奶奶年迈仍忙于农活……苦难在生活里层层叠叠，压得他喘不过气来。因为家里穷，他有时会吃不饱，穿的也没有身边的小朋友好，常年就是那几件旧衣服，这种和其他小朋友的对比落差让他感到自卑，变得沉默寡言起来。因为父母不在身边,他常常感到孤独,对身边有父母陪伴的小伙伴很是羡慕。因为爷爷奶奶忙于为生活奔波,他的自卑、孤独与委屈难以消解,每当这时他都格外思念远在昆明的爸爸妈妈。在受委屈的时候,苏伟斌从不在爷爷奶奶面前表现出自己的脆弱,更不想让堂兄弟看不起,假装自强自立的日子久了,他好像真的迅速独立了起来。可只有他自己知道,他是多么渴望父母在身边,渴望更完整地得到一个小孩子应该得到的照顾和关爱。

  童年的时光总是掺杂着悲伤和快乐,而留守经历也为这段日子增添了些许五味杂陈。儿时的苏伟斌贪玩,时常和小伙伴在农村的田地里撒野,今天让张家鸡飞狗跳,明天又偷挖了王家的土豆烤来吃,有一次被人抓到了,主人家一路跑到他们家里骂他爷爷。那些日子里,农村的娱乐活动少,很多时候做这些事并不是因为吃不饱,更多是为了一份乐趣,爷爷也并不放在心上。然而,贪玩也确实让苏伟斌挨过些教训。有一天适逢大雨,他冒着雨在放学后跑出去玩耍,果不其然弄湿了鞋子。鞋子湿得很是严重,第二天上学怕是穿不成了,而他只有这一双鞋子。没有办法,奶奶只好把他的鞋子拿来放在火边烤,由于奶奶眼睛不好,竟不慎把鞋子烤出了一个大洞。爷爷知道后非常生气,当即打了奶奶一巴掌,站在一旁的苏伟斌吓哭了,又急又怕却不知道该怎么办。

  苏家爷爷奶奶都是文盲,不识几个字,对几个孩子教导也显得有心无力。即使是开家长会,爷爷奶奶也总是去不了,只能由苏伟斌的姑姑或者表哥代去,回来再把老师说的转述给爷爷奶奶和父母。父母常年在外,教导伟斌和姐姐的机会近乎于零,在学校时他总羡慕那些有父母监督引导甚至带他们去上培训班的同学。缺乏及时的教育与帮助,伟斌的成绩向来不是班级的前列。小学六年级时,时间即将迈入千禧年后的第一个十年。父母终于回到了老家,一家人建起了新房子,生活也改善了许多,日子向来滚滚向前,这一刻总是最好的时间。他的小学、初中均在本地就读,高中毕业后考入昆明学院,在昆明完成四年本科学习,毕业后进入云南云岭高速公路建设集团有限公司,成了一名技术员。时至今日,伟斌仍然为自己小时候没有好好学习感到后悔,直到很多年后才意识到学习的重要性,好在为时未晚,他仍旧可以凭借自己的技术向前。

在学校里,苏伟斌将自己和老师的关系比作老鼠和猫。他平时不敢去招惹老师,老师对身为留守儿童的他不会有什么歧视,当然也谈不上什么特别关爱。当时,身边的留守儿童很多,所以他平时也不会显得很特殊。村委会或者乡镇政府对于留守儿童没有专门的关怀举措,倒是街坊邻里时常会接济这一家老小,但凡吃着什么好东西总会想着给他们家送来一些。邻居的大伯很疼爱苏伟斌,心疼他父母不在身边,偶尔会给他塞上五毛或者一块的零花钱。那时的伟斌一天只有五毛零花钱,往往舍不得买零食吃,而是攒着用来买玩具。大伯给的钱虽然只有五毛、一块,但对儿时的他来说已是一笔"巨款",他至今仍然对大伯心怀感激。

农忙的日子里,苏伟斌会和哥哥姐姐们一起去田里帮忙。留守的这许多年里,他变得更坚强、更懂事,比起同龄人也足够自立,平时总能自己做饭洗衣。对于父母的远行,他虽然思念却从未埋怨,他清楚父母外出是为了挣钱,如果没有父母的辛勤劳动,自己过不上温饱的生活,更难以得到良好的教育。在一家人团聚的日子里,父母会尽力满足孩子的要求和愿望,期望可以弥补他们缺失的父爱母爱。

参加工作后,苏伟斌总是很忙。偶尔盘算起自己的未来时,他想着自己也许会在孩子两三岁时先把孩子留给父母照顾,待孩子开始读书的时候,他下定决心一定要与孩子长长久久在一起。他很能理解孩子没有父母陪伴在身边的感受,深知这种缺乏关爱、得不到细致照顾的经历将对孩子有很多不利影响。伟斌闲暇时会关注社会上面向留守儿童开展的公益服务,每年他都坚持给"免费午餐"计划捐上一笔钱,既是为了现在的孩子,更是为了曾经的自己。

第四章 抚今追昔——作为个体归因的留守

中国有句古话"三岁看八十，七岁定终身"，说的就是人的脾气性格在幼年就逐渐定型了，小时候的成长经历对于孩子日后的成长影响巨大。而留守经历作为一种特别的童年经历，或长或短，对于个体的影响都不是暂时性的，而是会长期以一种或显性或隐性的方式存在。缺乏父母的关爱，让他们相较于其他儿童有一种孤独感、不安感和脆弱感，有些人在挫折中慢慢被打垮、变得自卑；有些人则在困难中变得独立自强。不少曾留守者不愿意再去回忆童年的经历，每一次和外人的诉说，对他们而言就是将勉强愈合的伤疤揭开来，重现过去的疼痛，他们因此宁愿选择遗忘和缄默不谈。

> 关于留守造成的不好的影响其实还蛮多的，首先就是对心灵的创伤很大，虽然说它逼迫着我逐渐变得成熟懂事，但这是以牺牲我的童真和心灵的健康成长为代价的，它逼迫着你去面临那些更成熟、更复杂的问题，这样的心灵创伤是深深的烙印，影响着一生。——摘自未收入个案《软件程序员：被逼迫着懂事》

留守经历对他们的家庭观和爱情观也产生很大的影响。成长时的苦痛让一部分人坚定了维护自己小家完整性的决心，不愿意让孩子重走自己的路；另一部分人则恐惧亲情、回避家庭，认为自己没有意愿或者能

第四章 抚今追昔——作为个体归因的留守

力去爱和照顾。总体来看，幼年时对于父母亲情的情感需求强行压抑，往往会造就内心矛盾难以统一的个体。

> 陈娜（曾留守者）的孩子也过着留守的生活，由孩子的爷爷奶奶在老家照顾。她说："这是没有办法的呀，我和我老公都是朝九晚六，孩子吃饭都有问题。"但是，陈娜因为经历过留守生活，所以她认为自己更懂得留守儿童需要什么。她会经常询问老师孩子的近况，希望老师会对自己的孩子更关注、更关心。如今的她保证每周都回到老家陪伴儿子，减少在外时间。小孩子在幼儿园里所有的集体活动，作为母亲的她一定亲自参加，不会落下任何一场。让她感到痛心的是，自己的儿子因为留守的原因，现在性格已经有了缺陷。与她小时候野孩子般的性格正相反，她的儿子比一般的男孩子更怯懦，害怕与陌生人接触。她想要改变，却无可奈何。——摘自未收入个案《留白：透明人在匆忙人海中》。

留守对于未成年人的影响可能并非那么直接，它可能会先通过影响未成年人父母的情感来影响留守的未成年人，而父母之间相处是否和谐比我们所谓留守本身对其的影响可能更大、更深刻。

> 海林，21岁，女，广东省茂名信宜人，家中排行老大，有两个弟弟。她出生两个月后跟爷爷奶奶在农村老家生活，小学随爸妈去深圳读书生活，小学五年级因学籍限制又回到老家的县城，由母亲陪伴念完初高中。她强调留守对自己没多大的影响，但父母两地分居后父亲因外遇而离婚，这才是她在高中期间十分痛苦的根源。——摘自未收入个案《走向掩饰：被遮蔽的痛》。

相比于父母的离开，成长过程中的"不稳定性"或许对于留守儿童的影响更大。比如监护环境的改变（如从祖辈监护转为叔辈监护），转学升学带来的流动（如从在乡镇读书到在县城读书），在不同的家庭环境、社区环境、人际环境和制度环境下辗转成长起来的人，曾经颠沛流离的日子对他们的心理、价值观和个人发展造成了差异化的影响。（谭深，2011）

相比于父母双方均外出的全留守家庭而言，只有一方外出的半留守家庭对于儿童的陪伴更多，也更可能减弱留守对于儿童发展的消极影响。然而，我们同样需要注意到这种家庭分工形式可能带来的弊端，比如一方的缺位导致另一方的家庭负担增加是否会给儿童带来心理压力？儿童对于幸福家庭和父母责任的理解又是否会出现空白或偏差？这一切又对儿童的性格和价值观的塑造产生了多大的影响？我们无法向曾留守者正面提出这些尖锐的问题，然而我们可以通过分析他们的表述方式，寻找蛛丝马迹，模糊地解读其内心的情感。我们的不少访员基于自己的理解和阐释，在整理调查笔记时不乏这方面的陈述。

大姐与丈夫一起在广东务工生活多年，而真正使大姐决心改变生活现状的契机是她2012年怀孕回邵阳待产，她意识到如果继续留在广东打工，孩子同样面临留守邵阳的局面。因此她发奋图强，成功通过邵阳市教师的公开招考，成为正式小学教师。丈夫也随之回到邵阳，并经介绍获得工作。虽然也有朋友劝说她让丈夫外出务工以获得更高的收入与更好的发展机会，但她坚持拒绝。她很珍惜现在的生活与工作，因为拥有完整的家庭和稳定的工作，未来也计划长期定居邵阳发展。——摘自未收入个案《大姐：强势直率作底色》

其实我们所能接触的愿意接受访谈的曾留守者，都不算是这类群体中生活得最不如意的一群人。过得好与坏，很多时候是与自己的原生家庭相比。从一种群体性层面或者社会不平等的视角来看，留守显然是一种消极被动的选择，其所带来的影响也基本是负面的。但是通过对百余个曾留守者的访谈，我们发现，留守儿童自身也是留守经历的建构者和诠释者。曾留守者对于自身留守经历的评价并不是我们所设想的完全

第四章　抚今追昔——作为个体归因的留守

负面的，虽然访谈对象对于留守经历的回忆有一部分是消极的，但更多的是积极的存在。在经历了成长和岁月的积淀后，不少曾留守者能以平静甚至自我打趣的方式谈及自己的经历，并客观地认为留守的经历可以培养独立能力、自律自强、磨炼意志、较早懂得人情世故等。这和某些研究中认为留守大学生身上散发着"留守的力量"（蒋凌霞，2012）相吻合。

与我们的结论相类似，北师大的研究团队发现，留守儿童的总体生活压力事件水平显著高于非留守儿童，但是两个群体在各项心理健康指标的得分没有显著区别，说明留守并非直接地、必然地对儿童心理健康产生消极影响，其中也有一些外在因素充当着保护和调节作用，比如亲人朋友的关爱、经济条件、社区和学校支持、留守儿童自身的积极应对等（胡心怡等，2007；申继亮、武岳，2008）。

而就个体的长期发展而言，一些曾留守者很遗憾地走向了和自己父辈一样外出务工的道路，他们是第一代外出务工潮的波及者，又在成年后投入了新一代务工潮之中；并且他们在工作的选择上，有着相比常人更为内敛、退让的职场心理，对于职业有着更高的忍耐度和更低的保留工资（刘志军，2021a）。与此同时，他们童年时期有着相比于乡村非留守儿童更优越的物质条件和更少的务农经历，更难适应高强度的劳动方式，因此在工作跳槽、转换上更为频繁（汪建华、黄斌欢，2014）。

还有一些人则在成长中不断汲取养分、强大自我，并如愿地通过教育等方式获得了更好的人生。我们固然可以很明显地发现个体的发展与家庭社会经济地位密切相关，但这并不是说个体没有改变自身命运的能力和可能。我们需要肯定和激发留守儿童作为自身发展的积极推动者的潜力。"陷入留守的周期困境"和"跨越困境渐入人生佳境"两节的个案，展示了留守儿童发展的两种可能性。通过讲述他们的不同故事，我们意在说明童年期留守经历与成年后发展结果之间的因果关系是复杂的，影响因素众多，任何简单的归因往往是片面的和武断的。

留守经历不是一次突如其来的事故，让生活轨迹骤然改变，而是生活长河中的一个相对漫长的段落，在个人、家庭、社区、学校及社会众

多因素的作用下，慢慢地改变了一个人将来的走向。

一　留守经历的具身化

（一）保险推销员：情感中不保险

❤ **个案札记**

袁婕，1991年生，女，浙江温州人，大学本科学历，职业为汽车保险推销员。袁婕家中共有五位成员，包括父母双亲和她的三个孩子，袁婕排行老二，此外还有一个姐姐和一个弟弟。袁婕姐妹生长于重男轻女的家庭中，姐姐在年幼时便被父母寄养于天津的一户人家中，直至高中时迫于高考户籍需要才接回温州；袁婕自出生起就被父母留在外婆家中，待到上学时又辗转被寄养至奶奶家。与两位姐姐不同，袁婕的弟弟则幸运得多，自幼被外出经商的父母带在身边。袁婕在精神世界中的留守始于出生，真正结束于二十六岁时父母和她定居于同一座城市。多年的留守生活让袁婕姐妹与父母的关系格外生疏，在袁家之外他们似乎走向了光谱的两个端点——姐姐早早结婚成家，不惜放弃稳定的工作也要全身心陪伴自己的孩子长大；袁婕则不相信感情，害怕与他人建立情感联系，因此全然拒绝恋爱交往。不同的人生选择下是相同的悲伤底色，如何应对留守生活带来的情感缺失将是两姐妹一生的命题。

✒ **过往故事**

在中国，有关"最好吃""最好玩""最幸福"城市的提名总是百花齐放，但"最会做生意的中国人"代称里一定有温州人的一份。与所有同温州人有关的传统叙述一样，自袁婕记事开始，父母便常年在外地做着服装买卖的生意。多年来他们四处辗转，在黑龙江、天津、浙江嘉兴及杭州等地都有过经商经历。袁婕上头有一个大她两岁的姐姐，下头有一个小她七岁的弟弟。当一个温州家庭中有五口人、三个孩子里恰恰有一个男孩的时候，同温州人有关的"传统叙述"里有时也会有袁婕这样

第四章　抚今追昔——作为个体归因的留守

的故事——父母常年在外地经商，因为养育孩子的压力较重，便将两个女儿寄养给旁人，留下儿子在自己身边。

袁婕的留守经历始于记事，访谈时她二十六岁，直到前些年袁家父母安定下来、将生意固定在杭州，袁婕才真正意义上结束了自己的留守生活。刚生下袁婕不久，父母便将她留在了外婆家，待到上幼儿园的年纪，她又被寄养到了奶奶家。就这样，袁婕在老家的小城撒着欢长大，小的时候什么也不懂，对自己身处留守儿童的境遇也毫无自觉。她知道父母是为了赚钱养家才不能留在自己身边，故而不再纠结自己的孤独留守。根据温州的习惯，袁家父母亲基本只有过年时才会回家待上一个月左右的时间，其他时间除非家里发生重大的事情，否则父母亲不会回来。在老家时，身边的邻居孩子基本上都是留守儿童，小袁婕觉得这是件稀松平常的事情，便也不存在什么比较的心态。

当然，这样的心态间或也会有些反复。袁婕小学读得早，当时农村的小学教育都是五年制，五岁便入读小学的袁婕一路走到县里的高中时，也不过只有十四五岁，比一般的同学要小上一岁到两岁。在高中时，有一次她的腿摔坏了，脚踝肿得很厉害，完全不能走路。当时袁婕的家在村中，而高中在镇上，为了上学方便，她就和另一个同学在学校边上的小区一起租房子住。由于那个同学和袁婕并不是同班级的同学，而且两人平日的关系也并不是很好，所以受伤的袁婕也没能够得到那个同学太多的帮助。一切都还是要自己来，自己一个人走去上学，一个人放学回家，一个人打理生活。便是在这个时刻，袁婕难得地生出一丝对自己的怜悯来，拄着拐杖的日子里她觉得自己着实很惨。刚刚跌倒时她第一时间便给母亲去了电话，声情并茂地描述了自己无法独立行走的"惨状"，她内心暗暗希望妈妈能够为她而回来，哪怕只有这一次。但是意料之中地，母亲并没有回来。很多年后的某年春节傍晚，袁婕在谈话中开玩笑似的与母亲再度提起这段日子，讲到一半突然住了嘴，母亲也并不在意，仍旧只顾低头忙着手头的饭菜。这一刻，袁婕在沉默里突然被迟到多年名为"留守"的痛苦击中，原来很多悲伤的情绪都是站在现在这个角度去回忆过去时，方能被清晰体味。小的时候不懂事，觉得

童年追忆
——留守生活的回溯与分析

身边的玩伴、邻居都和自己一样，袁婕总认为自己能逃脱关于留守的叙事。然而随着留守的年月渐渐多了起来，多年后袁婕回首，突然发现原来自己身上也早已被"留守"这个标签印下了痕迹。她越是尝试学着与父母共同生活，越发深刻地意识到，其实自己是"不正常的"，自己的家庭是"不正常的"，自己和父母亲的关系更是"不正常的"。

与袁婕相比，姐姐的留守经历恐怕要更为特别一些。袁婕的姐姐时年二十七岁，从很小的时候开始便被父母亲寄养在了天津的一户人家。直到姐姐初三的时候，因为户籍制度的原因无法在天津继续读高中，才不得已被接回了温州。所以对姐姐来说，幸运的是，她不仅有养父养母，还有一对生父生母；然而不幸的恰恰也是，她虽然有生父生母，却还是有养父养母。姐姐在大学毕业后原本有一份稳定的程序员工作，但在两年前火速结婚并生育了孩子后，为了照顾孩子她毅然辞去了曾经稳定的工作，成了家庭主妇。姐姐总想着，自己从小开始就没有能够待在自己亲生父母的身边，所以自己的孩子一定要有父母陪伴。因此，她才会选择辞职在家亲自带孩子。在外甥女的周岁宴上，袁婕望着姐姐同孩子嬉笑的背影，终于理解了她的选择。母亲看到大女儿阖家团圆，忍不住凑上来对二女儿开展了例行的催婚思想教育。诚实地说，袁婕对婚姻没什么想法，甚至有些排斥婚姻，夜半梦回，她时常恐惧自己的孩子也会像她一样成为留守儿童。

在袁婕看来，袁家姐妹与父母之间的联系并不紧密。姐妹俩自幼便很少能够待在父母身边一起生活，如今她们和父母的关系实在是不像别人家父母和女儿的关系一样亲密。与姐妹俩相比，袁婕的弟弟则幸运许多，袁婕的弟弟如今20岁，正是读大学的年纪。在计划生育的政策之下，弟弟本不该出生，但是在温州农村家中没有男孩就意味着断子绝孙，他还是出生了。身为家中的唯一儿子，他自然是备受关爱的，在三个孩子中，弟弟也是跟着父母生活最久的孩子。虽然也有那么三四年的时间是被爷爷奶奶看管的，但与父母却是亲近许多。

父母对袁婕例行的催婚思想教育在她二十三岁这一年升格为实地实践考察，相亲男同志的信息像流水式地流入她的手机中。按照农村的习惯，这一年的袁婕早该到了谈婚论嫁的年纪，然而她一直都没有恋爱经历，看上去更没有结婚的想法。父母坐在杭州的家中干着急，最后转而投向了最后一根救命稻草，开始为女儿安排相亲。未曾想，这反倒成了连接父母和袁婕关系的重要纽带，连带着她同父母通话的频率都难得一见地显著增长。虽然忍住不去联想重男轻女这一层的观念，袁婕姑且还算能够理解父母亲不在自己身边的原因，但也只是理智上能够理解，在情感上并不能。尤其是在自己和父母的关系上，留守的经历使得她觉得自己和其他正常的小孩不一样。

　　硬着头皮接连相亲了几场后，袁婕原以为完成了父母的任务，奈何父母仍是不满足。相亲策略的战略性失败后，他们又开始寻找"根据地"本身的问题，质疑袁婕不爱打扮、身材也较胖，外在形象不够好，会给人"女汉子"的感觉。父母总算找到了女儿久战而未克一城的原因，便开始催着袁婕学习打扮、留长头发、染发、护理皮肤以及去跑步减肥。一晃两三年过去了，袁婕学会了打扮、成了健身房的常客、身材也更好了，但是相亲仍旧没有结果。对于现在的袁婕来说，健身是为了让自己身体更好、更健康，反倒不是为了相亲了。年初她在家中购置了一台跑步机，如今它成了大姐两岁女儿最爱的玩具，刚刚学会走路的小丫头有事没事就会到跑步机上走两步。

　　袁婕的性格自小便比较独立，这也受到了代理监护人外婆的影响。幼年在外婆家时，她总有很多兄弟姐妹能够一起玩耍，外婆本身也是喜欢说话的性格，外婆开朗又果断的性格深刻影响了袁婕，让她乐天又有自己的主见。随着小学时被寄养到爷爷家，身边的玩伴没了、爷爷奶奶也是沉默寡言的性格，渐渐地，袁婕也变得不爱说话，性格内向了不少，但好在有主见这一点仍旧保留了下来。面对父母的催促，她总是笑着应允他们的要求，然后依旧我行我素。父母见她总是有回应但没有结果，渐渐地也放弃了催婚行动。袁婕的职业是汽车保险推销员，一日她在家中同客户通话，强调着公司的保险如何可靠。挂断电话后，咿牙学语的外甥女指着画本上的成语故事让袁婕读给她听，她看到故事的标题叫"情比金坚。"

什么样的感情会比金子还要坚固？她并不知道，好在保险总是常在。

（二）电视台记者：游离彷徨之间

♥ 个案札记

文海，1989年生人，男，家中有父母双亲和一位弟弟，受访时是浙江省温州市广播电视集团的摄像记者。文海2012年本科毕业于浙江传媒学院，原籍山东省菏泽市东临县，在菏泽市他度过了大学前的十八年光阴。文海的留守经历始于高中，父母先后离开家乡前往深圳经商。与多数自幼留守的访谈对象不同，文海和弟弟的留守时期正值后青春期，是价值观与思维方式极速改变与成长的时期。对于文海来说，后青春期的留守经历无疑是一段因为父母的强行抽离而迅速成长的蜕变。面对青春期的困惑与迷惘，远在深圳的父母难以给孩子及时的疏导与慰藉，这让文海缺乏安全感，而这种匮乏一直延续到了成年之后。

过往故事

虽然已经离开校园进入温州电视台工作近五年，但文海看起来还是稚气未脱，他的同事们在背地里总称呼他为"那个孩子"。不同于人们对"山东大汉"的刻板印象，来自山东的文海人如其名，看上去十分文气，有地道的南方人身型，说话时也并没有很重的北方痕迹。文海出生于山东省菏泽市东临县，不同于温州的"七山二水一分田"，这里地处平原之上，地域辽阔，村与村之间的距离较大，最近的村子也在好几公里之外。他的家族所在的村庄算是当地的大村，足足有一千户人家。在他少年时，村里还保留着每月逢五、九的固定日期到镇上参加集市的习惯；不过随着经济发展，到他渐渐长大时，在自己村里买东西也方便多了，他便和父母弟弟相伴在这样一个村庄里长大。

行至文海高二、弟弟初三时，两人都前往离家几十里远的县城读书，平日住校。他们家族原先并没有做生意的理念，也没有拼搏闯荡的思维，但随着表哥表姐在外地做生意收益甚好，慢慢地家里人也开始有了经商的念头。眼见着两个儿子渐渐独立起来，文海的妈妈率先外出到深圳做生意，经营起了一家旅店。随着旅店的生意渐渐红火起来，爸爸便也同妈妈一道常驻深圳。霎时间，家里只剩文海和弟弟二人，携起手来抵御迟到的留守时光。平日里他们多与父母电话联系，见面的机会一年也难得有一次，对于经营旅馆的父母来说，越是能阖家团圆的节假日越是旺季。因此，文海的爸爸一年通常趁着淡季回来两三次，妈妈则只能两三年回来一次，过年的团聚更是可望不可即，因为春节正是旺季，远在深圳的旅馆需要有人值守。

由于老家还有爷爷奶奶和整个大家族，白日在家中时文海和弟弟并没有感到明显的孤单。但再怎么近，家里的院子和爷爷奶奶家的院子也相隔百十米，每每吃完饭回到家，总觉得自家院子空荡荡的，连家里养的狗也天天跑到爷爷奶奶那里去，不愿在家中待着。起初，文海总觉得有些失落感，睡觉的时候也觉得冷冷清清。日子久了之后，他和弟弟索性搬到爷爷奶奶家的院子常住。文海和弟弟早已过了调皮捣蛋的年纪，家庭条件又还可以，因此并没有遇见什么显而易见的物质困难。父母刚刚离家的那一年，家中的田还没承租出去，到了农忙的时候两兄弟束手无策，亏得家族中的大人主动来帮忙收割。文海的爷爷在村里很有威望，是一个德高望重的退休老村长，即使早已退休，小村里邻里间的矛盾还是都会找上爷爷评评理，连带着对爷爷家的两位孙子也关爱有加。

比起村里那些从小留守的孩子，文海和弟弟已经足够幸运，不用年复一年忍受骨肉分离的痛楚。然而，十六七岁的年纪正是思想和精神都已经成形但尚未稳定的阶段，内心深处他更希望父母可以在身边陪伴。搬到爷爷奶奶家后，屋子里总算不再空荡荡的了，但心理上的空荡荡仍旧存在。那段时间，文海总觉得家里没有一种"主心骨"的踏实感。爷爷奶奶不会像父母一样管得多，当然也确实不知道怎么管教孩子，更遑论对青少年成长中剧变的思维加以引导。相比于村里的其他人来说，多年担任村长的爷爷有着还算开放的思维，即便如此他的教育方式仍然谈不上现代，从不直面孩子进行交流，往往是喝了些酒之后再借着酒劲对

两兄弟进行批评教育。虽然方式奇特，但好在多亏了爷爷的引导，让文海和弟弟在青春期建立了比较正确的价值观，对爷爷借着酒劲提出的错误也总是有则改之、无则加勉。

纵观文海的青少年时期，他的成长轨迹十分符合一个从小成绩优异的农村孩子的模范升学路径，小学在村里读，初中到镇上读，高中到县里读，大学去了省外。高中毕业后，文海顺利考取了浙江传媒学院，从山东平原来到诗画江南。大学毕业一年多后，他通过层层笔试面试、政审、体检的选拔，于2013年8月份进入温州电视台工作，并就此稳定在这里。在他成长起来的村庄里，人们大多会在农闲的时候外出打工、农忙的时候回来收割，只有过年时家族才能齐聚一堂。如今，他的父母继续在深圳经商，弟弟在北京工作，爷爷奶奶仍在山东老家，叔叔阿姨大多在上海广州，他则留在了温州。一家人去了五湖四海，家庭的热闹只存在于童年的回忆和短暂的春节假期中。

回望青春期短暂留守经历对自己的影响，文海想最大的影响便是无论在哪里都没有归属感，特别是如今在温州。儿时在老家他时常有游离的感受，但那时万家灯火中好歹还能看到老宅的屋檐，可惜的是如今老宅也人去楼空。2012年刚刚毕业，他曾经频繁地更换工作，最终经老同学的介绍才来温州应聘，通过层层选拔进入了温州电视台，渐渐地稳定了下来。如今文海年近而立之年，前段日子刚和同系统不同单位的一位女孩成了男女朋友。对他来说，谈婚论嫁和生儿育女仍然不在近期的计划之中。电视台里身边的同事大多有了孩子，他眼见着他们两班倒地接送孩子上下学，有时也忍不住幻想自己有了孩子的生活。文海想，自己是必须得把孩子带在身边的，他做不到半年或一年才见孩子一次，他要牵着孩子的手看他长大，尤其是在孩子的人生观价值观思维渐渐养成的阶段。

（三）中学班主任：青苔不会消失

♥ 个案札记

庄衡，1992年生，女，广西百色市田东县D村人，壮族，无宗教信仰。庄衡曾先后就读于县城的私立幼儿园、村中的小学、镇上的初级中学以及县城的高级中学，在此期间她的父母双双外出务工，可以说她的留守时长贯穿了整个青少年时光。庄衡本科就读于百色学院，访谈时在百色市某中学担任班主任兼英语老师，回顾十余年的留守时光，她已然能够更加客观地评判其中的影响。她认为，留守带给自己的是正面影响，主要包括培育了她较强的自理能力与理财能力，让她养成了吃苦耐劳、勤俭节约的品质。但留守造成了她严重的自卑心理，没有良好的生活和学习习惯，缺乏安全感与幸福感。如今，已经成年的庄衡仍然没有控制自己情绪的能力，她情绪化严重，自述有时脾气暴躁、有时性格温顺、有时活泼开朗、有时抑郁自卑。如此反复的情绪也影响了庄衡与伴侣的亲密关系，这既源自庄衡在童年时期长期遭受的校园霸凌及其长期的留守经历，也与亲子关系紧张给她带来的情感压抑分不开关系。由庄衡的故事可以看出，留守所带来的负面影响固然深刻，但与父母在其中扮演的角色更不无关系，父母的及时引导与教育有时可以消解部分留守带来的负面影响，而前者在庄衡的故事里恰恰是缺失的。

✒ 过往故事

二十三岁这一年，庄衡成了市里中学的一名英语老师。站在讲台上的那一刻，她恍惚间在台下的学生中看到了曾经的自己。

庄衡的留守时光始于四岁，这一年庄家父母双双外出务工。起初，他们在南宁一带做生意，每次逢年过节时便会回家，待到过完节后又会立即外出。后来因为生意行情不好，父母便改行跟着姨丈去了广西的水电站工作。水电站地处偏僻、交通不便，父母自从去了工地之后就很少

回来了，有时甚至过年都不回来，最久一次三年半都没回过家。在庄衡的印象中，他们的工作地点每隔一两年就会换一次，先后去过怀化、横县、贵港、重庆等地，在颠沛流离的日子里，一家人相聚的时刻屈指可数。

父母外出打工期间，庄衡与外公外婆在老家居住。外公外婆一辈子在家中务农，对孙辈的管教方式属于放养型，顶多口头上偶尔叮嘱外孙女要认真听话、努力学习。也是因为外公外婆的放养，庄衡比别的孩子自由很多，最让她沾沾自喜的便是自己想看电视便可以一直看，完全不用担心挨骂。村里重男轻女的观念严重，庄衡的外公外婆没有生下儿子，只有女儿，所以时常被同村人闲言碎语，连带着她也被同龄的孩子揪着这个点欺负与嘲笑。当时村里尚且没有很多人外出打工，同龄人的父母基本上都在家做农活，只有庄衡和另一位同学的父母外出工作，因此村里人经常对她说爸妈不要她了、他们不会回来了。年幼的庄衡不敢向外公外婆告状，就一个人默默伤心，此时她是如此地希望父母能够在自己身边。

和外公外婆一同生活在农村的日子里，小庄衡也时常跟着他们一起去干农活。那时农村用水很不方便，庄家的水井是接水管到山上引水下来的，水管经常坏，庄衡就得经常去修。偶尔一时修不好水管了，她便得自己去山上挑水用。这时便是庄衡格外想念爸爸妈妈的时候，她总想着要是父母还在，自己便不用这么辛苦了。担心外公外婆受累，她总是把一大堆活揽在自己身上，慢慢地庄衡似乎也变得麻木了，逐渐适应了这样艰苦的日子。这段时光对她影响深刻，她总同旁人说起好的那一面，说这让她能够勇敢面对各种艰苦的生活、有吃苦耐劳的精神、有强大的心理；但不为外人所知的是，她记得那时自己总是在抱怨一切，她抱怨命运的不公、抱怨自己的命苦、抱怨着周遭的全世界。

学前班时，庄衡在县城的私立幼儿园就读，然而随着家中经营失败，境况也拮据起来，待到小学她便从县城回到了村中小学。在那个年代，学校和社会都还没有充分意识到留守的问题，无论是学校还是政府和村委会，都并未对她提供过特别的帮助。幸运的是，成绩优异、性格乖巧的庄衡还是以"好学生"的身份受到了老师的青睐。她总想着，只要自己好好学习便能获得父母的关心和赞赏，所以便加倍地埋头苦学，不仅在学校里要做第一优等，周末回到家中也抢着干各种农活和家务活。然而，即使成绩优异、老师关心，但村中小学同学的霸凌却为这段时光蒙上了挥之不去的阴影。同村的孩子们都知道庄衡的父母不在家中，因此时而以此取笑她，无论是同龄的还是不同龄的，甚至比庄衡小的孩子，都可以借此欺负她，更不愿意同她一起玩耍。从三年级开始，庄衡便在学校住宿，只有周末才回家，这在无形中又拉长了这段痛苦的时间。到了小学五年级，庄衡渐渐开始发育，于是同学们欺负她的由头便又多了一项。庄衡很是保守与害羞，即使隐隐察觉了身体的变化也不敢询问父母，而是选择微微佝偻着背企图隐藏发育的痕迹，长期不敢昂首挺胸的日子也让日后的她驼了背。因为生理发育被同学们耻笑的经历，让她很长一段时间都对自己的身体感到嫌弃，内心觉得十分羞耻，进而形成了严重的自卑心理。后来看到年纪大的孩子买了文胸，她便也偷偷学着买来穿，日子才算稍微好过一些。学校的老师得知了庄衡被欺负的情况，也时常会安慰她，奈何在当时的境况下，这种单薄的语言安慰似乎并没有什么用，反而招致同学们更猛烈的针对。到了六年级时，庄衡的生理期到了，不会使用卫生巾的她还是在同学的教导下才明白过来。每次去买卫生巾的时候她都羞红了脸，像是做了什么错事。身边的很多同学都是由妈妈为她们添置卫生巾，自然不能理解庄衡的小小烦恼。久而久之，庄衡变得更加沉默寡言，做什么事都小心翼翼、犹犹豫豫，拖拉又不果断、自卑且情绪化。

行至初中，霸凌的情况终于有所改变，但内心的阴影还是留下了痕迹。初中同学大多不了解庄衡的留守情况，老师也格外喜爱成绩优秀、课堂表现积极的她。在这里，庄衡遇到了人生中最好的朋友，也受益于良师的帮助。然而，到了高中时，她的成绩却一落千丈了。高中推行自主学习的方式上课，庄衡并不适应这种教学模式，总是跟不上同学

们的节奏，成绩渐渐滑坡到班级中下。虽然在学习上她依旧十分努力刻苦，但总是事倍功半，渐渐地她也懒得动脑筋去琢磨更多，只想着努力就行，结果听天由命即可。虽然同学们对成绩的差距并不在意，但庄衡内心总是因为成绩不好而暗暗自卑。在高中里，虽然她在班级内和同学们保持了良好的关系，但和室友经常闹矛盾。有时庄衡会觉得自己被孤立了，她想也许自己确实不招人喜欢。面对成绩优异、家境优越的同学时，她总会格外在意他们的想法、深刻地感到自卑，与她交好的朋友也大多是成绩比她差但性格合得来的同学，似乎只有这样才能平衡她失衡的心态。

不在家的日子里，父母都是以一个学期为周期定期给庄衡转生活费，扣除了学费，剩下的就是伙食费和零花钱。虽然父母给的钱已经足够庄衡的伙食费，但他们并没有意识到女儿购买生活用品和衣服的钱也都包含在其中了。在同学眼中，庄衡一直是一个抠门的人，她总担心生活费不够花，事实上她的零用钱、买衣服和日用品的钱也确实都是自己竭力省下来的。每每与父母通话时，他们要讲的第一件事永远都是嘱咐庄衡不要乱换钱、要省着花，久而久之庄衡对自己越发抠门，一分钱恨不得拆成两分钱来用。

小学和初中的日子里，庄衡和父母的情感沟通并不多。她对父母比较陌生，也并不愿意亲近，平日里更没什么交流。然而到了高中时，她和父母的沟通突然之间多了起来，而双方沟通增加的主要原因，竟是父母的感情不和，两人的关系出现了问题。有段时间父母几乎每天都分别打电话向庄衡诉苦，控诉对方的不好，甚至用难听的话语来咒骂对方，将所有的不好的情绪往女儿这里发泄。那段时间里，庄衡一度有轻生的想法，感觉自己快崩溃了，然而真正站在学校大楼天台的那一刻她又退却了。她鄙视自己的懦弱无能，却仍然只能在天台无助地放声大哭。自庄衡有记忆以来，父母的感情始终不和，从他们口中她听过了太多的抱怨与愤恨。这种怨恨在高中达到了顶峰，倾听了父母差不多八九年的倾诉，她最终下定决心拒绝了他们，但随之而来的便是更加冷淡疏离的亲子关系。那段时间里，庄衡时常感到极度痛苦，她的笔记本里密密麻麻写着"绝望"两个字,除此之外她不知道还有什么词汇可以用来形容她的心情。就这样,庄衡的情绪化更加严重,心绪总是起伏不定,但凡父母和外公外婆说些什么她不爱听的事情,她便会轻易地变得暴躁,随后开始对他们大吼大叫。高中那会儿学习压力大,加之情感上压抑,身心俱疲之下庄衡经常生病,让她陷入了更加抑郁的境况。也是在这时,她轻易地接受了一位男生的追求,与他发展了恋爱关系。时至今日,她仍然感谢这位男生的出现,是他的陪伴让庄衡这么多年的痛苦和绝望有了出口。

在亲密关系中,庄衡格外依赖另一半。无论遇到什么事情,她都喜欢找恋人倾诉和求助,然而结果却大都是不愉快的。很多时候,庄衡也不知道自己为何会莫名其妙地生气,只是她总感觉男友不能理解自己、无法站在自己这一边。就这样,她无比依赖他,却又经常与他争吵将他推得更远,这段矛盾的感情一直从高中延续到了今天,分分合合了近十年。十年间,庄衡有过三段"复杂"的情感经历。初入大学时,她和彼时与自己异地的高中男友在某次争吵后分手,随后她便负气开始了第二段恋情。这段恋情仅仅持续了一个月后便结束了,此后不久的第三段恋情也仅维持了一年便分手了。在此期间,她和高中时的男友仍然断断续续保持着联络,二人的感情分分合合,一直延续到了今日。在和初恋男友的感情里,庄衡总是稀里糊涂,唯一能够清楚的便是自己太过依赖他的陪伴,她想他是这个世界上对自己最重要的人之一,所以总也不肯放手。

大学时庄衡留在本地,考取了百色学院,毕业后顺利成为英语老师,后来还成了班主任。面试时,考官问她为何要选择做一名教师。这一次,她终于可以平静地聊起童年的留守经历。她说起留守期间自己的辛酸、无助与孤独,并下定决心要在自己成为老师后改变这样的情况。如今的百色与她成长时的那个百色大不相同,外出务工的父母愈来愈多,留下了更多的留守儿童,庄衡负责管理的班级里也有不少。她开始自学心理健康教育的课程,尝试着在学校里组建留守儿童社团,邀请孩子们共同探讨生活中遇到的困难。有时他们会聊一些宏观的大事,譬如

学习和生活习惯的养成；有时他们也谈论一些具体的小事，譬如怎么煮饭更加便捷、怎么做家务活更省力气。这一次，换她来做这盏明灯。

（四）新上任母亲：始于揭露伤疤

♥ 个案札记

王曼曼，1997年生于贵州省威宁县B村，回族人。王家父母共有子女四人，曼曼排行第二，上有一个姐姐、下有两个弟弟。相较于其他受访对象，王曼曼的留守时间较短，父亲仅在她小学一年级期间外出务工，母亲则留在家中照护四姐弟的生活起居。时间虽不长，但留下的烙印却足够深刻。父亲突然的不告而别让曼曼自幼缺乏安全感，她多年生活在家人可能会随时离去的患得患失中，有了一定的心理阴影。家庭的一贫如洗同样让她有了自卑情结，窘迫的生活、外出的父亲、忧心的母亲……这让她无师自通地明白了家境的贫寒，并由此产生了深刻的自卑心理，进而催生了她要强和小心谨慎的性格。直到成年后的许多年，曼曼仍旧害怕父母的突然外出、害怕走进消费场所，总担心自己家会随时重新陷入留守时拮据的境遇之中。值得注意的是，留守生活也为曼曼带来了一处意外之"喜"，这段时光成了她学习生涯的转折点，她深刻认识到只有读书才能改变命运，便开始加倍努力学习。学习成绩开始迅速由末尾走向前列的同时，她也从懵懂无知的孩子成长为更加成熟的"小大人"。

✎ 过往故事

威宁县地处乌蒙之巅，这片低纬度、高海拔的高原台地常年艳阳高照，被气象学家誉为贵州之冠上的太阳之城。在这方草海之滨上，苦荞与甜荞总是一茬接着一茬。1997年，王曼曼便出生于一座以荞粑为主食的偏远小村。苦荞味苦，但用苦荞粉制作的荞酥很是香甜。儿时年关将至时，曼曼总跟随着母亲、大姐以及两个弟弟一同翻山越岭，前往十几公里外的县城，只为买上一些荞酥好过一个团圆年。

第四章 抚今追昔——作为个体归因的留守

2004年,王曼曼按部就班入读县城里的小学,也是这一年父亲前往邻省云南,开始了在外务工的日子。由于爷爷过世已久,奶奶常年独居,其他亲戚也无暇照顾王家姐弟,万般权衡之下母亲选择留在家中负责照看四姐弟。父亲离开的前一天,住在隔壁的大伯来到王家同他商量外出打工的事情。王曼曼隐约听见大伯说:"与其在这里窝着越来越穷,还不如出去试一下。"这一刻,她隐隐有了父亲即将离去的预感,而这种预感在第二天便高速变成了现实。那个清晨的阳光和往日一样好,曼曼像往常一样早起为自己炒饭,过去父亲总会在房间里高声叮嘱她不要在鸡蛋饭里加味精,但这一天并没有,父亲好像就这样乍然消失在了王曼曼的生活里。她走出门去,眼见着路上去上学的小学生、中学生几乎已经汇成人流,门前杉树上鸟儿像往常一样叽叽喳喳,身边却没了熟悉的身影,王曼曼几乎哭了出来。此后的很多年中,她总是重复同一个梦境。她经常梦见她与父亲在路上并肩走着,他像往常一样拉着她的手,从外婆家或者奶奶家赶夜路回家,然而走着走着父亲却突然甩开她的手兀自走了,直到他掉进了一个坑里再也不见了踪影。这样的梦多了,王曼曼甚至在梦里得出了一条经验——只要故事的结局是父亲离开了她,那么她一定是在重复这场噩梦。直到现在,她还是会突然担心家人遭遇到什么不测,这种不安全感裹挟着留守的回忆,常驻在她的午夜梦回之中。

父亲离开后,母亲对王曼曼姐弟的管教愈发严格,特别是在经济和学业方面。日常生活里,她总强调花钱要节约、日子要精打细算,除非孩子们确实有需要,否则母亲也很少给他们零花钱。大多数日子里,王曼曼会用攒下的零花钱买些文具和书,村口小巷里的书店几乎承载了一个乡村少女最早的悸动。有一段时间,为了省下零花钱购买一本《安徒生童话》,她连续好几天没有吃早饭。上课的时候饿得实在肚子痛,她只得请假回家,一贯在学业上对他们同样严格要求的母亲以为她是装病不想读书,声泪俱下地批评了她。直至此刻,曼曼终于明白过来,虽然母亲和父亲从没有读过书,却对供养孩子读书意外地虔诚。自此以后,她再也没有落下过一顿早饭。

童年追忆
——留守生活的回溯与分析

在村中母亲以能干和热心肠而闻名，她的人缘很好，每逢村里人办各种喜事，都会请母亲去搭把手、帮忙准备宴席。王曼曼继承了母亲的能干，在日常的农业劳动里，总是尽力帮衬着妈妈，割草、喂牛、种地……村里的农活儿样样拿得出手。干农活的时间多了，休闲娱乐和课余生活的时间便相应地减少了。不过彼时王家也并没有电视机等可供娱乐的工具，对王曼曼而言，在村口和同龄人同玩弹珠游戏就是童年中全部的娱乐项目。

留守的日子是王曼曼最缺乏安全感的时期，她总是格外敏感，生怕同学和老师知道自己家的情况。当时出去打工的人并不多，她便处处小心，装出一副家庭中一切如常的模样。当别人谈论起爸爸妈妈时，她便学着他们的样子，讲述些在家中实则根本没有发生的事情；偶尔碰上同村了解她家情况的人也在场，她便闭口不谈、迅速离场。在王曼曼的努力之下，学校老师对她的情况也并不知情，加之当时政府和社会并没有什么关心关爱留守儿童的政策和意识，她便在学校以一个普通学生的模样安然长大。

留守生活带来的一处意外之喜，大概是这段时光成为她学习生涯的转折点，她的学习成绩开始由坏变好。短短一年的留守时光，她迅速从懵懂无知的孩子成为更加成熟的"小大人"，她明白人不能总是无忧无虑生活在父母的庇护下，更应该用实际行动改变自己的命运。母亲对王家姐弟在学习上要求比较严格，成绩稍有滑坡总免不了一顿批评。在母亲的教育中，王曼曼最害怕的不是遭受"皮肉之苦"，而是母亲的眼泪。有几次他们姐弟在学校表现不好，在学习上也马马虎虎、得过且过，母亲在教育他们的时候便会兀自大哭起来，这让曼曼如临大敌。这份如临大敌的背后自然还有更深层次的原因，在留守之前，她从未把"读书"和"命运"这两个词联系在一起。正是因为父亲的外出，让年仅七八岁的曼曼明白了，只有"读书"才能改变自己甚至家庭的境况。就这样，在学校里她迅速将重心从"玩耍"转移到了"学习"上，不再做捣蛋、逃学、搞破坏等事情。回到家中，妈妈在学习上能批评的事情少了，与孩子们的沟通渐渐也少了很多，晚上没有农活干的日子里，母亲、姐姐和弟弟们时常坐在一起，相对无言。所幸，曼曼将这种沉默转化为了学习的动力，所有无话可说的日子里，她都在埋头看书学习。家中的空气里仿佛永远弥漫着压抑的味道，遇到苦恼和困难时，她大多数时候都闷在心里，倾向于自己解决而不是寻求帮助。她的数学很好、语文很差，在有星光的日子里，她会在院子中撑起一把木椅子翻阅家中数量并不多的书籍，那本曾经省下早饭钱才能买下的《安徒生童话》早已被翻烂。久而久之，她的语文也迅速追上了数学成绩的水平，到了中学和大学阶段，曼曼几乎成了周围同龄人中看书最多的人。

学习上的困难尚且可以依靠自己的力量克服，但生活中的窘迫时常让人望而却步。家中客厅的墙上挂着母亲的口袋，用来装钱，里面全是十块、五块、一块的零钱。每个月的月初，她都会指着口袋对王家孩子重申，家中非常困难，这是这个月家里所有的钱了，如若孩子们要买什么必须征得她的同意后再拿钱。直到父亲归来后，这个口袋才被从墙上取下，但是王曼曼心里的口袋却一直没有消失。直至今日，只要她的衣服口袋里放着钱，她便会频繁地检查它是不是还在。有时她甚至自嘲自己有些"拜金主义"，对于钱有着谜一般的执着。

曼曼所在的村庄非常偏僻，彼时甚至没有邮局，即使有通信工具，也完全接收不到信号。这不仅代表着母亲与孩子们同父亲彻底断了联络，也意味着父亲打工的钱不能寄回家里。家中五口人的温饱全靠农业收入，万幸的是村子是回族人聚集的自然村落，邻里关系和亲戚关系都很好，王家日子实在困难的时候他们都会主动借些钱帮他们渡过难关。

在那个年代，村里大概有三分之一的孩子都曾或长或短地成为过留守儿童。虽然留守的时期各不相同，但时长通常都只有一年半载。王曼曼留守这一年的夏天，邻村有一家留守儿童在家里玩火不慎引发了火灾，最终没能抢救过来。听到这个消息时，她的心情不自禁地揪紧。那段时间，同村的家长们草木皆兵，连带着对她这位留守儿童都关怀了不少，可惜的是王曼曼并不想要这样的关怀。

童年追忆
—— 留守生活的回溯与分析

在当时的村子里，甚至直到现在，外出打工者仍然被看作"在本地混不下去"的代名词。王曼曼知道，大家表面不说，但内心里恐怕是瞧不起他们的，毕竟在生活好的时候谁又愿意丢下孩子外出打工。村里的环境和观念让曼曼逐渐自卑了起来，在和其他孩子交往的过程里，她变得更加小心谨慎，为人也更要强。她从不肯接受别人的馈赠，也绝不受邀去别人家吃饭或者过夜，这在留守前是从未有过的。墙上的口袋、外出的父亲、忧心的母亲……这让曼曼无师自通地明白了自己家境的贫寒，并由此产生了深刻的自卑感。自己家比别人家穷很多——这份领悟来自日常生活中的察言观色，要强和小心谨慎的性格和行为显然也是由这份自卑产生的。她至今仍然清楚地记得，小学同学硬要带她去家中的别墅玩耍，到他家的时候他说："你家没有电脑吧？同情你，我带你去玩一下。"听罢曼曼立即转身回了家；还有一次同班同学过生日，带了一袋海苔到班级来分享，同学问曼曼味道怎么样，她说还行，那同学便添上了一句："你第一次吃吧？"她顿时觉得难以下咽。对别人的同情，她总是感到羞愧，甚至会激烈地拒绝。直到成年后的许多年，她仍旧害怕走进购物广场、害怕父母的突然外出，总担心自己家会随时陷入留守时拮据的境遇之中。

在云南省务工一年后，父亲带着攒下的工钱回到了威宁。如今，父亲在县城做着司机，母亲则在家门口开了一家小店，日子过得不算富裕，但一家人年收入也能到十万元左右。曼曼一路苦读，终于在高考时得偿所愿地考上了一所沿海的"985"高校，毕业后留在了当地城市工作。与同班同学步入婚姻殿堂后，即将成为母亲的她总算有机会重新体味父母当年的心境。她很贪心，想给自己孩子更好的条件，更希望给孩子弥足珍贵的陪伴。这一次，换她来做抉择，她绝不会让自己的孩子重走留守之路。

二　陷入留守的周期困境

（一）殊途：彻头彻尾失败者

♥ 个案札记

郭斌，男，1996 年生，浙江温州永嘉县 M 村人，家中有父母双亲与一双姐姐弟弟。郭斌的留守经历始于九岁，父母先后外出务工后，郭斌先后被寄养在奶奶与大姨家。代理监护人的疏于看管，让郭斌叛逆、自卑、早熟，同时患上了生理上的结巴，这让他一度十分抑郁。与郭斌一样自幼留守的姐姐同样极其缺乏安全感，在上大学后为了获得别人的认可，采取了错误的减肥方式，最终导致了严重的厌食症，不得已在精神病医院中接受长期治疗。郭斌自初二辍学后，长期从事体力劳动，现通过成人高考在浙江农林大学就读。为了负担病重的姐姐、尚在读书的弟弟，他不得不半工半读，勉强维持生活。监护人的缺位与代理监护人的疏忽，无疑给郭斌姐弟带来了极大的负面影响，而这在可以预见的未来，需要他们用一生的时间来消解。

过往故事

如果有一天要为自己写一篇自传，郭斌想，他一生平庸，但干过的工种着实够多。自初二下半学期辍学以来，郭斌干过各种各样的工作，流水线工人、汽修工、服务员、保安、售楼经理……一开始更换工作是因为工资低或者工作环境不满意，但日子久了，他开始抱着体验生活和人生的心态，日复一日地辗转在各种各样的工作中。好像只有这样，才能姑且保留骨子里的一些锐气。

打工期间，郭斌几次三番地向家里人提出要继续读书，同样在外打工的父母却一直不赞成。为此，郭斌甚至自己攒钱汇给父亲，以期通过这样的方式感动让父亲同意自己继续读书。耐不过他的恳求，父亲终于同意，然而由于老师的疏忽，郭斌错过了考试报名时间，上学的梦便又这样搁置下来。就这样，他又继续工作了一段时间，直到某天傍晚工友带他一起去看了一部叫《那些年我们一起追过的女孩》的电影，主人公为了高考奋战的青春澎湃再次击中了他的内心。这一晚，郭斌彻夜未眠，次日清晨他便暗自下了一个决定——抓住青春的尾巴，一定要重回校园。熬过了边工作边备考的日子后，郭斌报名参加了成人高考，并成功考上了杭州临安的浙江农林大学。在上学的同时，他也在外面寻找工作，半工半读的状态虽然辛苦，但郭斌打心眼里珍惜这段时光。对他而言，这辈子到现在他只成功了这一次，便是考上大学，而其余事情无一例外都是失败的。

1996年，郭斌出生于浙江温州永嘉县的一个小村庄。九岁之前，郭斌同父母及爷爷奶奶共同生活在老家。九岁时，由于父母欠下了债务，仅仅依靠在村子里务农已无力偿还，于是他们便踏上了外出务工的路途。父亲先是去了四川，后来又流动去了别的省份，母亲起初留在当地的县城永嘉县，后来也跟随父亲去了远方。外出谋生的日子里，母亲与家中的联系较多，而父亲同郭斌则几乎没有交流。最困难的日子里，家中一度连电费都交不起。

那时候夏天很热、冬天很冷。冬日里小郭斌虽然满手的冻疮却仍然得每天自己做饭吃，夹生的米饭只就着盐和酱油便可果腹。有一段时间，他连续好几个月每天只吃清水面加酱油，每顿面吃完过了半个小时之后便会吐出来，而同住的奶奶对这种情况却置若罔闻，任由他强撑着恶心吃完自己做的面条。过了一段这样的日子后，郭斌又寄住到大姨家中，本以为有了大人的照料日子多少会好过些。不承想在那段日子里，他受尽了奚落与不公。当时大姨家还有自己的孩子，一人一碗的鸡蛋面里，大姨孩子的碗里永远有厚厚的一层煎鸡蛋，而他的碗里盛着的只有清汤寡水。

在大姨屡次明里暗里想赶走郭斌后，奶奶终于将他接回了家。父母不在场加之奶奶的疏于看护和管教，这一段留守经历给郭斌带来了许多负面影响——叛逆和童真的缺失，和同龄人对比之下的自卑，以及生理上的结巴，这让他一度十分抑郁。幼年时期，父亲的家暴倾向很重，时常会殴打母亲，而母亲又拿他和家中的姐姐撒气。年幼的郭斌求告无门，久而久之有了生理上的结巴，当和父亲共处一室时尤甚。长成八尺男儿后，他已不再惧怕父亲，只是结巴仍然时常困扰他，而他和父亲的关系也数十年如一日地不和。很多次争吵之时，他一度想与父亲断绝父子关系。

和父亲关系的转折点，来自姐姐的心理疾病。姐姐和郭斌一样自幼留守，不过还是凭借自己的能力考上了南昌的高校读书。缺爱的童年让她极其缺乏安全感并且渴望得到认可，上了大学后她总觉得自己比别人胖，便去买了减肥茶来喝。拼命地喝了一段时间后，把自己喝成了内分泌失调，最终得了厌食症，在心理彻底崩溃后被父亲母亲关到精神医院里。在小村庄里，流言蜚语是传播最快的"疾病"，父亲不愿意让别人知道自己的女儿是精神病，怕别人看不起自己，更担心以后姐姐嫁不到好人家。于是偷偷将姐姐送到异地的精神病医院中，即使高昂医疗费无法通过温州当地的医保报销，父亲也咬咬牙凑钱支付。姐姐住进精神病医院后，郭斌曾和父亲一同去探望病入膏肓的她。看着姐姐只有自己小臂粗的大腿，郭斌背过脸去痛哭流涕。姐姐绝望地抱住他说："不要走、不要走……"一阵徒劳的挣扎后，最终病房里只剩姐姐抱着父亲和郭斌三人抱头痛哭的回声。也是这一天，和父亲前后脚走出医院的郭斌突然发现曾经他总在仰望的父亲佝偻了背，连头发也掺杂了花白。他学着儿时父亲拍打自己肩膀的样子，拍了拍父亲的肩膀，沉默半晌后，大踏步地离去。留守的经历让他彻底对家庭失望，可在这一刻，他似乎又比任何人都渴望拥有一个美满的家庭。

初二辍学以后丰富的工作经历，让郭斌在某种程度上比同龄人成熟很多。十八岁那一年，他在温州市的一家餐厅当服务生，认识了一位同当服务生的女孩。由于每天有很长时间在一起工作，加上平时闲聊较多，慢慢地二人便走近了彼此。女孩虽然大他三岁，但成熟的心理年龄让郭斌很快与她成了无话不谈的恋人。平生第一次，郭斌感受到被人全心全意对待的松快。然而好景不长，有一天晚上女生打电话给他，说家

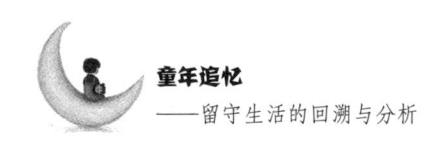

里人为她安排了相亲，对方是当地的一名中学教师，三十多岁，还有一套房子。郭斌闻言沉默了半晌，立刻便认定是自己耽误了女友。这样的后退在他人生中绝非特例，不久之后他和朋友一起创办了一家互联网租车服务公司，但很快他也选择了退出。他总暗暗觉得自己跟不上朋友的思路，属实是拖累公司。

如今听闻那个他早早退出的公司生意蒸蒸日上，朋友的年收入已近百万，而他仍然没赚到什么钱。一路走来，郭斌自知吃了很多亏，但大多数时候将其归结为自己的眼界问题，怨不得旁人。有时他也会做无谓的幻想，幻想着如果父母当初没有去外省务工，自己的人生是否会天翻地覆。然而梦醒了，他知道自己依旧是一个彻头彻尾的失败者，但好在经年累月的磨砺，让他早已学会如何面对惨淡的人生。

这一年初秋，郭斌和驴友一起踏上了西藏的徒步之旅，搭车从川藏线穿行而过。他在沿途的悠悠白云下放声高歌，短暂忘记了自己重病的姐姐、快要高考的幼弟和关系并不融洽的父母，迎接他的是川藏连绵的巍峨高山。

（二）沧海：随波逐流中反复

个案札记

张雄，男，1993年生人，未婚，成长于云南省昆明市东川区M村。张雄家中有个年长近一岁的哥哥张迪，是其出生前由父母领养的。母亲在张迪三年级时离家出走，留下父亲独自抚养两个儿子长大。父亲常年务农，间或外出打零工补贴家用，在外时间长短不固定。因此，从小学三年级开始，张雄便间歇式处于留守状态。由于自幼缺乏父母监督与教导，张雄从小学便没有养成良好的学习习惯，在结交了不良朋友后，更是养成了抽烟喝酒、小偷小摸的生活习惯。在被当地警察发现并告知亲属后，父亲、亲属与学校的老师都没有对他进行及时干预。由于学习成绩不好，张雄15岁时辍学前往东川区县城打工，16岁辗转来到昆明市区工作，18岁立志去更大的城市闯荡一番，便南下来到广东。

目前，张雄在广东佛山顺德区的私人吹膜厂工作，是一名生产线上的技术工人。辍学与厌学多发于留守儿童群体之中，由张雄的故事可见，在家庭教育无法保障在位的情况下，学校与社会若肩负起一定引导职责，将更有可能避免类似的困境。

过往故事

大前年，张雄家终于建成了自己的房子。在昆明东陲的小村里，盖房子是大多数人毕生的奔头，张家也不例外。张雄家的新房子有两层，门前有一座狭长的院子，长宽只有四米左右，刚刚好够阳光照射进来。屋子外边儿的白灰也总算是在冬至前基本刷了起来。然而进到客厅，四下里还是水泥地，墙上贴着农村人惯常贴的天地画。穿过院落走进客厅前，院子里的两只小狗摇着尾巴叫个不停，进入客厅后，空荡荡的房间里只有一件老式的桌子，上面放着老式电视机，沙发也是有些年头的样子。

1993年，张雄就出生在这样一个明显清贫的家庭。张家父母长时间在家务农，二人多年没有所出，便在同村人的建议下领养了张雄的大哥张迪。被领养时张迪还未满周岁，只知道他大约出生在春分时节。就这样又过了一年，在第二年的初春，张雄出生了。村里条件差，孩子们向来没有上幼儿园的机会，两兄弟的年纪差不多，在本该读幼儿园的年纪里却摸鱼抓虾，行至小学便一同入读了村里的学校。张家靠几亩薄田供养着两个儿子，实则更多时候是望天吃饭，父母都是小学文化，几乎不识几个大字，农闲时顶多能帮人打些零工补贴家用。到了两兄弟小学三年级时，母亲终于忍受不了如此贫困的家境，抛弃了两个年幼的孩子选择离家出走。父亲骗张雄说，母亲只是外出打工，谁知这一去便是数十年。稍大些时，张雄才渐渐明白被抛弃的真相，听人说母亲是跟着谁去了江苏打工，可无论是去向何方，从这一年起他便彻底与母亲失去了联系。

母亲出走之后的很长一段时间里，张雄常常感到莫名其妙的恐惧，在一个并不完整的家庭长大，让他从小学起便没有得到父母足够的关爱。万幸的是，张雄的身边总有哥哥张迪。两兄弟从小合得来，但是张雄更加贪玩一些。小时候弟弟调皮难免挨训，但张迪总是护着弟弟、夸着弟弟，觉得弟弟相比于其他家的小孩子更能吃苦，自主独立生活也更早。两个男孩子凑在一块儿总是很调皮，喜欢造个弹弓打鸟，放学后叫上两三个朋友到水塘或是河里捉鱼。有时候天气热，他们还喜欢结伴去水塘游泳，买不起游泳圈，两兄弟就自己带着泡沫板当作游泳圈。农忙的时候，他们也会主动跟着父亲去地里拉薄膜、割草喂羊、背洋芋……回家就在家里煮猪食，负责守着家里四头大肥猪，每天给它们喂些食。

母亲不在身边，再加之父亲也不重视对孩子的监督，还时常趁着农闲外出打工，张雄在疏于管教的底色中没能茁壮成长成品学兼优的好学生。小学时他过早结交了一些"狐朋狗友"，总喜欢和他们打打闹闹，成绩一直很不理想。那个时候太过调皮，老师也基本不关心学习成绩差的学生，村干部对留守儿童也不存在什么帮扶，他便这样在东川的青山下肆意长大。父亲不在家的日子里，亲戚有时不忍心，会给两个男孩搭把手，偶尔为他们送些蔬菜、有时帮忙收割一下地里的稻草。亲朋好友都劝父亲，不要出太远的门打工，好好地照看两个小孩才是正事。久而久之，父亲便下定决心留在东川。农闲时，他总会找些零工做，他做过的工作大多都脏乱差，比如在工地上挑砂浆、在砖厂搬砖、在车场帮人守停车场……在工地里待久了，噪声太大，这让父亲年纪不大便有了耳背的毛病。工作很累，赚到的钱很少，供两个小孩上学依旧很困难。加上回家来还要照看两个小孩的生活起居，张家的日子经过父亲多年的打拼依旧是一眼望不到头的艰难。

升入初中后，张雄的学习成绩依旧很差，只考取了区里一个办学条件比较差的公立学校。这里绝大多数生源都来自农村、乡镇，学生大多是从非常偏僻的农村小学毕业的，有很多家长都像张雄的父母一样，要么打工要么务农，没有时间来照看自家小孩。在外界环境的影响下，加上青春期的叛逆情绪，上了初中后张雄不但没能好好地学，还染上了很多不好的恶习，比如打架斗殴、抽烟喝酒等。在学校里，老师的管教从不严格，很多学生放学后会到处玩乐，在这个过程中张雄也结交了一些有不良风气的社会青年。由于家境较差，平时家里只会给张雄几元钱作为一个星期的零花钱，而这些钱往往都被他用来买烟买酒，很少花在学业上。那时候，身边兄弟中的留守儿童不算太多，张雄有时也会感到不自在，但是朋友们在一起抽烟喝酒时他总能短暂忘记这些不自在。好像只要和他们在一起玩，就不会感到自己与其他人有什么差异。

上初二的时候，张雄身上没有足够的钱，有时便在朋友的怂恿下去学校门口处的小卖铺偷烟。他用同样的方法偷过很多次烟，每次只偷一包，从来没有被发现过。直到某一次不知是谁告了状，小卖铺的店主当场抓住了张雄和他的同伴，并且告知了当地派出所，当天下午就有公安民警前来。他赶忙给父亲打电话，却没有打通，后来碰巧遇到自己的大妈，在大妈的协商下，这件事情才算告一段落。回到家后，他意料之中地被父亲批评了一顿，心中很不是滋味，之后也再没有做过偷鸡摸狗的事情。现在回想起那时的情形，张雄反思了年少时自己的幼稚，认为不应该以伤害身体为代价。

十五岁时，张雄的成绩依旧极差，老师也彻底把他当成了班级里的透明人。像很多同学一样，张雄没有继续读书，而是半途弃学外出开始打工。哥哥与他一样，同样在初中毕业后外出打工。之后的一段时间里，他在东川的一家餐厅里做服务员。但是还没有半年的时间，由于父亲和哥哥的工作都极不稳定，为了补贴家用他不得已选择前往昆明打工。刚到昆明的时候，张雄人生地不熟，身边没有同伴，更没有认识的亲戚，辗转几次才在一家餐馆找了服务员的工作。第一次来到当时对于他来说很大的城市打工，张雄在和当地人的相处中总暗暗感觉自己遭到了排挤。撑不下去的时候，张雄便在心里暗示自己别放弃，然后慢慢地也适应了起来。

在昆明的日子里，他很少与父亲和哥哥通话。基本上几个月才会打一次电话，父亲太忙没有时间与他聊天，哥哥在初中毕业之后也在东川打工，顶多就是盖房子前那段时间会经常打电话来问一些关于房子的事情。再后来，张雄在亲戚的介绍下，到了昆明一位远亲的小厂里工作，主要负责生产薄膜。工厂的规模很小，只有15名工人，在那里上班虽然辛苦，工资也不算高，每个月只能拿到两千左右的工资，但也算真正学到了一些有用技术。在小厂里工作了近两年后，他决定辞去这份工作，和一位同样在厂里上班的四川朋友一起去了广东佛山。他总想着云南这个地方太小了，要趁着自己现在还年轻外出闯荡一番。

怀揣着这样的理想，张雄来到了广东佛山。在这里，他仿佛来到了一个全新的世界，生活也迎来了新的面貌。广东天气湿热，饮食少油少盐少辣椒，与当地人语言沟通也有障碍，但这些都没有阻碍张雄闯一闯的热情。他和同伴通过之前联系好的朋友，找到了佛山顺德的一个小工厂，做的同样是吹膜工作。不同的是，在这里除了单纯吹膜，他还要帮着老板处理客户、资源、市场等问题。老板白手起家，花了十多万元买了两台二手的吹膜机器，招了十多个小工，有业务经验的张雄是他的得力助手。张雄在这里一干就是八年，现在小工厂虽说规模依旧不算大，但经济效益还是不错的。刚开始张雄的工资不算高，只能勉强养活自己，现在的他一个月能赚到一万多元，他总说，在云南只是给别人打工的话他恐怕一辈子都赚不到这么多。早些时候，张雄也有过创业的想法，也想过像老板那样买几台二手机器来自己做。但是考虑客户市场太难找，而且完全没有任何创业的经验，最终他还是放弃了这个念头。

自来到广东之后，张雄已经有好几年都没回过家了，连家中盖房子这样的重要时刻他也只是寄了钱回去，最近一次回家是因为奶奶去世。他总觉得，回到家中也没什么事要做，更没有什么牵挂的人，不如留在广东打工，逢年过节老板还会给一些慰问费。当然这背后还有一个更隐晦的原因，即他想躲过同村长辈的催婚。在张雄家乡的小村里，很多年轻人十七八岁就已经结婚生子，对于年过二十岁的男男女女，不结婚更是不肖子孙的代名词。但于张雄而言，现在他还不想结婚，一是因为目前的工作实在太忙，根本没有时间去谈恋爱，二是想要再多赚一些钱，装修好房子、买辆车再去想婚姻大事。

多年独身在外打工的日子，锤炼了他独自决策的本事，他已经打定主意，待赚够了钱，回到东川找一份工作，然后成家立业。他要让自己的孩子在东川好好念书，陪伴着他们一起长大。

三 跨越困境渐入人生佳境

（一）生如逆旅，一苇以航

♥ 个案札记

田飞燕，女，1997年生，湖南省湘西土家族苗族自治州龙山县L村人，本科毕业于浙江大学。自田飞燕三岁开始，父母便外出务工，留下爷爷奶奶照顾她与年幼七岁的弟弟。一路走来，田飞燕的生活虽然时常艰难、间或孤独、偶然叛逆、偶尔无助，但她从未放弃，最终通过自己的努力，成功走出小山村、考入了浙江大学。小燕的幸运，来自她本人——勤奋刻苦、独立自主、理解父母的难处，从山村到县城再到省会，她不是没有迷茫彷徨，觉得身边很多人与她的生活方式完全不一样，但她没有被打倒，而是尝试改变、努力学习。小燕的幸运，同样来自家人——她的父母虽然未能接受良好教育，但是全力支持小燕的学业，即使家庭各个成员都身处不同的地方，但是"形散神不散"，每位家人都在自己的位置上默默努力，共同等待团聚的那一天。小燕的幸运，同样来自老师——在人生的每个重要阶段，她都遇到了很好的老师和愿意向她伸出援手的人，他们关心她的留守处境、善待她的童年缺憾，最终成就了如今的她。

✒ 过往故事

1997年，田飞燕出生于湖南省湘西土家族苗族自治州龙山县的一个小村庄，父母皆为土家族人。在这样一个物质贫瘠的乡村，曾经人人务农，尚不及温饱；如今青壮年外出打工，孩子到乡镇或县城求学，只留老人们守着村庄。早些年村里交通闭塞，出门需要翻山越岭；前些年村头终于通上了高速公路，去龙山县县城开车只需一个多小时。

在田飞燕出生的前几年，她的母亲追随着父母之命、媒妁之言，嫁到了她父亲所在的村庄，与她的爷爷奶奶生活在一起。她母亲娘家的村

庄离她父亲村庄不远,只需花两个小时翻过几座山头就到了。婚后不久,他们就有了第一个孩子,只是不满一岁就夭折了。那是田飞燕未曾谋面的哥哥。

关于那个夭折的孩子,田飞燕的父母从不明说,她也只是偶尔听爷爷奶奶和其他亲戚含糊说起。在那个落后的乡村里,封建的谣言像风一样弥散,人们神神秘秘地说她的母亲抱着那个不满一岁的孩子,穿过一座山头回娘家村庄的时候,招惹了不干净的"东西",带走了孩子的魂。人们以为幼时懵懂的田飞燕不会懂得,但她却知道,家中经济拮据,加上痛失爱子又被这些纷飞的谣言所扰,她的父母最终选择了背井离乡,去往广州打工。不过在广州不久,她的母亲再次怀孕,腹中的孩子正是田飞燕。为了这个胎儿,她的父母返回家乡,并在这里生下了她。农村里总说小孩子三岁之前很不好养大,大概是因为害怕小燕像她的哥哥一样夭折,所以父母一直待在家中,直至把她抚养到三岁。

从三岁开始习惯没有你们的世界

在村里终年务农辛苦又得不到什么回报,于是在田飞燕三岁这一年,在生活的重压下父母还是选择了远走,这一次他们决定远赴浙江省宁波市慈溪务工。那时的小燕还太小,唯一的印象是当年她一度不接受父母离开的事实,每当父母打来电话她总是任性地拒绝接听,然后跑开。那些年小小的她,无疑是心存怨念的。然而无论接受与否,从三岁开始,她便留守家乡,由爷爷奶奶照料。留守生活的前几年,爷爷奶奶尚有余力,耕耘着家中几分田地,再加上父母定期寄来的生活费,家中虽不富足,但也勉强度日。从三岁到十三岁,她印象中父母每隔三四年才会在春节回来一次,其他时候,只有极少数在家中有紧急事情的时候才会回来。五岁那年,她的奶奶动了一个不大不小的手术,父母匆忙赶回了家,那是她自三岁之后第一次见到已有些陌生的爸爸妈妈。

虽然日子清贫、父母也难以常在身边,但好在爷爷奶奶的照料让田飞燕无忧无虑地长大,日子虽苦,但尚且能苦中作乐。那时村里每月初一、十五都会去乡里赶集,家里生活虽不宽裕,但爷爷奶奶仍会抓紧机会给她买一些好吃的小吃。她最喜欢吃的是集市上的米豆腐,软糯顺滑，拌上龙山县特产的辣酱，田飞燕每次总是加上许多。家中的几分田地每年产出的米和面往往只够家人吃，并没有剩余的米面可以拿到集市上卖，但闲暇时爷爷会去山上采上些叫"胡椒油"的果实，似葡萄大小，一颗颗长在树上。胡椒油很难寻找，运气好的话，爷爷一天能摘小半筐。在赶集的日子里，他便背上胡椒油，牵着她的手，一步步走向集市。

就这样，在父母缺席的童年里，田飞燕懵懵懂懂地长大。她也渐渐习惯了电话里的父母，习惯了只是偶尔出现的父母，习惯了会在出现时给她带来新衣服、在家中停留短短数日后匆匆离去的父母。因为每一次短暂的团圆后，无论哭得怎样声嘶力竭，离别的时刻终究会到来。和父母的相聚成为一种正常生活中不正常的插曲，等待她的还是年迈的爷爷奶奶和昏黄的灯光。

我学会了一个人长大

小学升初中的时候，由于成绩优异，田飞燕得以进入龙山县县城上初中。于是，她和弟弟、奶奶一起，在县城开启了另一段留守生活。

在那时，中国部分区域的农村有这样的政策，农村户口夫妻所生的第一个孩子为女儿且满八岁的情况下，可以生育第二胎。虽然田飞燕出生于1997年，但她户口本上的年龄是1996年，在她七岁这一年，母亲生下了她的弟弟。比田飞燕幸运的是，弟弟一直被父母养在浙江，直到快上小学时才送回老家。当时恰逢田飞燕因为成绩优异，得以进入龙山县县城就读初中，家中便托了一位远房亲戚的关系将田飞燕的弟弟同样送进了县城的一所小学。奶奶陪伴他们在县城租了一间合租的小房间，爷爷独自留在了老家。

初中的时候，田飞燕的爸爸给她买了一部手机，于是她与父母沟通的方式又增加了手机短信这一条。爸爸经常发一些篇幅很长的短信给她，例如"最近有没有好好念书？有没有好好照顾弟弟、照顾爷爷奶奶？我们的家庭就靠你了……"诸如此类，仿佛终于找到机会要说尽不在她身边时欠下的话。在她的成长过程中，她的父母虽然缺席，但没有停止过牵挂。

童年追忆
——留守生活的回溯与分析

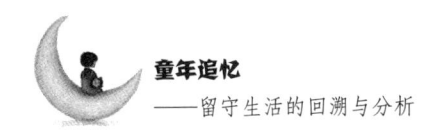

小燕在初中就读的是尖子班中的农村班，同学都是来自龙山县各个村庄的佼佼者。刚刚进学校时，她在班级成绩只排中下游，学校的管理模式也相当高压，身边的同学都铆足了劲儿地向前冲。初中阶段的小燕，在精神上的每根弦都崩得很紧很紧，每天都处于高度紧张的状态，压力非常大。特别是她身处农村班，虽然也是尖子班，但与其他班级同学不同的是，农村班的同学们背景大多相似，都背负着家人们的期望，在经济压力和精神压力的双重刺激下每日悬梁刺股、囊萤映雪。那时奶奶住在县城，但老人家闲不住，为了多赚些钱贴补家用，即使做过手术之后身体大不如前，仍在县城中作为雇佣工为别人做做农活。每个周末从学校回到出租房后，田飞燕不仅要完成作业、帮奶奶洗衣服做饭，还要辅导弟弟的学业。

升入初三时，田飞燕的成绩终于在过去两年艰苦卓绝的努力下有了很大的提升。她代表学校参加了全自治州的学科竞赛，竞赛科目是全学科，并且不负众望地拿到了全州第二名的好成绩，获得了特等奖。这项特等奖不仅使她保送进入龙山县较好的两所高中之一，也为她带来了两万多元的奖金，按月发放给她，用于支付高中三年的学费和生活费，这笔钱如及时雨般，减轻了家中的负担。

获得重点高中的保送名额后，小燕选择了初中班主任工作调动后进入的高中。也正是因为班主任老师的工作调动，她和她们班的其他几位同学在选择县城两所高中的保送名额时，决定前往班主任即将调去的那一所。小燕在高中仍是重点班的学生，而班主任老师的资历只够教普通班。每一次在高中校园里偶遇，她都很开心地与老师打招呼。一路走来，除了初中的班主任，她也由衷感谢自己遇到的每一位班主任老师，他们都十分体谅她的处境。小学初中时，班主任会给班级里每一位同学申请国家助学金，而到了高中，班主任也会特意为她一个人争取助学金的名额。虽然在学习上是竞争关系，但在班主任老师的带领下，同学间的相处也十分融洽，不同民族（土家族、苗族、汉族）之间的同学也不会发生冲突。

待到小燕正式步入高中，爷爷奶奶的身体便有些心有余而力不足，

第四章 抚今追昔——作为个体归因的留守

不再能够长时间工作和劳动。家里的农田交给别人耕作，在收获时可以得到耕作者善意赠送的几斤粮食作物。也是从这个时候起，获得奖学金的田飞燕不愿意再多花家里的钱，而爷爷奶奶和弟弟的全部开销则仰仗于她父母每月寄来的生活费，一家老小每个月大约只有一千五百元的开销。小燕高中班级的同学大半来自县城，穿着光鲜的衣服，每日走读，而她，继续选择了住宿，只在周末回家。暑假期间她会和奶奶、弟弟返回老家与爷爷同住，小燕也在高中时便早早开始利用暑假的时间勤工俭学、补贴家用。

从初中到高中，田飞燕都和奶奶弟弟租住在县城，除了学习任务变重，多了一个照顾和教育弟弟的姐姐角色之外，田飞燕的生活并没有多大变化。不需要父母的陪伴，她已然亭亭玉立。高考结束后，她考入浙江大学，也终于结束了她的留守生活。如今，每逢小长假，她都会坐着客车去看望同在浙江的父母，与他们一起聊聊天。

有时候想，如果你们在就好了

从小到大，从三岁到十九岁，田飞燕几乎从来没有生活在父母的羽翼之下。

她不是没有叛逆过。有一段时间，小燕非常埋怨自己的父母，埋怨他们只知挣钱却不懂陪伴孩子们，不好好教育孩子们。父母难得回一趟家，她也会跟他们吵架，说的最多的话是："凭什么你们一直不在，一回来就对我指手画脚。"每当父母对她提出要求时，她便会觉得那是一份沉沉的负担。弟弟过去被父母带在身边的时候非常乖巧听话，然而回到老家以后，由于爷爷奶奶对孩子的生活习惯并不在意，弟弟很快就学坏了，开始旷课，喜欢打游戏。爷爷奶奶的放任和溺爱，让弟弟成了一个调皮的"野孩子"。事实上在普遍重男轻女的农村里，她也早已习惯了爷爷奶奶、爸爸妈妈对弟弟的偏爱。稍微长大些后，小燕便承担起了大部分对弟弟的教育，虽然多少扭转了他的坏习惯，但仍不如父母亲力亲为的教育。

叛逆过后，她也逐渐理解了父母。谈及留守经历对自己的影响，她想到的第一个关键词是"内向"。从小，她便习惯了报喜不报忧，努力

童年追忆
—— 留守生活的回溯与分析

学习也不过是在寻找一种安全感。因为成绩好的话会得到老师的重视，同学们才会服气，与同龄人相比，她更看重成绩和分数，也更努力。她表现得乐观坚强，其实内心却有些自卑和脆弱，对自己也没有足够的怜惜。第二个关键词是"独立"。不论是学习上还是心理上，她总是习惯了一个人默默地承担所有事。这种独立带来的"自由"，让她的家里人和老师都有些无可奈何。虽然表现得一直比同龄人成熟，她却知道自己没有太多人可依靠，只能选择靠自己。刚刚进入初中时，她的成绩并不拔尖，于是每一门科目她都努力学，不会的就在学校问老师同学、在家自己拼命琢磨。后来又长大了些，不管是选文科还是理科，抑或是中考高考填志愿等，所有重大的决定都是她自己做出然后通知家人的。例如填志愿，在高中时，她选择了两所县城最好的高中里大家普遍认为略差一些的私立学校；高考后填报志愿时她自主选择了浙江大学，事后才告知父母，并且不愿意听从他们的建议前往北京师范大学。这种独立也带来了田飞燕对亲密关系的恐惧，从小到大她从来没有谈过恋爱，也没有喜欢过任何一个男生。她很害怕曾经亲密的人会突然离开，所以选择从开始便斩断亲密关系的可能。

所幸一切都会变好。高考后，她义无反顾地将志愿填在了浙江大学，就是为了与父母更近一点，可以经常去看看他们。如今她与父母渐渐亲密，而她的弟弟在她的教育下也顺利成为一名体育生，前段时间刚刚在全自治州的运动会上拿到了两枚铜牌。和母亲聊天时，她时常说："我就希望你们都过来浙江，这样过春节的时候大家就不用分开了。"田飞燕同样抱有这样的希望，毕业以后，如果可以，她想回到家乡发展，然后和弟弟一起努力，给家里盖一栋新房，争取让父母回到家乡，不再需要为了生计漂泊在外。

生如逆旅，一苇以航。相较于许许多多的同龄人，田飞燕的人生从一开始就是一场没有父母陪伴的前行，但她从未放弃希望，而是选择依靠自己，驾一叶扁舟，航行在生活的海洋，前方便是希望的方向。

（二）筚路蓝缕，以启山林

个案札记

徐烁，男，1997 年生人，成长于甘肃省白银市的一个偏远山村。在小学五年级前后的几年中，父亲因背负债务长期在外地打工，留下母亲拉扯徐烁兄弟长大。母亲性格刚强，重视对儿童的教育，尤其是对他们价值观的培养。虽然在教育方式上时而过于严厉，但在严母的教导之下培育出了懂事又上进的徐烁兄弟。在学校中，老师对徐烁的留守境况并不知情，因此没有提供相应的帮助；在家庭中，其余家庭成员会在母亲难以履行照护职责的时候施以援手。虽然童年时期家境贫苦、父亲长期不在身边，但徐烁与哥哥在母亲的引导下保持着乐观豁达的心态，总是携手积极克服困难，最终以优异的成绩双双考入大学。

过往故事

徐烁的爷爷辈都是地道的农民，父亲说曾祖父年轻时逃荒到老家的村子，一根扁担挑着当时还是孩童的两个爷爷来到这里安家落户，后来还生了两个孩子，就是他的三爷和四爷。再后来徐烁的亲爷爷生下了三个男孩，父亲排行老二。虽说是外来户，但爷爷那一辈在本村过得还算不错，年轻时曾经当过村里一个螺帽厂小作坊的负责人，那个年代人们都很穷苦，但父亲在当时同村同龄人中尚且算家庭经济条件不差的。徐烁的母亲家世代住在与父亲家相隔一座峡谷的村子里，外曾祖父吃苦耐劳，以一双"赤脚"闻名（脚很大，条件艰苦也没鞋穿），外祖父读书多，通晓风水阴阳，信奉道教，在村里德高望重、稳重又能主持大局，村里婚丧嫁娶都找他作主持。有一次一家的新媳妇娶进门第二天就因矛盾服毒自杀，娘家来了三十多号人闹事，提出将棺材放至上堂、一天杀一头羊等无理要求，外祖父三天三夜未合眼圆和此事，从此更是声名远扬。母亲兄妹六个，只老三为男性，母亲排行老四。因着外祖父的本事，分家前母亲的家庭条件在本村也算得上中上农。徐烁的父亲和母亲在同一所高中读书，母亲大父亲一岁半，高中毕业后父亲在本村当起了

文书，母亲则做了民办教师，二人在1993年结婚，先后生下了年长徐烁三岁的哥哥和他。

　　2002年，在徐烁四岁、哥哥七岁时，农村逐渐兴起了进城打工的潮流，连他们一家所在的甘肃小村也不例外。眼见着农村每况愈下的生活条件和教育条件，父母两手空空带上徐烁兄弟来到了县城打拼。说是县城，不如说是城乡接合部，因为当地发现了煤炭和优质陶土，形成"煤炭—火电—陶瓷"三大产业，推动了城市化发展，吸引了周边大量农村的务工人员，人口流动较大。父亲最初在当地饭店做过工，养过狗和兔子，开过"三马子"（三轮的出租车），在工地当过工人也做过包工头。但由于父亲年轻时惯常心浮气躁，加之运气不好，所在施工队的大老板携款逃跑，自己做工头反而欠了一屁股债，几年下来家中几乎没有积蓄，租住的地方也经常搬迁，在县城中已搬过七处地方。父母亲经常因为父亲的一些行为和决策激烈争吵，这种情况持续到徐烁十岁。这一年，一方面是听同乡朋友介绍，另一方面也是为了躲避债务，虽然母亲万般反对但父亲仍然决定去更远的外地打工，由母亲留在老家照顾徐烁兄弟。

　　徐烁就此开始了父亲长时间不在身边的留守时光，他记不清父亲具体是什么时间走的，只知道他去过湖南、广东和海南，前后去过三次，最长一次是在广东、海南一带。印象中，父亲每年过年都会回来，一回来便讲述他在广东的打拼经历，靠"蒙骗"当上了"水利工程师"，负责修建一些排水防洪的设施，父亲本来就很机灵，轻松胜任了一些简单的工作。父亲给孩子们看他拍摄的和同乡工友在工地施工、休息取乐时的照片，展示带回的贝壳和礁石，以及把一艘帆船的模型当作补给徐烁的生日礼物。礁石和小船早已被母亲不知什么时候嫌弃地丢掉，只留有一些贝壳被徐烁小心翼翼地保留至今。

　　父亲不在家的日子里，全仰仗母亲一人撑起了全家。久经岁月磨砺，母亲十分好强，明是非而且倔强。那时父亲寄回来的钱不够花销，为了补贴家用，母亲也在附近工地和工厂打工，每天包着头巾早出晚归，还要在狭小出租大院的平房里照顾徐烁兄弟。母亲平日里总是很忙，所以徐烁和哥哥被迫早早学会了做饭。每天中午放学后，两兄弟几乎和母亲同一时间到家中，赶忙帮她生炉火烧水做饭。晚上母亲通常七点钟才回家，徐烁便和哥哥一起揉好面烧好水、把菜切好，等母亲回来下面一起吃。周末更不用说，兄弟二人还要从公共水龙头处用桶接水齐力抬进屋里再倒进储水的大缸中。那时徐烁和哥哥也很争气，在同龄人中算是很懂事的，在学校也认真学习，成绩一直名列前茅，出租大院里的其他人家都很羡慕母亲有两个好孩子：会做饭炒菜，学习成绩又好。虽说家徒四壁，甚至连床都是床板和木架搭的，但那一墙鲜艳的奖状却是每个走进屋中的人眼里最豪华且觊觎的装饰。现在母亲也经常说起，那时支撑她拼搏以及维系与父亲婚姻的就是她的两个孩子。母亲不仅踏实能干，而且重人情世故，无论在邻里间还是干活的工地，都受他人喜爱和好评，也受人尊重。

徐烁和哥哥的懂事很大程度归功于母亲的家庭教育。母亲懂得很多大道理，平日里一有空闲就跟兄弟二人絮叨，诸如"不想当将军的士兵不是好士兵""吃得苦中苦，方为人上人"的话徐烁至今记忆犹新。除了讲道理之外，当儿子们犯错误时，母亲会很严厉地批评。有一次，徐烁和哥哥跟随一个更大的孩子离家去野外抓蚂蚱，很长时间不回家，最后母亲千辛万苦找到了他们，当然逃不了一顿打骂。每次兄弟俩一起犯事，母亲总是先打哥哥再收拾徐烁，总之兄弟二人没一个逃得掉被批评的命运。现在母亲回想起那时用暴力的方式惩罚儿子，总是叹声说那也是没办法，俗话说"打出来的孝子，惯出来的纨绔"，徐烁从不记恨母亲曾经打骂过自己兄弟二人，反而很感谢她。就像马戏团里驯服一头小象或者老虎，最简单的方式就是用皮鞭抽打，直到它兽性退化。况且，对于一个丈夫不在身边、自己每天还要外出做工的女人，两个儿子是母亲的全部，也是家庭的全部，所以她宁肯让儿子们在家多受些她的打骂，也不愿他们在外面吃亏或遭遇危险。在当时，"打"可能真的是最好的教育之法。

父亲在外务工对徐烁和哥哥在学校里的学习影响不大，老师和同学们对此也并不知情。除了鲜有零花钱、经常穿自家纳的布鞋外，在学校

里徐烁对自己的留守状态并没有其他过多感觉。但在和亲戚交往时，这种留守有时会有些许的影响。有一年姥姥突发脑出血病危，由于父亲在外，母亲得和自家兄妹一起去照料姥姥甚至准备后事，所以她只得硬着头皮将还要上学的徐烁和哥哥寄养到大爸（父亲的哥哥）家。大爸和大妈都是教师，家庭条件很好，住在商品楼里。自幼生活在农村的徐烁和哥哥不会用马桶，也不常洗澡，因此遭受了大妈不少嫌弃。虽然只住了四五天，母亲便将兄弟俩接回了家，但以她要强又顾人情的性格，自己的孩子寄人篱下不仅丢脸也欠了大笔人情，她总想着日后要还回去。还有一次是在寒假期间，母亲从与父亲一同外出打工的同乡口中得知一些不好的消息，说是父亲误入什么传销组织，赶忙又将徐烁和哥哥送到了舅舅家和姥爷同住，想着寄养在娘家情况总该好一点。安置好儿子后，她只身买了火车票去找父亲，年关将至，父母终也平安回来了，但是关于那次具体发生了什么，父母始终避讳不谈，懂事的徐烁也不再追问。

又过了几年，父亲逐渐还清了债务，又回到本地打工。徐烁的留守经历主要发生在小学五年级前后的几年中，父亲回归后对两个孩子很好，他和哥哥也没有因为一段时间的父爱缺失而觉得异样。直到现在父母依旧从事着原来的行当，母亲在建筑工地练就了绑钢筋的手艺，活儿不算累，因是技术工所以工资很可观，每天可以赚上180元。父亲凭借广泛的人脉做回了包工头，也能挣到钱。徐烁和哥哥纷纷考上了好大学，哥哥今年更是一举考上了北航的研究生。父亲在母亲的唠叨以及这些年的磨砺下变得务实起来，夫妻二人的关系也变得融洽。去年父母决定在当地小县城里最好的小区买一套房，很巧的是，父母都曾参与过这个楼盘最初的施工建设。

在徐烁看来，留守经历是自己童年的一部分，对他的成长多少产生了一定的影响。父亲不在家，少了可以倚靠的人，加之经常被母亲"责骂"，所以徐烁自小做事就认真小心，与人交往总是优先考虑他人的感受，顺应合作并且体贴他人，同时在意别人对自己的评价。那时家里常常只有哥哥做伴，除了兄弟二人关系很好之外，也多出了很多闲暇无聊的时间用来思考人生，这激发了他的想象力和创造力。小的时候没有钱买玩具，他就经常拆卸别人丢弃的物件，自己组装搞出了很多机械方面的东西，动手能力变得很强，也在冥冥之中将他指引向了现在所学的专业——自动化控制。除此之外，他们没有去过游乐场，也没有旅游过，倒是有了更多的机会接触大自然：编柳条帽子、摘吃槐花、掏蚂蚁窝、戏耍天牛、弹弓打鸟、瓜田偷瓜、烤吃蚂蚱……这也不失为一种美好的童年。

　　童年时父亲送他的小船早已遗失在岁月中，但在徐烁的精神世界里，他仍旧把自己的童年看作一帆小船，没有满载糖果，甚至有些许苦涩，但有白云为依、青鸟作伴，所以他勇敢地划着桨板、荡着浪花，笑着歌唱不觉孤单。再回想起那段时光，心中多了份坦然，是过去的一切成就了现在的自己，如此看来过去的日子都是那么美好。看过身后的涟漪，此刻他应扬起高帆，满载着岁月的果实，在人生的大海上行得更远。

第五章　乡村琐事——美好与问题共存

一提到留守儿童，大多数人的脑海中首先浮现出的场景是破旧的房屋、简陋的设施、黝黑的小脸和羸弱的老人。艰难的生活条件和老人照顾孙子孙女的模式似乎成了农村留守儿童的标配。新闻媒体也曾多次深入农村山区，报道了农村留守儿童的境遇。社会各界都纷纷给予关怀和帮助，妇女儿童基金会也成立了很多资助项目。在本章，我们将聚焦乡村，看看作为留守儿童大部分的乡村留守儿童处于何种真实境况。

在数年前的中国，户籍制度和社会保障制度存在地区分割和城乡分割问题，中国的城乡人口流动在很大程度上表现为劳动力流动而非人户流动，即流动人口的比重要远远高于户籍移民。来自乡村的流动人口，尤其是外出务工者即农民工，本着"跳出农门"、寻找发展机会、摆脱贫困的美好愿望（谭深，2009），却在城市中遭遇了多种形式的社会排斥和社会隔绝，使他们很难在城市中定居下来，融入城市社会生活，从而完成移民过程（李春玲，2007）。

随着农村青壮年劳动力的流出，农村普遍出现了"386199"现象（杜鹏，2004），即在人口结构上中青年男性大幅削减，而留下了妇女、儿童和老人；青壮年的外出不仅关乎他们自己生活与未来发展的抉择，也对村庄产生了一系列社会后果——"空巢老人"和"留守儿童"。

父亲是在我上小学的时候外出的，那个时候我对周围世界的理解还局限在一个十分表面而粗浅的层面,对家里少了一个大人的认识似乎只是衣架下不穿的衣服多了,早饭时狭小的厨房显得比以往宽敞。从那时开始,我们在村里四处玩耍的时候能够见到的大伯或他们的成年儿子越来越少。——摘自第三章个案《何以立命:走出皖北村庄》

曾留守者对于自身乡村留守经历的回忆是呈现两面性的。一面是被时光筛选下来的只属于乡村的纯粹美好,与同伴们在田野中撒野,累了就睡在草垛上;跟在爷爷奶奶身后干农活、喂鸡鸭;邻里之间相互照应,家里有好东西会分享……他们的生活是充实而纯粹的,几乎没有人提到过"感觉无聊",对于父母的思念只夹杂在每一个活动的缝隙中,大多数的时间里,他们对自己现时所拥有的一切感到心满意足。不过,他们口中所描述的乡村生活田园诗般的画面,很难说是对已逝去的美好童年的回忆,还是在遭受了城市淡薄冷漠的人际关系的"毒打"后,对于传统村庄的寄托式想象。

龙咏的父亲年轻时当过村干部,但在那个年代当村干部并没有什么出路,家中人都无法吃饱。父亲母亲商量着如果不出去闯闯,家里就可能连饭都吃不上了,更别说以后孩子们读书了,并且光靠苦力和当村干部的收入是无法维持生活的。因此父亲放弃了这个职务,和母亲毅然选择了外出打工,龙咏及哥哥就和爷爷奶奶生活在一起。老一辈们那时也不怎么看重读书,所以孩子们那时候就听爷爷奶奶们的吩咐,喂猪、喂鸡、砍柴。龙咏读一年级的时候父母就已出去打工了,每天帮着爷爷奶奶做一些杂活……那时的龙咏并不知道什么是学习、为什么学习,只知道玩儿才是最大的乐趣。——摘自第三章个案《幺妹:三兄弟护童年梦》

另一面是留守问题与农村问题、教育问题相交织,这使得解决农村留守儿童所面临的问题相比于城市留守儿童更为棘手和复杂(段成荣

等，2013）。农民父母外出务工能够在短期内缓解家庭的经济困境，但从长远来看，对于子女的福利和人力资本（包括健康状况、受教育情况等）的积累不一定起正向作用。曾有学者分析非农就业、母亲照料与儿童健康之间的关系后得出，虽然母亲收入增加对儿童健康状况具有显著的正向影响，但这种正向影响难以抵消劳动时间增加带来的负面效果，且在同一工资水平之下，母亲参加非农劳动时间增加的负面影响略大于农业劳动（刘靖，2008）。

农村的师资力量较为薄弱，加之班级规模巨大，留守儿童难以获得除学习以外的其他关注；缺少父母的庇佑和引导，儿童更容易面临校园霸凌、辍学逃课、意外伤亡、性侵等风险。并且已有调查指出，厌学辍学、安全问题、越轨行为等并非农村留守儿童所特有，而是在农村儿童中普遍存在。比如上下学安全问题，可能与近十余年的撤点并校政策相关，儿童需要前往更远的地方读书，路途上的风险因素增加；再比如厌学辍学问题，可能与农村教育质量不佳、农村经济条件有限等诸多外界条件相关。

个体的升学需要家庭满足两个条件：经济状况尚可，劳动力充足。因为家庭无法支付学费而退学，是农村青少年难以通过升学考试获得中高等教育的重要因素；农村家庭子女众多，孩子们需要承担家里的农活、照顾弟妹，这也让他们不得不从学习中分心。既有的研究表明，农村留守儿童的受教育情况普遍要好于农村其他儿童，推测大致有两种原因：一是父母外出务工使得家庭收入条件更好，有经济能力供孩子读书；二是在外闯荡的父母更能体会到教育的重要性，因此支持孩子读书（周宗奎等，2005）。这在我们的访谈材料中也得到了印证。大多数曾留守者都表示，父母在电话中常常第一个询问的就是自己的学习情况；父母愿意为教育投资，在为自己购买诸如文具、书籍等学习用品时从不吝啬。

小云觉得小学的同学和她的情况都差不多，都是留守家庭，而她不用去干农活已经算是很好了……她说："其实我看到有很多很惨的人，大多数人都是对学习不重视的，放学都是回家做家务、干农活，这就毁了很多人的前途，我们小学班里读到大学的就只有4个人，很多女生很早就嫁人了。"——摘自本章个案《被抛弃：辗转反侧的迷》

虽然一些父母在闯荡中明白了读书的重要性，但是农村当时的社会环境还是决定了"读书无用论"的盛行，这有很多主客观的原因。村小和乡镇小学的办学条件相对艰苦，班级规模往往比市区小学更大，在20世纪八九十年代，一个班级近100人是很普遍的现象，这在我们当下看来是难以想象的；过于庞大的班级规模，让老师难以顾及每一位学生，能在教学之外关心学生的生活和心理状况的老师少之又少。师资力量差往往是乡村小学通有的弊病，任教的老师中有一些缺乏专业的职业素养，他们的育人观念不足，与学生的交流仅限于课上。学校与家庭之间存在着很大的鸿沟，隔代的管理方式与老师的不负责导致这一纽带的断裂，使得有些留守儿童缺乏管教，即使不学习也不会受到惩罚，继而造成学生对学习的不上心。另外，农村外出务工的风潮也间接滋养了急功近利的赚钱风气，读书被认为是一种对时间的无谓消耗，只有尽早外出打工才能创造财富，过上好的生活。令人扼腕叹息的是，一些偏远乡村盛行的读书无用的社会舆论，对于少数坚持读书的孩子和家庭也会形成很大的压力，最后导致一种普遍的想法"我初中毕业就出去打工吧"。

性别歧视在其中也扮演着较为重要的角色，很多地方存在的大男子主义以及对于女性的歧视，导致读书在当地更多地被看作一种经济投资，如果投资在女性身上，就会被看作一种"赔本买卖"，因为女性是要"嫁出去的"，因此在某些地方，几乎所有的女性在初中毕业后即选择外出打工，快速地嫁人生子。Meyerhoefer & Chen（2011）通过对河北、辽宁两个省份《中国生活水平调查》（CLSS）的数据所做的分析发现，父母外出务工的女孩相比于普通儿童在教育获取上落后了0.7个年级，考虑到分析模型控制了教育成本和总消费支出，可将其解释为留守家庭中女孩的时间被再度分配到家庭劳作中，导致了学业上的落后。

以上几点很大程度上构成了某些地方"读书无用论"的原因。虽然知识不一定改变命运，但知识不可否认是跨越阶层障碍的一个手段。然而，受制于学识、阅历和舆论，很多曾留守者的父母仍秉持着顽固的旧有观念。

> 母亲由于没有上过什么学，在其独自一人支撑整个家的困难时期也说过一些让人诧异的话。母亲当时在吉首市卖麻辣烫，三天两头就有人到店铺上要债，后来母亲病重一直在家休养，加上父亲失去联系，当时玉梅在读高中，母亲有过好几次让其弃学的念头，说玉梅读书在加重她的负担，不懂事、没有良心，家里这么困难了还要坚持读书。玉梅现在也没有怪母亲，在当时那种情况下，自己作为女儿没有帮上什么忙，还在不停地花钱确实令她觉得内疚。——摘自未收入个案《多子：家庭分工与牺牲》

在放开人口流动的早期，流动对于拉近城乡差距和缓解原体制下的身份不平等是有积极影响的；但是随着单方向的农村—城市人口流动的持续，城乡之间以及农村内的贫富差距和不平等似乎扩大了（谭深，2009）。作为弱势群体的农村儿童大多成了留守儿童或者流动儿童，成长中面临着比其他儿童更大的风险。农村留守儿童乃至农村儿童中的大部分，在成年后甚至是在还未成年的青春期就走上了和父辈一样的道路——早早放弃学业而在社会中打拼，在依靠苦力或者简单技术的工作中消耗着自己的青春——他们看不到别的出路，打工对他们所处的环境而言更像是一种无须再三思考的路径依赖。

如果说前三章更多关注的是留守儿童个体成长的微观家庭环境，包括儿童与父母、代理监护人、同辈等群体的交往；那么这一章则将留守问题放置在一个更为宏大的社会结构和制度安排的视域中进行考察。在这一章中，我们希望展现乡村留守儿童的生活状态，以及通过他们的眼睛管窥乡村生活的甜与苦、快乐与辛酸，并在此基础上思考与乡村问题、教育问题相交织的留守问题。

一　阴晴圆缺如人生百态

（一）黄土大道：从小天地到大世界

♥ 个案札记

本文主人公路遥，1994年出生在皖南一个小村庄，自嗷嗷待哺期时就被外出务工的父母留在了村里由爷爷奶奶抚养，这样的状态一直持续到他小学毕业——此时堂弟刚刚出生，也和他一样成了留守儿童，由爷爷奶奶照顾。父母考虑到爷爷奶奶精力有限，而他们在杭州的打拼渐渐稳定，于是将路遥带到自己身边读书。路遥回顾乡村留守的时光，只觉得宁静和怡然自得，对他而言更大的冲突反而出现在从皖南村庄到杭城的巨大跳跃中，从小天地到大世界，自卑和尴尬或许在某些时刻浮现，但他终究在泥泞中努力开出花来，在渐渐理解了自己来自哪里后，也懂得了该去往何方。

过往故事

路遥是浙江大学的博士。他出生在安徽省东至县的一个小村庄，村庄距离县城有25公里，山多地少，耕地散落分布。村庄虽未受到现代化的足够沁润，但市场经济的消费浪潮已经向四方席卷。村中的年轻人纷纷进城，成为浩浩荡荡的农民工中的一员。路遥的父辈均是面朝黄土背朝天的农民，没能在读书上取得成功，而务农也看不到出路。为了过上更好的生活，路遥的父母决定外出务工，将唯一的孩子留在家乡给爷爷奶奶带。就这样，还处于牙牙学语期的路遥开始了10年的留守生活。

爷爷奶奶年复一年地耕种着家中10来亩田地。爷爷因家中变故只读过三年书，靠自学基本上认全了常用字，学习过电力、机械和地理。爷爷年轻的时候在村里办过加工厂、当过电工，而且是附近名声很大的地理师，别的村子里的婚丧嫁娶、建房乔迁等事项都会请爷爷去看日子，安排各项仪式。奶奶是文盲，因为长江大水逃难到江南认识了爷

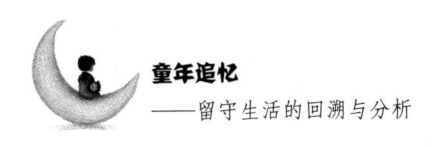

爷，与土地打了一辈子的交道。爷爷奶奶年轻的时候遭受了很多的磨难，与再往上一辈的亲属基本失去了联络。

路遥刚出生时，家屋是青砖瓦平房，约莫4岁的时候，家里盖了一个两层楼的红砖房。房子是爷爷和叔叔一同盖的，父亲在外打工不顺，拿不出钱。新房外墙裸露，只有一层简单地装修了一下，四面刷了白墙，地板抹了水泥，搬进去的家具都还是爷爷奶奶结婚时置办的。但路遥很是知足，自己虽然过得不富裕，却也是衣食无忧。

路遥在村中十余年的留守生活既平静又简单，平日在田间地头玩耍，纯粹是为了玩耍而玩耍；到了该入学的年龄便去上学。村小是村民们集资建的，路遥爷爷也出了300元。用老人们的话来讲，种地实在是一件太过辛苦而又看不到什么希望的事，读书被公认为改变命运的最好途径，所以教育在村中十分受重视。这所小学一个年级一个班，总共也就两百来个孩子、七八个老师。学校只教授语文和数学，后来也教一点英语，其他的课程诸如音乐、美术、思政等虽有书本发放却从未开课。对于读书，路遥从未感到过半点压力，于他而言，不过就是去了一个同龄人多的地方玩耍。

路遥的留守经历结束于小学毕业。此时，堂弟出生了，也被留给爷爷奶奶抚养，而路遥父母在杭州服装厂打工数年并积累了第一桶金后，经营起了一家自己的服装生产公司。考虑到县城教育资源薄弱，而爷爷奶奶难以分力照顾两个小孩，父母便将路遥接到了杭州读中学。创业从来不是一件容易的事，一直到路遥大二，家中的厂子才有了一些起色，之前的经济状况一直不怎么好。

回顾在农村的留守经历，路遥头脑中蹦出来的是"宁静"与"怡然自得"两个词——平静地过了10多年的"留守"生活，因为基本不清楚这个世界，所以世界便只是他生活的那方天地，最亲近的就是朝夕相伴的爷爷奶奶，没有太多特别的经历，也基本上没遇到过什么令人忧愁的事，或者说他生来就不是一个多愁善感的人。其实哪怕到现在，路遥出生并生活了10多年的故乡也一如既往的平静，只不过这20多年来是越来越空了，人都往外流了。尤其对于路遥而言，故乡意味着永远也回不去的地方，因为自己改变了。

人生到目前为止，路遥经历的最大一次变化就是来杭州读书，从村庄来到城市，两种完全不同的生活。所有的思考、成长、心性的变化便是从此开始的。路遥至今还不忘拿这个例子调侃自己：他是在来杭州以后才第一次知道有个东西叫"电脑"，听起来有些不可思议，但事实确实如此。见识了天地之大，也就顺理成章地明白了他曾经的位置，也有了渴望要达到的目标。路遥幽幽地总结道，之所以能成为现在的"我"，与这两段生活经历息息相关，性格上的特征、气质上的表现都是在这些生活当中慢慢形成的，有自己的主动选择，也有被潜移默化的结果。

（二）炊烟袅袅：留守时光点点温情

个案札记

胡丽娜，女，"90后"新深圳人，原籍广东揭阳，访谈时在深圳罗湖区的一所公立小学担任英语教师。胡丽娜的留守时光长达16年，从两岁到上大学。胡丽娜家有四姊妹，一个姐姐、一个哥哥、一个弟弟。在胡丽娜两岁时，只具备高中文化水平的父亲就离开揭阳前往西安从事建筑工程行业，年均收入约10万元，但由于劳累过度，目前身体健康状况不佳。而只有初中文化水平的母亲，则一直在家担任家庭主妇，照顾着四个孩子，平时也做一些手工活。由于父亲长年在外务工，胡丽娜跟着母亲单独生活了16年。虽然父亲长年不在家，但胡丽娜一家的家庭氛围比较好，父母在村内与其他村民关系也很融洽。在漫长的留守中，胡丽娜虽然并没有多少作为留守儿童的自觉，在现实中也并未遭遇多少关于留守的负面影响，然而在进入社会为人父母后，留守的记忆也使她对于留守有了新的体悟。

过往故事

从广揭阳到陕西西安，一千七百多公里的路程，哪怕是在交通如此发达的21世纪，也需要乘坐将近二十个小时的列车。难以想象在交通落后的20世纪90年代，往返于两地之间是多么的困难，但再远的距离也挡不住一位父亲为家操劳的步伐，再远的距离也阻隔不了孩子对父亲的思念。

随着四个孩子的相继出生，原本经济条件就不宽裕的胡丽娜一家陷入了困境。只具有高中文化水平的父亲望着襁褓里嗷嗷待哺的孩子们，不得不外出寻找薪资更高的工作来养活一家人，当得知西安那边的建筑工程行业前景广阔时，父亲再次陷入了深思：为了赚更多的钱，离开老婆孩子去那么远的地方工作，值得吗？善解人意的母亲很快就察觉到父亲的为难之处，在一个寂静的夜晚，母亲在孩子们都睡着后，轻声地对父亲说了句"你想出去闯闯就大胆去嘛，家里有我呢"。于是第二天，父亲踏上了前往西安的火车。作为六七十年代出生的父母，他们的离别没有过多语言，只有一个简单而又深情的拥抱，若非生活所迫，谁愿背井离乡呢。初到西安的父亲也想过将家人都接到西安来一起生活，但考虑到一大家子过来后的开销和小孩读书问题，只得作罢，最终一个人留在了西安打拼。

由于父亲外出工作，年纪尚幼的胡丽娜从小就缺少父亲的陪伴，好在母亲对胡丽娜疼爱有加，这也在一定程度上弥补了父亲缺位带来的不利影响。在胡丽娜小学期间，母亲因为要照顾家里的老人和小孩，一直在家担任家庭主妇，未曾外出工作。等到胡丽娜读初中时，哥哥和弟弟在外寄宿读书，姐姐在外工作，剩下胡丽娜和母亲一起生活，这段时间母亲就会每天晚上到村里的羊毛厂工作，赚点钱来补贴家用。

都说"小孩盼过年"，别的小孩盼过年是因为过年有糖吃，但对于胡丽娜而言，过年对她有着特殊的意义。因为每到过年时，在外工作的父亲就会回到家，和家人一起过年，一起享受这难得的团聚时光。虽然一年未见父亲，但在外工作的父亲每天都会给家里打电话，随着网络的发展，父亲也学会了用微信和家里视频聊天，这使得胡丽娜对父亲并不感到"陌生"。在父亲在家的日子里，胡丽娜总会黏着父亲，这使得她与父亲的关系很是亲密。虽然父亲每次回家的时间都不长，但这丝毫不影响"过年"在胡丽娜心中的地位。

第五章　乡村琐事——美好与问题共存

常言道"远亲不如近邻",拥有一群和善且热心肠的邻居对于胡丽娜一家来说无疑是一件雪中送炭的事情。当邻居们得知胡丽娜家经济拮据时,都自发地伸出了援助之手,几颗自家地里种的白菜、几条自家鱼塘养的鱼无不饱含了浓浓的人情味。现如今胡丽娜一家都住在深圳,在外逛街时,看到好的东西时胡丽娜母亲总会想着多买一点带回老家送给邻居们,报之以桃,投之以李,淳朴的情感在邻里的互帮互助之间相得益彰。不仅近邻友好,胡丽娜的家族亲戚们也很和气团结,平时也没少给予胡丽娜一家关照,这使得胡丽娜在留守期间感受到更多的温情。

等到胡丽娜上小学时,她也渐渐习惯了这种留守生活,也逐渐明白了父母的不易。由于小学和初中都在村子里就读,离家很近,所以胡丽娜大部分空闲时间都是在家里帮母亲做家务。村里也有很多和胡丽娜情况差不多的孩子,但他们很多都是父母不在身边,只能和爷爷奶奶一起生活。由于村里超生现象比较严重,一个班差不多有 100 人,老师无暇关心学生的家庭情况,对于学生的学习情况也很难照顾周全。来到初中,这种人多的情况才得到缓和,因为许多孩子读完小学就外出打工了,这种现象在那个年代实属正常。

由于学习成绩不理想,胡丽娜在第一个初三读完后选择了复读。在初三复读期间,胡丽娜不得不到其他县城寄宿,寄读的学校属于私立学校,采取封闭式严格管理,学生平时难以出校,只能坐两周一次的校车回家一趟。相比于公立学校,私立学校的老师对于学生的管理更为严格,对学生的关心也更多,但私立学校对老师的考核更多放在了学生的学习成绩上,所以有些老师对于学生的学习要求很是严格,加上是初三班级,学生的学习压力自然而然也比较大。作为复读班的一员,又是寄宿生,胡丽娜起初感到很不适应,但很快她就调整了过来。在与同学相处时,由于胡丽娜性格腼腆,很少与同学发生矛盾冲突,但周边有些比较调皮的同学经常用胡丽娜的名字开玩笑,但好在并没有同学因为她是留守儿童而对她另眼相看,这使得胡丽娜很少因留守而自卑。

由于父亲年轻时忙于赚钱养家而忽视了对子女学业的重视，胡丽娜四姊妹都未能考上本科，父亲每次提起此事时就十分遗憾。当被问及如果可以重新选择，是否还会选择让孩子留在老家时，父亲的回答是不会，他会花更多的时间去陪伴家人，一家人开开心心地生活在一起比挣多少钱都值得。

回首自己的留守岁月，胡丽娜感慨颇多，因为留守过，所以她更懂得父母陪伴对孩子的重要性。在留守期间，胡丽娜并没有受到来自村里或者社会的物质或精神方面的关爱，她也知道现在社会上虽然有很多关爱留守儿童的活动，但那些往往局限于物质层面，留守儿童真正需要的是父母实实在在的陪伴，解铃还须系铃人，如何更好地解决留守儿童问题，需要家庭、社会多方面的努力，任重而道远。

在中国广袤的大地上，像胡丽娜这样的留守孩子还有很多很多，每年都有数以万计的父母为了生计而离开孩子前往他乡务工，在一个个留守家庭的背后，往往藏着太多不为人知的辛酸与苦累，但不管外出多远务工，家永远是外出务工游子不变的港湾，对外出务工的父母而言，最亮的永远不是他乡的霓虹灯，而是自家孩子盼归的眼神。

（三）羁旅乡愁：出走为了更好归来

个案札记

小邓是一位江西"95 后"小伙，自小便成为留守儿童，初中之后前往县中开始了寄宿生活。他开朗健谈，对于自己的"留守儿童"这一身份毫不避讳，也极力想撇清留守与"不光彩""悲惨""凄苦"等刻板印象的联系。在留守时段中，爷爷奶奶希望小邓能安心学习，所以一手包下了家里大大小小的事务，而小邓也不失所望，成为班上的佼佼者。对小邓而言，最大的挑战出现在初中考入县中后的寄宿生活，渐渐意识到自己的家庭条件不如人，每每家长会时只能黯然向老师请假。小邓是极为坚强和自立的，不愿意麻烦父母和爷爷奶奶，硬是憋了一口气将自己培养成了别人家的小孩。对于家乡中人和事的牵挂，让他坚定了学成回家的决心，他希望能为家乡创造价值，也不希望孩

第五章　乡村琐事——美好与问题共存

子重走自己的留守人生路。

过往故事①

小邓是江西人，今年在西安上大三。我通过朋友联系到他时，他很痛快地答应了访谈的请求。我们的第一次会面定在他的宿舍，小小的空间收拾得十分整洁，被子规规矩矩地叠成了豆腐块，窗户上还留着刚刚擦拭过的水渍。小邓个子中等，长得黝黑结实，说话的声音洪亮坚定。没怎么寒暄，我们就直接进入了主题，开始了这次访谈。

在小邓的印象中，父母自他小的时候就在外打工了，之后又渐渐做起了小生意，除了在他五岁时母亲短暂地在家待过一年，其余时间小邓都是和爷爷奶奶住在一起。爷爷奶奶主动承包了家中的全部事务，小邓只需要安心学习，偶尔帮把手。在他们村里，只有老年人留村种田，而青壮年则往往出门打工，"否则会被别人看不起，觉得你这个人是不是有什么问题啊！有力气不出去赚钱"，小邓很严肃地补充道。村里的孩子基本都是留守儿童，大家平时聚在一起玩，家庭情况相似，所以也不存在什么嘲笑，孩子间的友谊十分单纯。小邓很难想起童年时期有什么让自己不愉快的事情。

而初中之后，情况有了一些改变。小邓去了县里的学校读书，开始了他的住校生涯。小邓的学业表现一直不错，但是家长会对他而言是太过奢侈的东西——小邓的父母从来不会出现，即使爷爷奶奶有心，小邓也不想他们特地从村里坐汽车赶到县里，一是考虑到路途遥远、二老坐车劳累，二是希望能尽量节省点车费。所以作为惯例，家长会往往是小邓和班主任说一声就不去了。

"但是其实有时候也会想自己的家庭条件不如别人什么的"，小邓故作坦然地承认，但急急地补上一句："也只是偶尔会这么想，不是经常想，过去了就忘了。"小邓每年暑假回家会和爷爷奶奶一起下地干农活；

---

① 出于访谈客观性与研究需要，本书有几个案例特采用访谈人或受访者的第一人称视角，以便读者能更清晰地体会曾留守者当下的心理状态。后文不再赘述。

晚上闲下来就写作业，复习功课。

父母基本只有过年的时候回来。当被问到会不会因此特别期待过年，小邓笑笑说倒也没有。又追问了一遍，他偏了偏头，不好意思地说可能小时候会有点想吧，但现在是一点都没有感觉了。"父母能回来当然最好，实在回不来也没什么。"小邓还提起自己在准备中考和高考的时候，在外地打工的妈妈特地打电话关心他，说准备回来照顾他一年，毕竟是比较关键的时期，小邓拒绝了好几次，叫她"不要麻烦了"。"不然家里为了我又耽误了生意，我自己压力也比较大"，小邓这样解释。

至于政府或者社会的帮助，小邓表示自己在村小读书时没有听过资助的事宜，初中好像有，但是自己没有去申请。"感觉没到那个程度。"小邓觉得这类补助是给那些揭不开锅的家庭的，自己家相对好一点。小邓认为社会上能对特殊家庭予以关注和照顾是件很好的事情，"但是要把握度，你也不能太多地干涉他们的生活"。小邓担心过度补助可能会对这些家庭产生逆反的作用，或是心理负担，或是过度依赖，"毕竟这是别人自己的生活嘛"。

随着时间的推移，再过几年小邓也将结婚生子，也会面临诸多挑战，尤其在孩童养育方面。小邓乐观地认为自己能比当时的父母为小孩提供更好的生活条件，毕竟有了大学文凭，以后找工作的工资也会相对高一点。但是如果真的面对当时父辈那般的情境，他表示自己应该也会把孩子放在老家，让父母帮忙照料。"不可能说刚刚二十多岁就留在家里种田，这样一年到头挣不了几个钱，别说养两个孩子，养一个孩子估计也比较困难，而且还要盖新房子什么的。就算去邻近的县城打工，那里的工资水平也普遍不高，想要家里光景过好一点那是很辛苦的"，说到了这里，小邓有点激动了起来，语速也明显地加快了："如果说把孩子带出去那也是不太现实的，毕竟你自己是出去打工的，条件也不好，都是租那种小房子住的。如果带出去，那教育问题呢？这样转来转去地把事情搞复杂了。要是留在家里，爷爷奶奶也会帮忙，会方便很多。"

小邓对于未来并没有很明确的目标，他唯一能确定的，就是自己对于大城市自小便没有太多向往，因此毕业后是一定要回老家工作的，这样也更好帮衬家人。"大城市生活节奏太快,我过不来那样的生活……况且,落叶归根嘛。"在访谈的最后,小邓敲着自己的椅子,带着点轻快的语气说道。或许在小邓心里,人生的意义不在于你从哪里来,而在于你要到哪里去。

(四)阡陌交错:祖辈陪伴终有一别

❤ 个案札记

本文主人公小婷,1996 年生,女,广东省茂名市怀乡镇人,访谈时就读于深圳大学英语师范专业。她家中一共三个小孩,小婷排行第二,哥哥比她大五岁,妹妹比她小三岁。小婷刚出生时,由于父亲外出打工,哥哥年龄尚小,母亲无暇照料二人,便把她送到外婆家生活,自己则将哥哥带在身边;三年后妹妹出生,也由母亲亲自照顾。所幸父母家与外婆家隔得并不远,所以母亲也常来探望小婷。父亲一直在广州一家衣服印染厂做调浆师傅,母亲在哥哥四年级(达到寄宿年龄)之后也跟随父亲去广州成了一名毛织厂女工。中途,外婆外公相继过世,母亲在那两年回乡照顾孩子,但后来又继续外出广州打工了。父母在成长中的缺席最初并未给小婷带来太多触动,因为外公外婆的悉心照顾培养了她乐观开朗的性格,而与母亲的良好沟通也不会让她产生被抛弃的感受;但随着祖辈相继离世,不安感与孤独感涌上心头,给小婷的身心带来了巨大的阴影,自此便落下了轻睡的习惯。留守经历的消极影响或许可以通过留守者与双亲及主要照料者之间的亲密互动而降至最小;但祖孙之间因年龄鸿沟而注定不能长久的陪伴,终将成为留守儿童心里一道难以抚平的伤疤。

✎ 过往故事

小婷刚断奶便被母亲送去外婆家生活。外婆家很热闹,除了外公外婆还有舅舅、舅妈和很多表哥、表姐。作为外婆家最小的孩子,小婷得到了所有人的照顾和偏袒。外公外婆是地地道道的农民,淳朴、老实、不善言辞,但对小婷的照顾无微不至。在小婷的记忆里,外公大多数时

间都是在田间地头默默耕耘，闲了便在家里自学毛笔书法。外公虽只读到了小学，但对小婷的教育从不落下，一旦小婷在学习上犯懒，外公便会怒目呵斥、毫不心软。外婆则教会了小婷不少生活技能，比如做出美味的鱼香茄子、炒鸡蛋。每次小婷放学回家，外婆总会放下手上的事情，帮她把书包卸下，并给予一个温暖厚实的拥抱。对于小婷而言，外公外婆才像是自己的爸爸妈妈。

可好景不长，在小婷四年级的时候，外婆因胃癌去世，外公也在一年后因癌症过世。两位至亲的离世对小婷而言无疑是巨大的打击，整段日子都是浑浑噩噩，从最初的震惊与抵触，到后来的恐惧与担忧，继而是很长一段时间的悲伤与孤独。外婆刚刚去世那段时间，原本是外婆带着她与妹妹一起睡的房间，现在只有孤零零的两个人。小婷本就怕黑，而听不到外婆轻呼噜声的夜晚更显可怖。自那时起，小婷睡觉一定要开着夜灯，并且一直很轻睡，夜间一有什么风吹草动便容易醒。也是从那时起，小婷才有强烈的想法希望父母能在家陪伴，这样才能有些安全感。

这两年间，母亲从广州回到了家乡，在县城找了一份工作，虽然收入不高，但依旧是三班两倒，每周只能回家见他们兄妹一次。再后来，小婷升入了初中开始寄宿生活，母亲又回到广州打工。在学校里，小婷结交了许多朋友，一起学习、一起玩耍，然而每当看到同学们与家人亲密无间的画面时，小婷总会想起外婆那慈祥的笑容，想起外婆用那双布满皱纹的手轻轻抚摸着自己头发时的触感。有时候食堂的饭菜太难吃，小婷也会幻想着外婆能突然出现在自己面前，端上可口的家常菜，时常想着想着便又泪眼婆娑。

"外公外婆是我童年的守护神。"回想起在外公外婆身边长大的日子，小婷基本只记得些温暖的回忆，比如外公那双粗糙而有力的大手，外婆讲些乡间趣闻时温柔的唇，哥哥姐姐们逗她玩耍时发出的咯吱咯吱的笑声……唯一让她记忆至今的不开心往事，就是父母从来没有一次出席过家长会。小婷从小学习成绩优异，在班上还担任班长，她多希望父母也能亲眼看到这一幕，但总是事与愿违。过去外公外婆还在的时候，小婷会找他们哭诉；而当他们过世后，小婷再无其他人可以诉说。小婷希望自己以后能做一个很好的母亲，尽自己所能陪伴孩子的成长，但她也十分理解父母当年的决定，背井离乡的人一定有自己的苦衷，没有人想要离开自己的孩子。

每当夜幕降临，小婷总会仰望天空，幻想着外公外婆化作了夜空中的星星。在夜晚的寂静中，她希望自己的心声如同缥缈的歌声，穿越光年寻找着外公外婆的回应。

（五）肆意生长：以痛吻我报之高歌

♥ 个案札记

小丞，男，1995年出生于广西一个不知名的小村庄，访谈时就读于浙江大学，家中还有一个妹妹。小丞从三年级就开始了他长达十年的留守生活。虽然偶尔会因父母不在身边而孤单难过，但与伙伴们嬉闹谈心、在大自然中奔跑雀跃、在书籍杂志中汲取能量带给了他莫大的安慰。从村里走来，小丞凭借优异的成绩考入市里最好的初中，继而是最好的高中，再后来进入浙大学习深造。在小丞看来，十年留守经历对他的家庭关系影响很大，对他的生活、学业、社交等方面的影响反而是微乎其微。随着年龄增长，小丞能明显感受到父亲对自己的愧疚和走近自己的渴望，但他们之间已经因为长久的陌生和性格学识上的差异产生了难以弥合的鸿沟；相比之下，小丞与母亲更亲近，但更多的是血浓于水带来的亲密而非心意相通。小丞凭借自己的努力，一步步踏出村庄和小镇，看到了更广阔的天地。经历了痛苦、挣扎与失望的少年，终于与父母、自己和世界和解。

✐ 过往故事

孩子就像是一颗父母播下的种子，生根发芽，在家庭和学校的管教下沿着既定的方向弯弯曲曲地生长，开花结果。而留守儿童就像是肆意生长又得不到修剪的树苗，可能成为荆棘，也可能成为栋梁。

小丞的父亲起初是一名长途客运司机，由于从小不喜欢读书，于是

童年追忆
——留守生活的回溯与分析

早早地选择了外出打工。和许多父母一样，在给孩子取名字时都带有自己的殷切希望，但由于父亲小学都没有毕业，文化水平不高，所以给自己的孩子取名小丞，希望自己的孩子以后能成为丞相之才。而初中毕业的母亲，家风非常好，做事严谨认真，井井有条，为人处世十分周全，对小丞的影响极大。她教会了小丞分善恶、明是非。要是小丞成绩好了，母亲会在表扬的同时提醒小丞戒骄戒躁；要是小丞成绩差了，母亲不会批评，只是提醒小丞思考自己哪里做得不好，下次改进。母亲教给小丞"见贤思齐，见不齐而内自省"的道理在日后成为小丞的人生准则。因为有母亲正确的教导，小丞早早地树立起了独立判断的精神和勇气。

由于家里经济体条件差，迫于生计，在小丞上三年级时，父母选择了外出务工，考虑到外出务工流动性大，担心给孩子读书造成负面的影响，加上爷爷奶奶坚持要将小丞留在家里，于是父母便将小丞留在了老家，前往广东打工。每年寒假，父母都会回家过年，而暑假时，小丞和妹妹都会像候鸟一样去找他们。一年只有3个月见面，因为网络还不普及，长途话费也非常高昂，小丞一般一个月才能和父母通上一次电话。每次打电话时都是先跟父亲聊天，无外乎期末考了多少分，最近多少斤重了，钱够不够花，学习紧不紧张之类的。和母亲聊天时，除了重复一次上述过程之外，母亲还会给他们讲道理，讲她身边发生的事情。随着年龄增长，小丞能体会到父亲有很多话想说，也能感受到父亲的渴望，渴望了解自己的生活，但是父子之间的鸿沟已经开始渐渐显现。因为缺席了自己的童年、少年、青年，再加上父子俩性格迥异，小丞和父亲慢慢地没有了共同语言，一种说不清道不明的陌生感和距离感也在逐渐加强。相比之下他同母亲会更亲近一些，但共同话题也无可避免地越来越少。从初中、高中到大学，小丞经历了越来越多父母从未经历也无法想象的事情，也看到了越来越大的世界。小丞知道，父母是碍于家庭的压力和历史的原因，而不能去探索和体验外面的世界。因此小丞非常体谅和感恩自己的父母，即使有时候言语不多，但他们依旧能感受到彼此的爱与温暖。

小丞的爷爷曾经是纸厂的技工，靠工资支撑起了家庭，建起了房子。但国企改革潮后,纸厂倒闭,他也旋即失业,在家务农。或许是由于失业的原因,爷爷严肃少言,性情有点暴躁。奶奶没什么文化,但是慈爱宽厚,小丞和奶奶自然也更为亲近一些。爷爷奶奶不怎么管小丞,平日里忙于农活,侍弄田里或者山上的果树,天天早出晚归,但在生活上并没有亏待小丞。爷爷奶奶思想比较保守,在小丞上大学之前都极力反对小丞和异性交往,哪怕是正常的交往。让小丞印象最深的一件事是小丞五六年级的伙伴里面有两三个女生,后来上了不同的初中,初一的时候小丞还会与她们偶尔通过书信交流学校的近况,但奶奶却偷偷地将小丞藏在铁盒子里的书信全部丢掉,而且是在丢掉很久之后才告诉小丞,尽管小丞解释道只是正常交往,也没有聊过分话题,但奶奶却依旧极力反对。这件事后,不被理解带来的失望笼罩着小丞,此后相当长的一段时间里,小丞都拒绝与爷爷奶奶沟通。好在小丞有一群可以推心置腹的好朋友,他们可以彼此互相开玩笑,互相吐槽,遇到困难他们也会相互帮忙排解,幸运的是小丞的这些朋友都是"三好学生",他们都没有恶习。虽然成绩有高有低,但都有着一颗善良的开朗的心,没有误入歧途,他们一起默默地努力着,向着太阳的方向肆意生长。

在学习上,小丞非常自觉和自立,求学道路上的很多重大决策,也都是他自己独自做出的,比如读哪所初中、哪所高中、哪所大学、什么专业。没上过幼儿园的他,在镇小学念了六年之后,以全镇第六名的成绩考入市里最好的初中,然后中考又以全市第一名的成绩考入市里最好的高中,继而高考考入浙江大学,本科毕业后在浙江大学继续攻读研究生。良好成绩给小丞带来了对自我价值和能力的肯定,而这种自信又进一步提高了他学习的兴趣,形成了良好的正向循环,对小丞的成长起到了重要的作用。

在漫长的留守生活中,学习占据了小丞绝大部分时间。初中高中是寄宿制,只能一个月回一趟家。在日常交往中,小丞的性格宜动宜静,也比较细微敏感,知道怎么和他人搞好关系,在学校和老师、同学的关系都比较好。在学习上,因为家里也没有条件请辅导老师,一切都是靠自己学习。好在学校都是以课本知识为主,不搞竞赛什么的,所以只要把课本看懂，再辅以老师推荐的教辅资料，就可以取得不错的成绩。课余时间，小丞会和同学打打球，如乒乓球、羽毛球、足球、排球等。除了运动，小丞就是看各种课外书，如《读者》和《意林》。也有些同学会偷偷去网吧上网，但小丞从来没去过，因为他不会也不想玩那种网络游戏，觉得浪费时间。这种想法让小丞在自制力不强的青少年时代远离了网络游戏的诱惑。

在感情生活上，小丞有一个和自己念同样的小学、初中和高中的女朋友，两人都是留守儿童，在高中毕业后，女朋友去了上海交大念医学，现在继续读研，两人的感情生活稳定和谐，三观相同，是恋人也是知己。虽然缺少父母的陪伴，但在与朋友、恋人相处的过程中，小丞获得了情感上的寄托，感受到及时的温暖与关爱，在家庭关爱缺位的留守经历中，对小丞价值观、人生观、世界观的良好形成起到了不可忽视的作用。

留守的日子对小丞而言终究是孤独的，虽然白天在学校或外面可以玩得很开心，但是晚上回到家，一种落寞和冷清之感就将小丞团团包围。而小丞在留守期间遇到的方方面面的困难，不管是生活上、学习上，还是情感上，其实大部分都是由经济条件造成的。父母因为穷而外出务工，小丞所在地的学校、村邻和政府也不会因为他是留守儿童而对小丞多加关注，亲戚们也不会对小丞特地关心，因为大家的经济状况都不是很好。

留守生活对小丞生活、学业、社交等方面的影响微乎其微，但是苦难的日子在给小丞带来了自立自强品格的同时，也造成了他与家人的隔阂。最大的影响就是小丞不愿意对家人们敞开心扉，很多事情宁可与朋友商量也不会跟父母亲说。除了距离感，偶尔还有反感。因为爷爷和父亲都比较爱和人攀比，明明没钱还要装大方，小丞的成绩也成了他们逢人吹嘘的资本，这种行为让小丞很是反感，导致小丞现在取得成绩之后，都不会跟父亲他们分享。后来流行起了微信，但小丞每次发朋友圈的时候都会考虑是否屏蔽家人。

在漫长的留守岁月中，朋友、书籍、运动，还有相依为命的妹妹，给予了小丞勇往直前的动力。正如泰戈尔所言，世界以痛吻我，我要回报以歌。十年的留守经历是一段无法改变但依然值得感恩的过去，小丞怀揣着乐观与良善，永远不放弃对美好生活的追求和努力。那个曾经痛苦的少年，一路披荆斩棘、肆意生长，终将和父母、和自己、和这个世界彻底和解。

二　挥之难去的伤痕记忆

（一）被抛弃：辗转反侧的迷

❤ 个案札记

小云，1997年生，女，广东省茂名信宜市水口镇人，家中还有一个大她5岁的哥哥，访谈时就读于中山大学工科类专业。小云的留守经历分为两阶段：在小学以前，父亲外出务工，母亲留在家乡照顾兄妹两人；开始上小学后，父母双双外出。小学阶段的小云由爷爷奶奶在乡下带大，爷爷奶奶对她监管较少，但小云"争强好胜"的性格使她在学业上获得了不错的成绩，也避免了受欺负。中学阶段小云考取了市区最好的学校，转而借住在舅舅家，舅舅舅妈间频繁的争吵让小云开始庆幸自己至少有一对关系和谐的父母。在留守儿童的心理健康问题上，小云的感受是具有代表性的：由于父母离开时没有做好充分的沟通，小云感到自己被忽视和遗弃，而家中重男轻女的思想更加重了其被抛弃感，这种青少年时期遭遇的情感上的伤害对她造成难以磨灭的伤疤。

✎ 过往故事

"留守儿童"和"重男轻女"这两个标签，对于女生而言，无论是被贴上哪一个，都是一件不幸的事情，而身处孩提时代的小云，就被迫接受了这不公的命运。

在上小学以前，由于父亲外出务工，小云便和母亲一起生活，虽然缺少父亲的陪伴，但母爱的滋润使得小云未曾有过被忽视的感觉。好景不长，在小云刚上小学时，母亲毫无征兆地选择了外出务工，没有提前做好小云的安抚工作，便将小云丢给了爷爷奶奶，这让年纪尚幼的小云

童年追忆
——留守生活的回溯与分析

无法接受。更让她难以释怀的是，为什么哥哥可以跟着父母外出生活，而自己却只能和爷爷奶奶待在一起？随着年纪的增长，小云才明白那是重男轻女，特别是父母攒钱给哥哥在县城里买了房子，而自己却只能从父母那里得到很少的物质支持。父母的这些行为给小云心理上造成了难以磨灭的伤疤，随着时间的推移，虽有淡化，但始终难以消除。虽然父母均在省内的其他城市工作，但对于孩子而言，没有了父母的陪伴，哪怕是一水之隔，在他们看来也堪比银河。在母亲坐上大巴前往外地务工的那天，小云将自己锁在了房间，不肯出来，谁也不知道那天小云一个人在房间里哭了多久，只知道长大后的小云每次回忆起那天的场景，眼中总是含着泪水。

在被迫接受了父母双双外出务工的残酷现实后，小云开始了漫长的留守生活。由于父母不在身边，加上爷爷奶奶也不怎么管教小云，小云从痛苦的留守生活中尝到了"自由"的快乐，但这种快乐总是会被突如其来的"比较"击碎一地。比如在生活上，下雨天时，别的小朋友是母亲前来送伞或者送饭，而小云只能等到爷爷来送伞或者送饭；别的小女孩都可以留着长长的头发，母亲给她们扎着特别好看的辫子，而很爱美又想扎辫子的小云却只能留短发，因为奶奶不会扎，自己当时也不会，这让小云产生了强烈的自卑感，但同时也激发了小云强烈的好胜心，终于在她八岁时，她通过自己的努力学会了扎辫子，望着自己梦寐以求的小辫子，小云暗下决心：别人有的，我自己也可以通过努力获得。但在"比较"中也有让小云感到开心的事情，那就是每次母亲回来会给小云带很多稀奇的小玩意儿以及各种童话书，这时小云会感觉无比骄傲，在别的小朋友面前也特有面子。在学习上最让小云感到难受的就是每次开家长会的时候，虽然小云通过努力学习取得了好成绩，得到了老师的夸奖，但每次都是爷爷去给她开家长会，她总觉得缺点什么。

小学时，因为在农村小学就读，学校离家不远，因此小云没有寄宿，爷爷奶奶仅在生活上给予其基本照料，对其他事务一概不过问。因此，小云在小学四年级前成绩一直不佳，经常未完成作业，甚至被老师留下补作业才能回家。幸运的是，很快这种局面就发生了转变，五年级时，班里转来了两个来自深圳等地的兄弟学生，他们成绩优异，常位列班级前两名。这刺激到了小云，于是小云开始重新努力学习，与他们争夺第一名。由于小云的数学较好，觉得老师布置的作业太简单了，于是经常在课后让老师单独给自己出难题来提升自己的数学水平。尽管爷爷奶奶的监管较为宽松，但小云的性格争强好胜，这使得她能够努力学习。可以认为同辈压力超过了家庭监管，在学习上的同辈压力甚至可以弥补一部分家长监管的缺失。然而，不可否认的是，小云的性格才是最重要的因素，同辈压力只是一个"引子"，这点在小云小时候扎辫子事情上就可见一斑。另外，小云不服输的性格也体现在其他方面，比如她会和男孩子打架，所以在校期间基本上没有人敢欺负她，其实这种强势的性格也是小云自我保护的一种方式和手段。

小学毕业后，小云考入了当地最好的初中。由于学校不提供寄宿，她被寄住在市区的舅舅家，与一个同年级表姐共住一间房。这段日子对小云而言很难熬，她感到自己像是寄人篱下，不能随心所欲，还要看舅舅、舅妈的脸色。尽管舅舅一家对她像亲生女儿一样好，但舅舅与舅妈时常发生争执，表姐的性格或许也因为原生家庭的缘故而十分暴躁。但这种在亲戚家寄居的生活，有时也会让小云觉得自己其实已经很幸运了，因为自己的父母关系和谐，几乎没红过脸。但缺少父母的陪伴终究是一件憾事，母亲长期不在身边，导致小云对母爱十分渴望，同时也产生了一些矛盾心理，对母亲既想亲近又有一些怨恨，而父亲长期缺席则使得父女的关系疏离，小云对父亲其人以及父亲角色本身均感到陌生，两个人独处更是觉得尴尬难耐，无话可说，而父亲除了偶尔过问一下小云的学习成绩外，对其他事情并不过问。

在顺利考入大学后，小云慢慢地从童年留守的痛苦中走了出来，也拥有了一段双方父母都知晓且赞同的恋爱关系，虽然知道留守儿童的不易，但是考虑到和男友未来的发展、工作的艰辛以及子女教育问题，她以后还是有可能会将自己的孩子留在老家生活一段时间。小云认为，对于社会而言，如果要进一步缓解留守儿童问题，那么加快推进农民工子弟就地入学政策的落地就显得尤为重要。

与同村其他的孩子相比，留守的苦难并没有压垮小云，相比于那些早早就步入社会或者成家的小学同学而言，能步入高等学府的小云在一定程度上已经战胜了命运的不公，但未来的道路未知且遥远，当小云走到父母当年的十字路口时，她又会做出怎样的决定呢？这一切的一切都不得而知。

（二）被退学：拳头难抵生活苦

个案札记

本文主人公鲁冲，男，汉族，高中辍学；父母文化程度均为初中，访谈时在他上海务工。鲁冲自 6 岁开始便被托付给爷爷照顾。为了方便鲁冲上学，爷爷靠着自己收废品的微薄收入在郊区租了一个小屋，每天骑着三轮车接送鲁冲上下学。爷爷是文盲，没法监督指导鲁冲学习，鲁冲的学业自四年级便开始慢慢落下了。因为父母缺席和家庭经济困难，鲁冲在学校总是受人欺辱，他通常选择默默忍受，但偶尔也会和同学因此扭打在一起。由于青少年记忆中只有爷爷的陪伴，鲁冲只认爷爷是自己唯一的亲人。鲁冲 15 岁那年，爷爷过世，鲁冲在学校的表现越来越差，频繁逃课，直到高中正式辍学。鲁冲因家庭变故和同学歧视而感到无助和孤独，渴望关爱和支持却常被忽视。长此以往，他的心理负担加重，情绪不稳定，厌学、孤僻沉默、拒绝交流，伴随着的是身体健康状况恶化，长期营养不良导致肠胃功能受损，胃痛、食欲不振。

过往故事

鲁冲的家庭经济状况一直很不乐观。母亲不满家乡的落后，想去大城市打拼赚钱，而父亲害怕母亲出走后就再也不回来，于是也一同去上海打工。就这样，鲁冲在 6 岁时被托付给了在村里居住的爷爷。

爷爷之前一直住在农村，为了方便鲁冲上学，用收废纸盒赚的钱在郊区租了一个 50 平方米的小屋子。小屋子除了一个灶台、一张嘎吱嘎吱响的铁板床、一张缺了个脚的木桌以外，几乎没有其他家具，窗户破损，被旧日历填塞着。从鲁冲 6 岁上小学起，爷爷每天都骑着三轮车去

第五章　乡村琐事——美好与问题共存

接送他。

父母，在鲁冲幼时的记忆中，似乎只是一个遥远的、不太被提及的词汇，和模模糊糊的一双人影。他们只有过年时才回家。而每当临近过年父母回家时，鲁冲已经快忘记他们的模样了，只记得有一年母亲从外地给他带回来了一辆炫酷的玩具汽车时，他才非常开心地叫了一声妈妈。然而，在10岁那年，他在学校里因为和另一位同学打架斗殴，被班主任叫了家长。当爷爷过来时，他感到非常委屈，因为他这才深刻意识到自己和别的孩子的最大区别在于他没有父母在身边。所以从那时起，每当父母打电话来，他都厌烦地告诉爷爷他不想和他们说话，哭闹着说他不认识他们。

12岁时，鲁冲已经习惯了父母每年过年回来一次和平时偶尔的电话问候。随着年龄渐长，学业负担和难度日益增加，鲁冲对学习彻底失去兴趣，成绩一直在班上吊车尾，这也使得爷爷经常被老师电话问候。学校和老师了解到了他的家庭状况后，多次找他谈心，并偶尔去他家拜访了解近期的生活状况。学校也重视留守儿童的学习和生活状况，召开了一次关于《留守儿童的守护方针》的会议，并筹集捐款资金以缓解留守儿童在读书和生活方面可能存在的经济困难。

初中是九年制义务教育期间最为重要的几年，也是鲁冲人生的一个重要分水岭。由于父母常年缺席，他的性格变得非常内向早熟，同时也十分偏激。爷爷此时因为年纪大了只能在家中做些家务，收废纸盒的事情便落到了鲁冲的身上。亲戚偶尔会来看望他们爷孙俩，送些好吃的。当爷爷身体不适时，鲁冲会去舅舅和大伯家吃饭。父母也会偶尔给爷爷打钱。或许是因为营养不良，当其他男生都开始先后进入猛长期时，鲁冲还像是根弱不禁风的竹竿。班主任为了照顾他，将他安排在了教室偏前的位置。

鲁冲的班主任是一位十分体贴入微的女教师，年纪四十出头。她总是能关注到每一个学生的需求，无论是学习上的困难还是生活上的烦恼，她都会耐心地倾听并给予帮助。鲁冲有时候会幻想，如果自己能拥有这样一位母亲，那该有多好啊！尽管鲁冲的学习成绩并不理想，但他

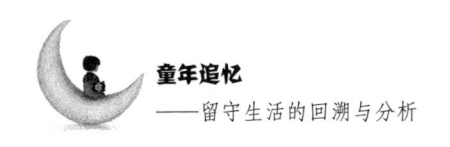

从不主动惹是生非。在班级里，他总是安安静静地一个人待着，不与同学们争执，也不参与那些无聊的打闹。课后作业他也会按时完成，虽然质量上可能没有保证。但班主任对鲁冲很是放心，偶尔会叮嘱他，希望他能更加活泼，融入班级活动中。

然而，就在初二下学期，一件令人震惊的事情发生了。因为一位同学对鲁冲说了一句："你怎么没有和你爸妈去上海啊！上海不是大城市嘛？你妈为什么不把你接过去到上海念书啊！"这句话激起了鲁冲出离的愤怒，他毫不犹豫地拿起手中的书直接向那个同学头上砸去。那位同学立即还击，两人开始扭打在一起。班主任得知此事后并没有责怪鲁冲，而是希望能和他好好聊一聊，了解他内心的痛苦和困惑。然而，鲁冲只是瞪着双眼，一句话也不说。其实在这件事之前和之后，鲁冲都因为家庭情况被几位同学歧视，导致互相殴打成伤。这些事情并未闹到老师那里，鲁冲也不希望老师或其他人知道。鲁冲清楚，自己的家庭条件和父母的工作状况根本不允许自己去上海和父母团圆，但要强的他不愿意向外人暴露自己的困境。面对同学们的嘲笑和指责，鲁冲选择了沉默和忍耐。然而，这次的冲突让他感到更加沮丧和无助，他觉得老师作为外人是帮不上忙的。

鲁冲15岁那年，爷爷的因病去世给了他致命一击。他当时正在上初三，正处于学业的关键时期，但是爷爷的去世让他无法集中精力学习，他迫不及待地想要回到农村去种田养猪，不想继续待在学校里。就这样，鲁冲失去了唯一的代理监护人，他的亲戚们也不愿意留他在自己家寄养。这让鲁冲陷入了一种无依无靠的境地。当鲁冲的父母接到班主任打来的电话时，他们才意识到事情的严重性。原来，鲁冲在学校的表现越来越差，开始频繁逃课。班主任担心他的行为会对他未来的发展产生负面影响，所以决定通知他的父母。很遗憾，这次老师—父母—孩子的三方对谈并没有改变鲁冲的人生轨迹，他最终还是在高中入学第一年选择了辍学。

麻绳专挑细处断。对于鲁冲来说，家庭的变故和同学们的歧视让他感到无助和孤独。他渴望得到关爱和支持，却常常被忽视和排斥。这种心理负担逐渐加重，使他的情绪变得不稳定起来。他开始对学校失去兴趣，对学习产生厌恶之情。同时，他也变得孤僻和沉默寡言，不愿与他人交流。鲁冲的身体健康状况也逐渐恶化。由于长期营养不良，他的肠胃功能受到了严重影响，经常出现胃痛和食欲不振的症状，这些身体上的不适进一步加剧了他的负面情绪，形成了恶性循环。

（三）被抉择：只有女性的家

个案札记

本文主人公袁萱，女，1994年生，重庆市城口县修齐镇A村人，汉族。一家四口人，有一个小她三岁的妹妹。父母均是小学学历，父亲在20岁至40岁间常年外出务工，主要去往河北、山西等地从事采矿业工作，流动期间平均年收入1万元；母亲无外出工作经历，一直在家务农，打理家中事务；两人目前均在家从事农业生产劳动，家中主要收入来源为小型的玉米酿酒厂及养猪生产，年收入约2万元。袁萱小学至高中均在家乡所在地学习，在重庆某大专院校学习物联网专业，后专升本至重庆第二师范大学获得本科学历；毕业后先是担任了半年政府合同工，后在家乡所在镇上一小学担任任课教师。袁萱在回顾留守日子时，提到了"被援助性"一词。由于年幼的她和妹妹没有劳动能力，母亲独自承担家庭生产，力量单薄，时常感到无助。村里对单独生活的母女有闲言碎语，影响家庭氛围。但她表示这些困难都可以克服：家中缺劳动力时会向亲戚邻居求助，学习困难时会向老师同学求助，生活困难尤其是经济困难时会找父母解决，其他方面的问题则会找信赖的亲人、朋友或有经验的人请教和帮助。

过往故事

群山环绕、交通闭塞，袁萱就出生在这样一个山区村庄。袁萱的单亲留守经历从6岁一直延续至15岁。在此之前，她的家庭没有稳定的收入来源，仅依靠农业种植维持生计。随着袁萱逐渐长大到上学的年纪，家庭支出不断增加。由于父母均无文化，无法在附近找到合适的工

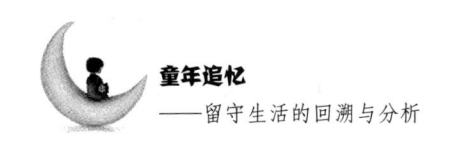

作来维持生计。因此，父亲只得外出务工，母亲则留在家中照顾两个孩子，并负责一些基本的农业生产和家庭事务。

山区道路曲折，尤其遇到极端天气，道路更是难行。袁萱在小学阶段每天光是往返学校就要耗费一个多钟头。但即使如此，袁萱还是会帮衬些家务，协助母亲进行农业生产活动，煮饭、养猪、放羊等。中学时期，她在镇上读书，寄宿在学校，周末回家也会帮助母亲做一些力所能及的家务。一直以来，母亲对于她的管教十分用心，会尊重孩子的意见和想法，对于小事常采用协商式开导，对于大的原则性错误则会辅以一些惩罚措施。

父亲一年会回家两次，分别是在农忙时节和春节，其余时间基本每周都会和家里通一次电话，了解彼此近期的状态，尤其是小孩的学习生活情况。

和母亲一起生活的日子总是充实又温馨的。儿时的袁萱长得特别矮小，老师便让她上了两年学前班，母亲总是坚持接送。那一年冬天清晨，下了特别大的雪，母亲怕袁萱因为鞋子被雨雪打湿而受凉，坚持要送袁萱上学。出门前母亲把袁萱裹得严严实实地背在背上。路途中，母亲脚下一滑，打了个趔趄差点摔倒。袁萱对母亲说要自己下去走，但母亲坚决不让，硬是背着袁萱到了教室。那一刻袁萱突然好想长大。

袁萱会趁着周末休息的时间和母亲一起下地干活，虽然袁萱干的活很少，但总喜欢在地里陪着母亲聊天。母亲文化水平低，在袁萱的学习上几乎帮不上什么忙，但是在学习上该花的钱她一分钱都不省。每天放学袁萱就自己一个人在家写作业，偶尔会去邻居家找小朋友一起写作业。袁萱记得那时晚上总是停电，所以放学后她就得趁着有电那一会儿抓紧把作业写完，等到吃晚饭时家里就停电了，需要续上蜡烛，袁萱通常在晚饭后玩半个小时再和母亲睡觉。现在想想那时的时光真是简单而美好。

留守期间，袁萱并未收到过多来自外界的关心与帮助。对于袁萱的家庭情况，学校并没有做过特别的了解与关照，一方面是边远乡村学校内教师少，所负责的学生较多，对于学生的家庭情况不会过多关照；另一方面，袁萱从小学习成绩优秀，乖巧懂事，各方面表现良好，不用老师和家长操心。而政府和社会以及村集体对于此类单亲监护的留守儿童更不会太多关注。相对来说，袁萱在 9 年的留守时间里，更多的是受到了邻居和亲戚的照顾。由于家中只有妇女和两个女儿，对于一些体力劳动，亲戚和邻里都会主动帮忙。有时，当母亲临时有事无法在家时，亲戚也会帮忙照看她和妹妹。

袁萱性格外向、待人真诚，在学校里有许多好伙伴，与同学、老师也保持着良好的关系。袁萱从未觉得自己与其他未留守的同学有什么不同，更没有因此而受到差别对待，或者学校老师的特别关注和指导。在那时，老师和父母基本上没有互动，所以学习情况只有靠自己和父母多交流。袁萱与同伴们的聊天多为该年龄阶段最为平常的话题，包括学习、梦想、兴趣爱好。在老师的耐心教导、同学们的帮助和自己平时的努力下，袁萱的学业表现一直名列前茅。当时村里像袁萱这样的孩子有很多，政府和社会没有提供帮助，可能是由于留守儿童保障制度还没有健全。

留守经历并没有对当时的袁萱造成太多困扰。她从小就知道父亲离家外出工作是无奈之举，是出于对整个家庭的担当，而且父亲也会定期与自己交流、谈心，因此对于童年期间父亲陪伴的缺失她并没有表现出不适应、不愉快。在家中，母亲性格温和体贴，为人处世能够顾及到孩子的感受，对她的教育方式也比较开明，而妹妹与自己年龄差距较小，彼此十分亲昵，相互照顾，亦亲人亦朋友。在学校，有很多朋友的陪伴与关心，因此她也并没有觉得自己因为留守而缺少关爱，或者有无助、孤独之感，相对来说还是拥有一个充实、温馨的童年。

总的来说，留守经历对于袁萱的主要影响还是体现在其人格和性格的养成上。母亲注重细节，在她的影响之下袁萱也会对身边的小事考虑周到，尤其是一些生活琐事。然而，缺乏父亲的陪伴和引导，她在看待问题时对宏观大局的把握有所欠缺，对于重要决策缺乏主见。例如，在即将升入新学段时，只有母亲的意见，没有父亲的引导，她在选择方面缺乏权衡。此外，留守有助于培养独立能力，但在社会环境中，男性家庭成员的缺失也容易让其他家庭成员产生不安全感。在这些影响中，生活方面的短期影响较易克服，而对待问题的方式和个人人生观则有可能影响终身。

她也表示，对于那时的社会状态和家庭条件，留守是无法避免的，因为不可能人人都在家乡带孩子，但对于大多数影响都是可以规避的，主要需要父母与孩子多沟通。现今社会科技发达，人们的联系方式也越来越便利，应该好好利用电话、视频等介质与孩子保持较为频繁的联系。另外，一定要在某一段时间带孩子一起去做一件事情，这样也能够大大增进父母与孩子间的亲密关系，对于孩子的性格养成、眼界开阔、经历丰富等方面都很有益处。

回顾过去，袁萱认为父亲外出务工是家庭为了生活所做出的不可避免的选择，她能够理解并承受这种牺牲。在当时的社会环境下，父亲的外出对整个家庭来说是必要的。她也认同，如果必须选择父母中的一方离开，让父亲外出工作、母亲留在家中照顾孩子是一个相对较好的决定。然而，如果有机会重来，她仍然不支持父亲外出，她希望从一开始就可以选择留在家中，陪伴孩子成长。在袁萱的留守经历中，父母都努力减少单亲监护对孩子的负面影响，让她健康快乐地成长。但她也希望在面临重要决策时，父母能够主动、果断地表达自己的想法，而不仅仅是迁就和尊重她的意愿。毕竟父母的人生经验和社会阅历比她丰富得多，看待问题也会更加全面具体。这样在她面临选择时，就不会感到太过迷茫和无助。

在被问及"如果经历了和父母一样的情形时，会选择让孩子留守吗？"这一问题时，袁萱低下头思考了一下，回答说自己也不会带孩子一起出去，因为自己在外面工作没有精力照顾孩子，万一出了事在外地也无依无靠，不见得对孩子好。相反留在家里的话，附近的邻居都很热心，可以相互照应，这样自己也比较放心。所以在这个方面，袁萱表示自己很佩服母亲，因为妈妈坚强地撑起了一个家，换成自己可能还不如母亲做得好。

袁萱对老家怀有深厚的感情，她认为一家人能够过上好日子是因为接受了家乡许多人的恩惠。因此，大学毕业后她选择直接留在家乡，虽然袁萱从小到大也遇到过一些情感上的挫折，但她始终坚信自己身边还是善良人居多，她十分感恩过去的童年经历并未给她带来太大创伤。在爱意中长大，她也习得了爱人的能力。

父亲的讲述

与袁萱对于留守经历的挫折感相比，她的父亲似乎有着更多的不得已与艰辛。首先，将孩子留在老家是生活所迫，家里没有经济来源，他必须外出务工挣钱。虽然也考虑到孩子的陪伴问题，但是也无可奈何，出门在外不可能把孩子带在身边，因为孩子的教育、安全问题更加无法得到保障；更不可能为了陪伴孩子而留在家中，因为仅靠务农所得收入无法支撑家庭经济。

在此权衡之下，袁萱的父亲外出务工，以提高家庭经济收入，妻子留在家中照顾孩子，以尽量多地给予孩子爱与教导，成为看起来最好的安排。袁萱的父亲在外出期间，当然也非常想念家人，担心孩子的生活学习，因此会每周至少一次给孩子打电话，关心孩子的生活、学习情况，尽量避免缺少陪伴的影响，让孩子感受到自己的父爱；同时他也会定期向老师询问袁萱在校期间的表现，清楚了解孩子的成长状态。尽管如此，对于让孩子留守在家，父亲还是存在一些歉疚感，自己给孩子的爱只能通过让她经济相对宽裕一些来表达，在生活、饮食上不会存在困难，但由于缺少陪伴，在性格、思想方面的教导必然有些无力。袁萱的父亲对于目前的状态也十分迷茫，因为他并没有太多可行的办法能够消除留守带给孩子的影响，只能说尽量照顾好她的生活，以开明、理智的方式管教孩子，让她的身体、心灵更加健康地成长。

袁萱的父亲在外打工期间，主要担心的还是孩子的安全问题，例如天气不好时，孩子上学的路上会有山石掉落，存在较大安全隐患；还有是孩子的学习和思想问题，担心孩子叛逆期会学习松懈，没有完整的指引，思想发育会不够健全。但总归还好，母亲在家时往往会以合理、开

明的教导方式，软硬兼施，教给孩子正确的价值观。

袁萱父亲记忆中最深刻的事，是初中时期孩子生病住院，只能由母亲去医院照看，年幼的妹妹则被留在家中由亲戚照顾，自己在外面特别牵挂家中，又无法给到实际的照顾。相比于袁萱，妹妹则更不让人省心。妹妹高二时就不想继续上学，那时还好自己在家，叫回女儿，和她敞开心扉交流，好言相劝，和她讲述了知识和学历对于社会生存的重要性，才及时劝住她退学。

总的来说，留守对于孩子的影响最主要的还是在人格方面，容易引起性格的内向；另一方面可能更多地会影响学习成绩，但相对来说学习方面老师的影响会更大一些；此外对于行为习惯方面，会有利于自律、独立，但是也容易拘谨、缺乏安全感。袁萱的父亲每次回到家时，总会找不到话题与孩子沟通，但一段时间的交流后又会恢复亲密关系。袁萱的父亲认为，如果让他重新选择一次，他应该也不会再外出，而是选择在家创业，因为没有什么比陪伴孩子更重要。

（四）被攀比：她与"穷怕了"

个案札记

本文的主人公波妞，安徽淮北人，1987年生，家中还有一个弟弟。爷爷奶奶均是文盲，父母学历为初中毕业，家庭经济来源过去主要依靠的是农作物收入，后来由于父母违反计划生育政策超生弟弟，家中田地被收回。由于经济实在困难，父母被迫辗转于江苏、浙江等地打工，而将波妞和弟弟留在家中由爷爷奶奶抚养。波妞的留守经历从13岁开始，到初中毕业外出打工而结束。波妞现在在杭州市余杭区工作，已婚，家庭情况仍然处于社会中下层水平。

波妞的成长环境很符合大众对于留守儿童的刻板印象：不仅仅在于经济的拮据，更在于情感的匮乏，包括对于爷爷奶奶感激之情的缺乏，同龄人之间友情的缺乏，跟父母之间亲情的缺乏。她很坦率地表示，自己平时并不盼望父母回来，只希望他们能够在过年的时候带好东西回家。这种心态可能与地域和家庭经济状况有着很大的关系：当地存在攀比和歧视的现象，在熟人社会中邻里之间不免会说到自己家儿子女儿在外面打工赚了多少，这对于孩子也是一种耳濡目染。波妞小小年纪就察觉到了人与人之间更多的是攀比炫耀而不是患难与共，在当时有钱的孩子才会获得同龄人的追捧。换言之，经济满足在一定程度上是爱和友情的代替品，用波妞的话说是"穷怕了"。

过往故事
（受访者自述视角）

父母外出的时候并没有和我沟通，就告诉我家里粮食不够吃，学费也负担不起了，爸爸妈妈出去挣钱去了——这在我们那里也是很普遍的现象，不过当时我对挣钱也没什么概念。他们还跟我说会给我买好吃的和新衣服，这个让我很开心，除此之外就没什么感觉了。

父母走后，爷爷奶奶管我。在我们家乡大男子主义现象普遍，爷爷不太管事，奶奶管得比较多，就是让我们吃饱穿暖，但是学习成绩上是不过问的。我和爷爷奶奶的关系很平淡，没有特别亲密的感觉，因为我们那儿留守儿童都是由爷爷奶奶管，而且爷爷奶奶同时要管好几个小孩，所以我对他们的感激之情也不太多，就感觉彼此之间是一种很普遍的义务关系。

小时候村里的玩伴还挺多的，我们会经常谈到爸爸妈妈，尤其是他们打工回来的时候，我们都会说自己的爸爸妈妈给自己带回了什么新的衣服、小零食或者学生用品，当时可能就有一种攀比的意思在里面，很想在同伴面前炫耀炫耀。爸爸妈妈一回来，我们就会立马翻他们的包，把和父母久违的亲热抛在一边，最希望看到的就是新衣服之类的，然后马上穿出去跟别人炫耀。

攀比以及由此带来的歧视在我们那里很严重，甚至有些小孩会从口袋里拿出现金，说我有钱，今天要不你们跟着我，我请客——很嚣张的样子。还有每次开学交学费的时候，他们会冲上去第一个交，显得自己很有钱。那些没有钱的小孩衣服上打着补丁，就会感觉自己好像低人一等，也有一些小孩会强装镇定说我有新衣服，或者我给我弟弟了，我自己不想要，来给自己加一点"面子"。

我们那里的老师大都是一些大学没毕业就被学校聘请过来的代课老师。这些老师大多有自己的"责任田"，我们一个班有40个人，面对这么多的学生，老师想的是把自己的课上完就好，巴不得回去看自己的"地"。我们要是不自学，老师也不会来管我们，但是也有一两次，老师会家访，告诉家长孩子平时的在校表现，但是爷爷奶奶又不能够做什么，很大程度上也都是听之任之。可以说，孩子和老师之间的交流要么为零，要么就是没有实质意义。

刚开始我还是很想学习的，可是我学不进去，我自己私底下努力看了课本，课后也去请教老师，但可能因为我比较调皮，老师好像很不耐烦，加上爷爷奶奶对我的教育不上心，久而久之，我就放弃了。当时的学习生活条件真的是差，学校里没人管，回到家我们肯定都不会做作业的，还不如去帮帮家里干农活。总之在我们所处的环境下，学习确实没什么用。爷爷奶奶、邻居都会跟我们说"你考上大学有什么用，又不包分配，还不如出去打工，你看村里谁谁一年赚多少，现在都开上车了。"而且对我这样的女孩更是如此，村里人会嚼舌根说女孩子读书干嘛，嫁出去不是亏了，所以"好学生"几乎是没有的。

在我们村，父母外出务工的小孩比比皆是，村里、学校根本照顾不来，而且我们也没有留守儿童这个概念，在这种情况下，最多就是亲戚邻居会偶尔问问，给点压岁钱。

我根本就没有为自己是留守儿童而感到过歧视，大家都一样，有什么好歧视的。我平时跟朋友们就是玩，反正就是不学习。其实，不管留守不留守，在我们这里大多数人都是初中毕业就出去打工的。所以我觉得留守不留守对学习都一样。如果非要说有影响，那就是我们很容易产生这种心理：爸妈不在身边只是空口叫我学习，我当然不听啊，反正你也不能监督我，爷爷奶奶那么忙也管不到我。比如去上学，我都是按时出门，但是很少去学校，老师不管，家长不知道，所以自己当时过得挺开心的。

第五章 乡村琐事——美好与问题共存

我现在的状态就是，没有什么理想，朋友也不太有，比较孤僻。我不愿意参加同学会，我都想不起来同学有谁，甚至连名字都记不起来。

父亲的讲述

现在家庭情况比以前好很多，我刚开始出去打工的时候，孩子刚出生不久，家里又揭不开锅，我心里非常难受，看着嗷嗷待哺的孩子和羞涩的行囊，我才下定决心外出务工。无外乎是想出去打工赚更多钱，让孩子的成长有更好的保障。

我在外面打工的时候，心里一直牵挂着孩子，那时候通信不像现在这么发达，家里没有电话，而且话费很贵，我又不会写信，所以只能是隔很久才往家里打一次电话。但也仅限于跟家里打，学校、老师其实根本就管不上，更别说沟通交流。所以对于孩子的成长和教育我一直非常愧疚，不能教会孩子更多的东西，比如督促她好好学习之类的，当时我想的是要努力拼命赚钱，供孩子读书。回头想来我错了，现在孩子重走我的老路，我内心万分愧疚，可是极端贫穷的情况下，外出务工又是不得不做的选择。

我外出打工，无外乎是想多赚钱供孩子读书，所以我最担心的是孩子的教育问题。我和孩子的妈妈文化水平比较低，爷爷奶奶更是文盲，不知道如何教育孩子，我们也挺绝望的。疏于管理，孩子打小就调皮捣蛋，成绩非常不理想，为此我也是彻夜难眠，但我除了督促爷爷奶奶多让她学习、偶尔打几次电话外，也实在没有别的办法，这是作为底层人民的悲哀。

其实，也不光是我孩子一个人留守，村里大多数孩子都留守，所以心里也有个安慰。其实我觉得孩子除了不爱学习之外，其余也没啥问题。留守给孩子的学习带来不好的影响也不是绝对的，像有些小孩也不是留守儿童啊，但是成绩依然很差，所以问题不能绝对化。

再让我回到当时的情境中做选择，我还是只能外出打工，因为待在家已经没法过活了。那些不出去的人都是家里耕地非常多的，我家地这么少，不出去只有被饿死的份，所以这也是我的孩子现在重走我老路的重要原因。在不得不出去的情况下，我非常希望带着孩子一起，可是现实状况不允许啊。——再推倒重来，给我十次选择的机会，我也只能走这条老路。

(五) 城市留守：优渥生活下的缺口

> 个案札记

尽管本章节主要关注农村留守儿童现象，但为了提供更全面的了解和发散性思考，我们仍计划在最后加入一个城市留守儿童的案例。不可否认，城市留守儿童的生活条件和教育资源优于农村留守儿童。然而，在成长过程中，他们的心理问题往往更加复杂。农村留守儿童可能会有自卑心理，艰苦的生活环境使他们较早承担责任；而城市留守儿童生活在繁华的都市之中，周围环境嘈杂、竞争激烈，缺乏与自然互动的机会，这使得他们更容易感到孤独和压力，外表坚强但内心脆弱。

本文的主人公小汶出生在典型的知识分子家庭，母亲在国企上班，父亲在某大型食品饮料企业担任高管，为了寻求更好的晋升机会而主动外派至其他城市。从3岁开始一直到成年，小汶都是和母亲单独在杭州生活。父亲每隔2个月回杭州公司总部的汇报工作，成为父子团聚的机会。不过好在电子通信技术发达，父子通过线上沟通也无话不谈。但照顾小汶的职责则全部落在了母亲的头上，或许是压力太大，母亲脾气有些暴躁，经常和小汶爆发争吵。

在小汶的身边有不少和他类似情况的城市留守儿童，父母双方或一方为了寻求更好的发展机会而与家庭分离。彼此习以为常也感同身受。父母一方的长期缺席使得他们在情感表达上更为内敛，但也展现出了更为强大的心理承受能力，能更为坚强地面对生活的困难和挑战。

> 过往故事

小汶是我的好友，在一天晚上我们谈到了高三备战高考的逐梦旅程。我说到父母特别关心自己，高三那年通校，父母每天早出晚归地接送，还会准备点心。小汶也和我分享了他的经历，但他的故事中似乎只有母亲。我隐约地察觉到，父亲在他的生活中是缺席的。我不好意思继续追问下去，生怕触及对方的痛点，但没想到小汶好像并没有太在意。

小汶家是典型的知识分子家庭，父母都毕业于浙江某重点大学。生活在杭州的他从小就拥有很好的教育资源，在先天遗传和后天教育的影响下，他顺利地进入浙江大学学习。小汶的母亲在某国企工作，父亲在某大型食品饮料企业工作。迫于在杭州生活的压力及其自身事业心的影响，父亲自小汶三岁时主动选择调离该集团的杭州本部，去较为偏远的地区担任经理。因为那里有更大的发展空间能施展拳脚，为企业带来利润并创造机遇；而且虽然其在企业的地位和之前相比没有太大的提升，但是在分部更有话语权和决策权，岗位竞争也远没有本部那样激烈。自小汶3岁一直到成年，父亲曾先后被调往河南、重庆和贵阳等地，目前在贵阳工作。

我问小汶是否理解父亲的行为，小汶笑着说："为了赚钱嘛，我能够理解父亲的决定，毕竟在杭州工作的压力很大，尤其是在这种大型企业里，从发展的长远角度看，被外派是有利而且非常有必要的。"

"父亲的行为会影响你未来的人生规划吗？你想和你父亲一样在事业上如此奋斗吗？"我不禁追问。

"我能理解我父亲，是因为我比较通情达理，但这不代表我的小孩能够理解我啊。"

小汶的答案虽然是不会走上如其父亲般追求事业的道路，但是其中暗含的心理和真实想法并不清晰。他首先考虑到自己的孩子能否接受被留守，一方面说明他的通情达理是出于无奈，内心还是非常期望能够得到父亲的陪伴，同时他不希望自己成为下一个这样的父亲，给自己孩子的童年留下一段空白。但另一方面，小汶并没有直接说出对父亲的不满，没有说明自己想要做父亲未曾做过的事——陪伴孩子。可见父亲的形象还是给小汶留下了心理阴影，对小汶未来人生道路的选择造成潜移默化的影响。

小汶一年中能够见到父亲的机会很少，往往是在父亲需要回杭州处

理工作上的开会汇报等事务时才能见上一面。基本上父亲1—2个月回一次家,每次在家里住的时间不超过一周。那段时间父亲工作日上班,晚饭后也经常有应酬,而小汶也经常和同学出去玩,所以父子俩能面对面交流的时间只有吃晚饭时那短短的一个小时。在我的引导下,小汶回忆了2016年父亲回家的次数和过年时的场景。去年小汶的父亲回家十余次,春节是在小汶的外婆家——台州的某个农村过的。一般情况下,父亲是在外地工作的厂里和员工一起过年的,所以去年比较特殊,显得格外"幸福"。小汶家的过年并没有特别热闹,没有年货,没有其他的庆祝方式。在农村,基础设施比较落后,娱乐活动受限,就是亲戚们喝喝小酒,拉拉家常。

小汶的母亲3—4天和父亲通一次电话,而小汶和父亲通话的频率是半个月一次,平时有事一般以短信通信为主。

"既然你不经常见到父亲,那么见面的那段时间对你来说,岂不是特别宝贵?"

"还好吧,我没有太多的感觉,已经习惯了。"

"那你们见面的时候都聊些什么呢?"

"进入大学之前主要聊我的学习情况,也会给一些学习建议。毕竟我爸是大学霸。"

"那现在读大学了,还聊些什么呀?"

"生活上一直挺关心我的,我的生活费也都是我爸给的。现在他主要和我聊情感问题。"

虽然父子俩每年的见面次数不多,每次见面的时间也不长,但是并不阻碍父子俩谈话的深入。从学习、生活到情感问题,小汶的父亲都给予了儿子一定程度的关心。父亲为小汶树立了学习上的榜样,其学霸经历也为小汶的成长带来很多帮助。但是由于异地的缘故,生活上无法做到细致入微地关心和照顾。在小汶的印象中,父亲与其生活上的联系也只有生活费而已。

生活上的关心和照顾更多地来自小汶的母亲,可以说在小汶的成长路上,母亲扮演了双重角色,她同时承担起父亲的责任。对于这一点,小汶的母亲还是有些不满的。她觉得自己在抚养孩子上负担过重，培养孩子原本应该是夫妻两人共同的事。但是出于客观条件，她又无法提出让小汶父亲回家的要求。在一个家庭中，"丈夫—父亲"的角色缺位影响的不仅仅是单纯的妻子和儿子，而是被动身兼数职的妻子和亲情失衡的儿子。

在留守的数年中，小汶时常与母亲争吵。母亲的脾气一直都不太好，小汶也遗传了她的暴脾气。同时，或是由于母亲长期处于孤身支撑生活的境况，逐渐丧失了沟通的习惯和能力，而小汶因从小缺乏父爱的呵护，也不知道如何以一个成年男性的身份和母亲对话沟通。这一点对于家庭的和睦以及小汶性格的塑造都非常不利。

提及过往的留守生活，小汶已然非常冷静，并没有因为父亲的离家而伤心难过，也没有因为缺少父爱而生气抱怨。他客观地描述自己的家庭情况，平静地表达情绪。也许正是因为从小就没有父亲的陪伴，所以便没有父爱缺位前后的对比。小汶不知道正常的家庭应该是怎样的场景，也不知道合格的父亲应该承担怎样的责任、扮演怎样的角色。如何组建自己的家庭，如何成为合格的父亲，如何建立正确的亲密关系，这都是小汶未来需要独立作答的问题。

第六章　跨国留守——从留守到流动

随着现代交通工具和经济全球化的迅猛发展，跨国交流越发频繁。《世界移民报告2022》(*World Migration Report 2022*)显示，当今的国际移民数量2.81亿，占世界总人口的3.6%，其增速明显快于全球人口的增长。随着中国改革开放和国际化进程的深入，跨国流动成为涉及各个阶层的行为，中国是第四大移民输出国，出国移民人数约有1000万人。① 全球化不再是精英的专属，越来越多的普通劳动者也通过移民流动的方式参与到全球分工中，以追求更好的生活。由于各国在移民政策和具体劳动移民合同上的差异，衍生出了一个特殊群体——跨国留守儿童。

跨国留守儿童又称"海外留守儿童""侨乡留守儿童"等，有些研究将这一概念限制为已经取得了外国国籍，但因为父母在国外无从照顾而被送回国的儿童，本章采取更广泛的定义，即父母双方或一方长时段在海外而被留在国内的儿童。这类儿童主要出现在广东、福建、浙江等海外移民人数较多的沿海省份。与国内跨区域留守儿童不同，处于跨国分离家庭模式（transnational separated family）下的儿童在身心健康、亲子沟通、教育状况和社会行为上可能存在更大的风险（陈怡，2008；

---

① 参见国际移民组织（IOM），World Migration Report 2022，https://worldmigrationreport.iom.int/wmr-2022-interactive/，2021年12月1日。

王晓、童莹，2019）。

本章选择了两类代表性群体，一类群体是父母在意大利、巴西等国做生意的浙江曾留守者；另一类群体是父母在韩国务工的朝鲜族曾留守者。前者有优渥的家庭条件，并且童年的大部分时间身处城市之中，受过良好的学业教育，观念开放先进。虽然说留守经历给他们也留下了一些不好的印迹，但家庭的有力支持尤其是经济方面的强力支持，让他们在面对人生选择时也更加自信和从容不迫。后者的父母虽然在收入上可能高于国内的工人，但本质上依旧是农民工，社会经济地位一般，无法为后代的发展提供强有力的支持，实际上，他们的子女很多会在成年后跟随父母赴韩务工。

在我们进入曾留守者的个体生命故事之前，我们有必要了解这两类群体的基本情况和迁移过程。

一 跨国浙商家庭的留守故事

浙江自古便有经商传统，早在前秦时期，便出现了范蠡等历史上有名的大商人；唐朝时，温州、宁波都是重要的贸易港口，商人由此出发，横渡东海至日本岛；南宋时期，杭州、温州和宁波等地都设置了管辖海外贸易的市舶司；即使在实行海禁政策的明清，仍有浙商敢冒天下之大不韪而走私出口；鸦片战争后，宁波、温州等地相继被迫成为通商口岸，我国近代工商业在曲折中得以发展，而"宁波帮"迅速崛起，并在上海的工商业巨子中占据半壁江山（侯景新，2003）。

改革开放之初，温州率先走上了以家庭工业为特点的农村工业化道路，区别于更偏向集体主义的乡镇工业带头发展的苏南模式，温州的民营经济以个体主义的形式得到了蓬勃发展，费孝通归纳其特点为"以商带工的'小商品，大市场'"（费孝通，1986a；1986b；1986c），形成了"十大专业市场"，如永嘉桥头纽扣市场、乐清柳市低压电器市场等。与之连带的生产端从最初的家庭作坊发展革新为以亲缘纽带维系的"经济联合体"，继而是"股份合作企业"，这一组织形式的创新在浙江全省

乃至全国得以推广，业缘关系和契约关系组成的社会网络逐渐占了上风（袁亚春，2002）。浙江依靠着遍布全国城乡的百余万名浙商和由他们构筑的密集的流通管网，以及浙江境内近百个辐射广远的专业化市场，早在2000年前后便在五金、轻纺、日用小商品等领域占据全国主要市场份额，彼时，他们在品牌、规模、技术等生产方面仍不具备明显的竞争优势，而主要依靠优越于其他地区的市场营销网络（李永刚，2002）。因为这样的商业成就，温商成了一个备受瞩目的商业群体，被誉为"中国的犹太人"，并从浙江走向全国各地，逐渐走向世界，形成了集生产经营、社会事务等为一体的制度化的商会组织（陈剩勇、马斌，2007）。以在意大利经商的温州人为例，早在20世纪80年代，温州人便开始以各种途径移民意大利，经过数余年的商业打拼，成为当地中低端皮具、服饰等产业集群的主力军（周欢怀、张一力，2012）。

以下这些曾留守者讲述的故事，就是隐藏在浙商家庭背后的现实写照。

（一）海鸥：独立使我强大

个案札记

林柳迎，1995年生人，女，原籍浙江省温州市鹿城区Q村，访谈时在美国就读纽约视觉艺术学院研究生。林柳迎在8岁以前一直由爷爷奶奶照顾，父母在温州和广州经营服装生意；8岁时弟弟出生，母亲回到温州照顾两个小孩，而父亲前往意大利做生意，在那里一待便是11年。母亲在回来的最初几年对姐弟二人并未有太多关照，因此林柳迎几乎承担起了长姐如母的角色，但好在之后母亲对自己的家庭角色有了更清晰的认知和行动。不依赖他人的支持，也不被他人目光所左右，林柳迎将自己的生活过得有滋有味，学习艺术、陶冶情操、穿衣打扮，样样精通。虽然林柳迎不承认自己曾是留守儿童，但这段特殊的成长经历或许也造就了她独立坚毅的性格，在其他青少年还依赖于父母或外界的帮助时，她已经明确了梦想的方向，并勇敢地跳出舒适区，探索未知的冒险。

过往故事

　　林柳迎长着一张典型的模特脸，细长单眼皮的眼睛，轮廓分明的颧骨，还有比例极好的身材。林柳迎的父亲姓林，母亲姓柳，林柳迎这个名字包含了父母对她出生的热切欢迎和殷切期待。小时候父母总是向她解释，他们是为了生计四海奔波，才不得不让她住在爷爷奶奶家。

　　那时她的父母在温州经营服装生意。事实上她父母的婚姻在她出生后不久就开始出现了裂痕，夫妻之间吵架是家常便饭，砸碗掀桌也不是没有，当然这些都是她后来才知道的。不知道她那时是否会庆幸自己住在爷爷奶奶家，没有目睹这一切，给自己幼小的心灵留下阴影。

　　在林柳迎六岁的时候父母感情经过了多年的争吵终于有所稳定，于是决定一起去广州拓展生意上的业务。这一去就是三年，林柳迎的外公外婆也从农村搬到了城市。在林柳迎八岁的时候，她的弟弟林锦添出生了，锦添即锦上添花之意。因为弟弟的出生，林柳迎的母亲回到了温州，而他的父亲去往了意大利做生意，在那里一待就是十一年，直到林柳迎大一时才回国。

　　虽然母亲自林柳迎八岁时回家陪伴她与弟弟，但姐弟俩并不认为这与之前的生活有多大区别，也并未获得更多更切实的爱与关照。母亲终日沉迷于和朋友打麻将，对她和弟弟甚少关心，有时则直接将他们丢在爷爷奶奶家里。她似乎从来没有意识去了解孩子们喜欢什么、真正需要什么。可以说，是林柳迎将弟弟一手带大，关心他、爱护他，没有让他成为一个坏孩子。也因此，她与弟弟的感情十分深厚。

　　林柳迎从小学习绘画，在高中时选择了艺术的道路，去往杭州的中国美院附中，后来又考上中国美院，专业是美术设计。林柳迎在离开家的日子里，其实会偶尔担心家里的情况，尤其是弟弟有没有被很好地照顾和监管，但所幸她看到母亲在一天天变好。她在朋友圈里写道"阿晓（她母亲的小名）真是越来越会当妈了。"

　　林柳迎平日打扮得欧美范，加之学习美术设计，因此前往美国深

童年追忆
——留守生活的回溯与分析

造似乎是顺理成章的事。她没有通过中介,而是独立申请了美国一所知名大学的暑校,并且在那里拿到了教授的推荐信,进而成功申请了这所设计专业排名美国第一的纽约视觉艺术学院。其实她惊人的独立态度早早便体现了出来,例如高中三年她在杭州与温州往返时向来都是独自一人,从未要求父母接送;比如即使家里没有一个人,她也能用冰箱里最简单的食材烧出最精致的晚餐;比如她可以挑战其他所有人的目光给女性们的生理期用品设计方案。她看似普通,但她绝不普通。

如今的她回忆小时候在外公外婆家的情景,只是说"还挺开心的,就是晚上不能看电视",遇到的困难也仅仅是"遇到不会写的作业不能像其他同学问爸爸妈妈一样问爷爷奶奶,家长签字时爷爷奶奶也不会签"而已,更不存在什么权益侵害。她说:"其实我觉得没什么差别,最大的困难大概就是小时候会想爸爸妈妈吧。"而八岁以后,她更是从不认为自己是一个留守儿童,把学习生活过得有滋有味。从朋友圈可以看到,她会去看展览、逛博物馆,和不同的朋友四处游玩,从海边到山上乘着哈雷摩托兜风,吃遍温州杭州的美食和甜品,甚至还会带着爷爷奶奶去充满少女心店里看他们"秀恩爱"。习惯了没有父母的关怀,她也可以过得很好,但她仍是怜惜她的弟弟,所以替父母把那份缺失的爱完完全全给了他。而留守经历带给她的影响,除了让她强大的那份独立,她笑着说:"大概就是穷吧,总是没钱花,每次要给父母打电话才能要钱,不然他们都不会想起给我打钱。"而正是这份拮据,锻炼了她的理财规划能力,如今的她虽然家境优渥,父亲做生意积累资产众多,但她还是养成了良好的金钱使用习惯,将自己的钱都花在刀刃上。在美国,她一边上课,一边工作实习,将生活过得有滋有味。

而当问及若自己有了孩子,面临相同境遇时她会如何处理,她笑着说"给 TA 找一家好一点的寄宿家庭或者托管中心",是啊,若精神不能给予,至少物质上要尽量满足。对她来说,留守儿童和非留守儿童并没有什么特别的不同,留守儿童并不需要外界特别的帮助,为何要将他们特殊化呢?在她看来,没有人天生强大,但也不会有人天生弱小。

不知是天性使然,还是幼时的留守经历影响,林柳迎的这份独立使她足够强大去抗击人生中的起起落落,并随时做好迎击风浪的准备。

(二)白鹳:迁徙漂泊之间

♥ 个案札记

严密,浙江温州人,1996年生,访谈时为美国Top 20著名大学研究生,是前一位主人公林柳迎的表妹,在童年时也曾跟林柳迎短暂地一同住在爷爷奶奶家。家里有比较复杂的背景和不能不说坎坷的生活经历:因为是家中第二个女孩而不受父母关注,出生一个月后便被寄养在一农户家中,五六岁时被接到市区交由祖辈轮流抚养,小学被送去上海读私立学校,三年级又被接回家由保姆照顾,高中之后就一直在美国就读。我曾以为经历许多的人,也许眉眼间会带了些许沧桑,或是淡然,但是严密还是保持了乐观和开朗,也没有表现出与他人的疏离感。采访中她对我的问题不避讳,谈及自己的经历也似乎毫不在意,反而有时会有自嘲和吐槽我的问卷的玩笑。留守带给她的最大影响,似乎是培养了她极端独立的性格和享受旅途漂泊的爱好。对于这群家境优渥的曾经历跨国留守的人而言,留守似乎只是人生道路上不值一提的间奏,间奏结束,则立即奔向更广阔的天空。

✎ 过往故事

严密的相貌在我看来是"校花"级的,扑闪扑闪的小鹿眼,皮肤白皙,声音甜美却不矫揉造作,时常有爽朗的笑声。然而,谁会想到,这样长得好看性格又好的女生,在我所有采访的对象中,竟然可以说是18周岁前经历最丰富的一位,简直可以用"命途多舛"和"颠沛流离"来形容。当然,这并不是指物质上的匮乏,而是指感情上的缺失。

一开始在填问卷的时候,到了问及留守经历的一栏,在十八周岁以前辗转腾挪了太多地方、经历太过丰富的她直言"我不适合填这个问卷,我会成为一个Outlier(统计上的异常值)",并且在填的过程中笑着吐槽你们这个问卷设置得太长、问题太复杂、选项太多。虽然

嘴上这样说着，但她还是喝着奶茶，在我的指引下非常耐心地填完了问卷。

　　说到严密，一定要从她的名字说起。"密"是秘密的密，她的出生，从一开始就是一个秘密。她的父母是典型的敢拼敢闯的温州商人，来自农村，却在大城市闯出了一片天地，也有野心和志向去开创更广阔的事业。在她出生之前，她的父母已经有了一个两岁的女儿、她的姐姐严叶子。在中国农村普遍的重男轻女思想中，一家是一定要生一个儿子的。因此，作为二胎的女儿，显得多么无足轻重。就像严叶子由于出生在一个植物枝叶茂盛的季节而得了一个叶子的名字一样，严密也因为她从一出生就是一个需要被藏起来的"秘密"，而轻率地取名严密。也因此她在一开始接受我的访谈的时候还有顾虑，担心会被举报到政府。值得一提的是，六年后她的弟弟出生时，她的父母翻遍了字典，请教了文学大师、风水先生还有长辈，慎重地为他选择了最优秀、最合适的字眼作为名字。当然，这是后话。

　　严密在出生第28天的时候，就被父母抱去寄养在了温州一个不知名农村的农户家里。具体的关系是，她爸爸的朋友的妈妈家中。就这样，她早早地断了奶，过上了寄人篱下的生活。从零岁到五岁，她就生长在这个农村，与寄养户的整个大家庭生活在一起。除了母亲每个月会来看她一次，其余时间父母与她几乎零交流。她笑着说，就是因为断奶太早，只能喝米汤，她现在才长得这么矮。她的姐姐身高一米七，弟弟身高一米八，唯有她身高不足一米六，仿佛"掉进了坑里"。她将手在头上比画了一下，撇了撇嘴，又随即挤出来一个标准的甜美微笑。

　　五岁到六岁，严密终于得以回到父母所在的温州市区，却仍然不能与父母生活在一起。两年的时间，她在外公外婆和爷爷奶奶家之间辗转，与父母的交流稍微多了些，但远不如与父母同住的姐姐。也就是在这个时期，住在爷爷奶奶家时，她会遇见一些表兄弟姐妹，前一个案例主人公林柳迎就是其中之一。

　　六岁，正值严密上小学的年纪，她的弟弟出生了。于是，她又被父亲安排去往上海读一所私立小学。小小年纪背井离乡的她，受爸爸的一位远房亲戚照顾，一年只在寒暑假回过温州两次。

　　从三年级到初二，严密又一次回到了温州，虽然与父母生活在一起，但主要照料人变成了保姆。彼时，她的姐姐严叶子已经去往杭州上中学，家里的生意越做越大，她的母亲一年要飞去意大利三次，每次都要待上两三个月。而父亲虽然在温州做生意，但早出晚归，也几乎从来不管在家的姐弟俩。

　　初三，小小年纪的她独自踏上了去美国的征程，并在那里读完了私立高中和本科。在美国的生活她不愿赘述，用一句"我很惨的，独自生活"的自嘲笑着带过。如今，她成为美国一所著名大学的研究生，父亲在温州，母亲往返意大利，弟弟还是主要由保姆照料，姐姐在上海已经毕业工作。一家五口，天各一方。她说："从小到大，我们家五个人都在家可以拍全家福的次数，一只手都可以数得过来。"

　　她承认，与姐姐和弟弟的关系比起父母要好，但是最近父母在性格上有了许多的改善，她与父母的关系也在逐渐靠近。

　　回忆到这里，她叹口气，"哎我真是有点头大，身世坎坷到简直能写一本书"。她认为留守经历中遇到的最大困难就是与家人的疏离，反而与照料者总是十分亲近。她说，她每每向父亲请求生活费，父亲就说"要钱了才想起我"，幼时，如果发短信给父亲，必须加上标点符号，如"爸爸您好，我最近因为××事情没有钱了，请您给我×××钱"。不像父女，反而像下属向领导汇报工作。一路走来，她十分感谢那些与她没有血缘关系却关心帮助她的"亲戚"、朋友们。留守经历对她最大的影响是培养了她极其独立的性格，喜欢到世界各地去旅行。过着从小东躲西藏被四处安排的生活，她早已习惯迁徙，就像鸟一样，习惯一直在路上，享受流浪与不安稳的感觉。

　　当我问及如果自己有了孩子是否还会选择让TA留守时，她显得很豁达。"我觉得对孩子来说独立还是非常重要的，所以我会在幼儿园之前陪着TA，幼儿园之后就随TA啦。"而对于留守儿童问题，她提出了不一样的想法："我希望产假要男女都有，并且时间更长一点。因为假如在孩子出生后的一段时间，爸爸都不知道要怎么当爸爸，那他之后就很难再当一个好爸爸了。"说这话的时候，她低着头，一改之前的戏谑语气，搅拌着桌上的奶盖茶。

严密的前半生，父母的角色几乎是缺失的，物质条件上的优渥也难以弥补父母角色的缺席。但值得庆幸的是，她长成了如今落落大方、无惧无忧的模样。她已然不会停下奔向远方的脚步，因为对她来说，父母不是她的港湾，家不是避风港，她没有故乡；她要像鸟一样，不停地飞翔。

（三）信天翁：爱在远航前

个案札记

小丽，女，1995 年生人，访谈时就读于浙江大学。小丽的家庭为城市户口，父亲是海员，在远洋公司工作，工作需随货船出行；母亲是小学语文教师；家中还有一个小她 1 岁的妹妹。自小丽有记忆以来，父亲每 3—6 个月就会离家一年航海，船在各大洲之间航行，通常一个月靠一次港。小丽在访谈中丝毫没有对父亲常年不在家的怨恨或不满，这有多方面的因素：一是母亲将她照顾、保护得很好；二是有家庭背景相似的小伙伴的陪伴；三是周围亲友的正常对待，没有歧视嘲笑或过分关注；最后，也是最重要的一点，是父女彼此充盈的爱和良好的沟通，父亲敢于探险的性格也使小丽对父亲多了几分崇拜。留守经历使得小丽既能体谅母亲一个人持家的辛苦，又能理解并支持父亲航海的决定，与父母的关系都很亲密。父亲在家庭生活中的缺席通过始终在场的父爱得到弥补，再加上母亲的照顾、朋友的陪伴以及健康的环境，小丽得以健康快乐地长大，这是她认为比其他有留守经历的孩子幸运得多的地方。如何让被留守的孩子健全地长大，小丽的例子给我们提供了一些启发。

过往故事

家庭是每个人心灵的港湾，是我们最坚实的后盾和最温暖的怀抱。当一个人离开家庭去远航时，他会带着家人的祝福和期望，同时也会感到一份深深的牵挂和思念。

小丽的父亲在年轻时是潮流青年，敢想敢拼，便选择做海员到各地去闯荡一番、看看外面的世界。在小丽出生后没几个月，父亲便出海了。在小丽的童年，父亲总是按照公司的航海轮班制度出海，属于父亲的陪伴并不多。

虽然父亲不常相伴身边，但母亲给足了小丽安全感与爱。小丽学龄前的许多时间都在母亲的教室和办公室度过，早上母亲上班时，会把还在睡梦中的她叫醒，带到学校，给她在办公室或者教室找一个地方，让小丽自己看书和玩耍。学校离家很近，所以母亲每天晚上都会提前买好菜，第二天中午回家做饭，和小丽两个人共享午餐。

那时家中祖辈身体不好，住得又远，因此只有母亲一人支撑着这个小家。最开始，小丽时常会追着母亲问"爸爸为什么不在"，母亲只是轻描淡写地说"爸爸出去挣钱了"。日子久了，自小便懂事的小丽便不再吵着要爸爸了。回忆起童年，小丽多次强调母亲把她照顾得很好，在成长中她并没有什么痛苦的记忆，也从未觉得被抛弃。

虽然平时和母亲两个人也生活得有滋有味，但也会在有些时候特别渴望父亲陪伴在身边。每逢生日小丽都觉得有些寂寞，因为她的生日正值元旦假期，学校放假所以没法和小朋友一起过，每年都只是和母亲两个人分享一个小蛋糕。当听说班上其他同学和父亲出去玩时，她总会忍不住地羡慕。她印象最深的一件事是在刚上小学时，母亲生病需要住院打点滴，虽然有母亲的姊妹来陪她，但小丽觉得这时候特别需要一个男人来做家里的支柱、照顾好妈妈，这是她记忆里最渴望父亲赶紧回来的一次。

至于平时如何排解对父亲的思念，小丽有两个渠道。一是给父亲写信、打电话。从幼儿园开始，小丽就学着给父亲写信，她那时还不会写多少字，就用拼音写"爸爸我好想你呀"，写信的频率是一个到两个月一次。父亲也会给家里回信，还会给母亲写情意绵绵的话，这让小丽感到父母的感情特别好，所以即使父亲不常在身边，她也一直有被爱的感觉。那时候电话还不普及，一般要三个月才能打一次电话，小丽每次打电话，得知父亲会去美国、澳大利亚那些地方，虽然根本没有地理的概念，但是在年幼的小丽心里，她父亲能去很远的地方令她特别骄傲。二是小伙伴的陪伴。小丽父亲同事的妻子，恰好和她母亲是同事，而且他们家有一个和她差不多大的女儿。因为家庭背景相似，两人也都被各自的母亲带到学校里，所以经常在一起玩，有什么事都会分享。可能正因彼此理解，小丽没有受到过来自小伙伴的揶揄，母亲的教师身份也使得她被保护得很好，不会因为父亲的缺席而被人觉得"低人一等"。

小时候父亲每次回来，小丽都会很长一段时间因为生疏感而与父亲有点隔阂。好在每次回家时，父亲都会带很多礼物，其中有好多新奇的玩意，这是小丽觉得她比别的小朋友更幸福的地方，所以每次父亲快要回来时她都翘首以盼。父亲公司的福利很好，如果父亲所在的船恰好停靠在国内的港口，就会邀请母亲带着她去船上住一阵子，家住北方的小丽还借此机会在上海玩了一趟，这令儿时的她很羡慕父亲的职业，觉得可以免费环球旅游。

或许是分别的时间太久，又或许是出于对孩子的愧疚，父亲对小丽几乎是有求必应，从未红过脸。小丽表示，妈妈对自己比较严厉，管得很多，而父亲待在家的时间有限，特别珍惜和家人在一起的时间，所以表达爱会更加明显。直到现在，小丽还经常和父亲拉手，有时还会抱抱亲亲，感情很好。

妹妹出生以后，父亲待在家里的时间多了很多，基本上不怎么出海了，工作重心慢慢转移到了在家做生意上。小丽说这是因为父亲的年纪大了，母亲也不放心他在海上漂那么久，生怕在离家的时间里出了什么意外。

说起父亲当年成为海员的选择，小丽的语气中透着自豪。她认为父亲趁着年轻的时候四海闯荡是很好的，不应该为了家庭就放弃这份工作。父亲最开始一点英语也不会，凭着一股闯劲走遍世界，结识了许多人，也到过很多地方经历了许多，对于人生看得很开。父亲回家时和她分享的海上故事，成为她童年必不可少的调味剂。

在小丽看来，父母外出工作或者说打工是很自然的事情，至于留守儿童的心理问题则更多来源于外界，比如歧视、嘲笑、欺凌等。她身边的人虽然知道她父亲经常离家，但从不会因此对她区别对待，而父亲每次回家对她的宠爱，也补偿了平日的缺失感。因为知道父亲对她很好，跟母亲的感情也很好，所以小丽从未觉得父亲的离家给她留下了痛苦或者黑暗的记忆，她知道父亲暂时的离开是为了她们家能有更好的生活。在留守的经历中，遗憾是有一些，但回忆里更多的是温情和快乐，所以小丽不仅理解父亲的选择，更在长大后支持父亲的选择。对于比自己小16岁的妹妹，小丽也从未有吃醋或不满的情绪，而是部分承担了母亲的责任，希望妹妹能够健康快乐地成长。

当一个人选择远航，他往往是为了追寻某种梦想或是挑战自己的极限。远航与分离让人们成长，而家庭与团聚让人们安心。对于小丽而言，家庭成员无论走得多远、飞得多高，终会回到彼此的身边。

（四）渡鸦：二次元少女的双面人生

个案札记

本文的主人公彭小越，访谈时为浙江大学2015级工科类专业本科生，浙江省丽水市青田县人。小越的父母在西班牙做生意，7岁之前小越和两位堂哥长住在农村的爷爷奶奶家，之后母亲回国，小越便跟着母亲到市区上学。母亲的严苛教育和市区学校的高压环境，让年幼的小越很不适应，她与父母的关系也一直冷淡。或许是在严厉管教和自我天性的碰撞中，小越产生了AB两面，A面是按部就班地照着父母安排好的路走的乖乖女；B面是"二次元"世界里的"大触"，爱好广泛，喜欢日本动漫和Cosplay（角色扮演），擅长漫画和手工。二次元文化在内容的表现方式上虽然形态各异，但是其核心本质仍是一种正能量的表达，热血、奋斗、爱、反抗不公等。二次元对于小越来说，可能是寂寞中的慰藉和被压抑的天性的释放，能够带给她的快乐有时甚至超过三次元的真实世界。父亲的长期缺席和母亲的冷淡，或许让小越长时间处于缺乏关爱和安全感的环境中，从而对家庭和两性关系产生排斥和恐惧心理，

影响她在未来建立稳定的情感依恋关系。

过往故事

这个暑假，一部《闪光少女》电影将二次元群体带入大众的视线。"二次元"这个词始于日本，早期的动画、游戏作品都是以二维图像构成的，其画面是一个平面，所以被称为"二次元世界"，简称"二次元"，而与之相对的是"三次元"，即现实世界。《闪光少女》这部电影塑造了萌系二次元 LO（即 Lolita，洛丽塔）娘贝贝、哥特系二次元少女塔塔、沉默的二次元少女樱仔等形象，而从 QQ 空间中可以见得，小越也是这样一位二次元少女。

所以，当我在咖啡馆初次见到小越的时候，一时间还没有把照片中戴着粉色假发和蓝色美瞳、化着浓妆的她与面前这个朴素白净的女生联系起来。她长得确实有些像日本动漫中的女生，大大的眼睛，日系风格的金丝圆框眼镜，巴掌大的小脸，只是脸色显得有些苍白，不知是因为身体不好还是只是肤色白皙。交谈中，她也确实如我一开始所想的一样，安静害羞。

为了打开话题，我先主动聊起一些我们共同的高中和大学的学习、生活——我们同是青田人，不过她显得有些拘谨和羞涩，回答问题也总是简短。我们共同认识的同学甚少，她也确实没有在高中和大学加入一些学生组织或社团。但当我与她聊起留守的经历时，她却并没有像我采访其他人时一样显得回避，反而打开了话匣子。

小越是独生女，父母在她出生后不久就跟着村里人同去西班牙做生意。因此 7 岁之前的她长住爷爷奶奶家。同样在爷爷奶奶家留守的，还有她的两个堂哥。

爷爷奶奶家算得上是真正的农村，贴近自然。爷爷奶奶的管教并不严格，只管吃饱穿暖，因此在两个堂哥的带领下她也几乎变成了一个"假小子"，头发剃得很短（因为没有人为她扎辫子），成天在外头"野"着，上树掏鸟窝，下田捉泥鳅，路边扑蝴蝶，做各种各样淘气的事——很难想象面前这个文静的女孩小时候的样子。"其实那个时候完全没有什么留守儿童的概念,每天都很开心,也没遇到什么困难。"她如是说道。虽然没有父母的陪伴,但她并不是一个缺爱的孩子;相反,她与爷爷奶奶还有两位哥哥感情深厚。

"那后来呢?"我追问。她却仿佛陷入了回忆里,声音开始低沉:"后来我就上小学了啊,去了市区。"那时,父母在西班牙的生意有了起色,雇了员工,母亲便回国照顾小越的生活起居,父亲依旧留在西班牙。母亲是一个雷厉风行、不怒自威的女人,对小越的要求很严格,小到走路仪态、餐桌礼仪都要管。然而,已经淘气惯了的"野"孩子,遇到漂洋回国对子女寄予厚望的母亲,怎么能不碰撞摩擦?小时候她经常由于考试成绩或其他孩子天性的事情被责骂。从小学到初中这一段岁月,小越似乎不愿意多说。但从只言片语中,我渐渐明白她为何会是如今的模样。一个从农村突然来到城市的孩子,一个身边突然没有了亲近之人的孩子,一个不服从严厉的母亲管教的调皮的孩子,会发生什么?

初中时她开始接触日本动漫,高中的时候加入了漫画社,也凭借着小学时母亲为让她"修身养性"而送去的绘画打下的基础,开始画漫画人物、刻橡皮章(将漫画人物反刻在橡皮擦上,成为印章),也渐渐成为其他人口中的"大触"(二次元用语,在某些方面有一技之长的人)。接触得越多,她就越喜欢这个圈子和圈子里的人,漫画社有一个Cosplay(角色扮演)小组,她也很快地融入进去。高中学习压力大,做手工、画漫画成了她解压的方式。我在QQ空间里见过她晒出的手工发夹照片,编织的花朵、层层重叠的花瓣、缤纷绚烂的颜色,仿佛将所有的压抑从盛开的花中绽放。

关于二次元的话题没有继续下去,也许是她觉得与我一个"三次元"的人,没有太多可以说的。我问她,这段留守经历对自己的影响。她回答,"跟父母的关系一直没有其他人那么好",其他的也不愿多说。当我问起如果她以后有了孩子,她会如何选择,让孩子留守还是自己不外出?她的回答算是意料之外又在情理之中。她告诉我,她并没有做好应对长期亲密关系的准备,也并不打算生孩子,但是没有跟父母明说

过。"日常恐婚恐育,哈哈","我会交男友,当我觉得他们没那么爱我的时候我可以断了这段关系",她笑着。对于留守儿童问题,她则认为谁也帮不了,这是每个家庭都可能会面临的选择和困难。

虽然在与我交谈时显得沉默又内敛,但小越的QQ空间里有4098条说说,每天都要更新十数条,并且几乎全都是与二次元有关的话题。最经常的就是转发一条"说说"然后带上"哈哈哈哈哈",或者转发一些人物或商品的图片并带上"好好看!""打Call"或者其他一些我不知道什么意思的词语。有时,她也会更新一些自己的游戏状况、手工制品或者Cosplay的图片。只看QQ空间,一定会觉得小越是一个有着许多朋友的开朗乐观的少女,爱好广泛,日常生活充满了多样性,并且网络动态下评论甚多,互动精彩,有无数人的赞许和夸奖。然而现实中的她,似乎不是这样的。

如今,她父母在西班牙的生意越做越大,店铺从马德里拓展到了其他几个重要城市。她的生活费不菲,完全可以支撑起她的二次元爱好,然而,致力于为家庭创造更好的生活条件的父母,却可能唯独没法倾听孩子的心声。她的QQ昵称叫作"专职不务正业",我不知道如今这样的她是不是符合她的父母对她的期待。也许正是在父母严格的要求和自己的天性的释放中,她诞生了AB两面——A面是乖巧文静的女生,按部就班照着父母安排好的路去走;B面是那个活泼开朗、生活在二次元世界里的"大触",广受喜爱和追捧。当我问她自己喜欢二次元会不会和留守经历有关,她似乎走神了,并没有回答。

二 跨国留守的朝鲜族儿童

和多数流动人口一样,我国朝鲜族人开始向韩国流动的初衷也是出于经济的考虑。而民族的历史记忆和文化资本是他们容易往韩国流动的重要原因。在早期,许多朝鲜族人所选择的流动方式是"假结婚",即通过线人找到在韩国当地与他(她)假结婚的对象,以支付一定费用为代价,成功获得韩国的国籍,并进入韩国社会寻找工作。1992年中韩建交，朝鲜族人被允许去往韩国探亲，此后以探亲为名赴韩务工也成为朝鲜族人向韩国流动的重要手段。一位访谈对象的父亲初次赴韩务工就是采用的非法渠道，因此不敢轻易回家探亲，直到8年以后才第一次回国。

对于朝鲜族人而言，"韩国风"是指前往韩国务工的风潮。他们在韩国主要从事的是困难、肮脏而危险的3D（Difficult、Dirty、Dangerous）工作（李梅花，2018）。而这种3D工作所获得的高额回报成了他们为家里提供生活来源的主要手段，使留在家乡的朝鲜族（老人和儿童）过着远比当地汉族富裕而优越的生活。随着韩国降低移民准入门槛，在韩朝鲜族人不仅规模上扩大，而且流动形式上也逐渐从客居转为定居，并且考虑到孩子的教育、安全等问题纷纷将孩子接到韩国，个体的临时性流动变为了举家迁徙（朴今海、范妍妍，2018）。

对朝鲜族的曾留守者的初步访谈由一位从小生活在一个朝鲜族聚居县城的同学完成。虽然这个县城是朝鲜族聚居之地，但现在留在那里生活的朝鲜族人却为数不多了，主要以读书的学生和负责照顾他们的老人为主。该同学所看到的、接触到的朝鲜族生活的中心几乎全部围绕着县里唯一一所朝鲜族学校进行。其访谈对象均出身自那所学校，他们有的已经考上大学，有的已追随着父母的脚步去往韩国务工。

（一）缺位：奈何聚少又离多

❤ **个案札记**

本文主人公金，男，朝鲜族，1999年9月出生，农业户口。金出生在民族融合家庭，父亲是朝鲜族，在金两岁时便前往韩国务工，每年回家一次，在家待上一个月；母亲是汉族，一直留在家乡照顾金。父亲长期在异国他乡打拼，虽然为家庭生活质量带来了显著提升，举家从农村搬到了县城，但金总觉得家里因父亲的缺席而缺少了依靠，每当看到别人一家三口其乐融融时，心中不免泛起一丝酸楚。留守经历促使金早早地成为家里的男子汉，早熟、懂事、体贴。我们很难判断，留守经历在逼迫着儿童变得成熟懂事的同时，是否也对他们心灵带来创伤。儿童

的早熟或许是以牺牲童真和心灵的健康成长为代价的，生活逼迫着他们面临那些本不属于他们年纪的复杂问题。这样的心灵创伤一旦形成，则可能影响他们的一生。

过往故事

留守儿童多多少少需要独自面对生活的种种困难和挑战，自己寻找答案，自己作出决定。面对未知的未来，他们需要比同龄人更多的勇气与决心。

我初见金时，他穿着一件普通的高中校服，留着一头乌黑的短发，略显稚嫩的脸庞上布满了红晕。他的眼睛明亮而炯炯有神，但总是躲闪着别人的目光，不敢直视。他的鼻梁挺直，嘴唇略显薄弱，纤细的手不自觉地握成拳状。

金的家庭是跨民族结合的家庭，母亲的汉族身份是使得母亲留在他身边的原因之一，在另一种意义上这也许可以说是一种幸运了。而金的父亲在金两岁时追赶着去韩国赚钱的热潮，并且在五年以后，也就是金七岁那年成功在县城买下了一处房子。尽管一家人聚少离多，留在国内的母子和远在国外的父亲中间的亲情纽带却始终紧紧联系着他们。

"以前网络还没有普及的时候我们就每天打电话，虽然国际长途很贵，但是我们还是会打。现在微信普及了，我们就改用手机视频。"金总是不自觉地谈起家里人感情很好。我问他那以前父亲走的时候会哭吗？金果断地点点头。

"那你还记得自己是几岁开始不哭的吗？"

"大概是十二岁吧，那个时候觉得应该懂事了"。他笑笑。

金所在的班级中有许多和他类似家庭情况的同学，即父母一方或者双方在韩国务工。到中学时，也有同学选择转学到韩国就读或者直接辍学去韩国打工。去韩国是大部分朝鲜族人的最后一条稳妥的退路，学习不好就去韩国，工作不顺也去韩国，既没有语言交流的问题，程序也不麻烦，个人勤快点月收入还能过万。所以很多人在学生时代就像是没有后顾之忧一样。不过金并没有将"去韩国"作为自己最后退路的打算。虽然现在的成绩不是十分出众,自己的高中只剩下最后一年,金还是想努力一下。金有些害羞地表示,自己以后想去警校,毕业后当一名警察。

金从小到大都是乖小孩,老实、听话、没有过叛逆期。能算得上波折期的应该是在初二,第一次恋爱、第一次喝酒、第一次去网吧……金的初恋是一位秀气小巧的朝鲜族女孩,这段仅维持了一年的恋爱让金体会到了心动的感觉,虽然两人没能走到最后,但金回忆起来依旧是一脸幸福。金的第一次喝酒都是和好哥们一起的,但他并不享受酒精与烟草带来的麻痹和放松,自此再未碰过了。

"有没有觉得留守的经历给你带来了影响呢?"我小心翼翼地询问。

"嗯……大概的感觉是家里缺了点什么。"

"可以再具体一点吗?"

"依靠",他想了想,从嘴里吐出这两个字。

我作为同样有留守经历的人,一般通过自身的经验和与被访者的简单交谈就能对留守经历所带来的影响得出模糊的结论。但每次听到他们的亲口回答、感受到当时微妙的气氛时,我都觉得这段对话是无论如何都无法转述的。这些都是他们直面自身并不愉快的经历并在无数个夜晚情绪累积并黯然消化后,才得出的断断续续但又明确的结论。即使得到的是最简单的一两个词,我的心都会感到沉重又刺痛——即使他们通常是笑着说出这些答案的。

在金的心中,"依靠"的缺失和情感上的保持并不矛盾,仅仅是在与不在身边的问题。以前和母亲逛街时看到别人一家三口在一起,金的心里会有些"不舒服"。不过这些"不舒服"总是被深埋心底,金从未和家人表达过对于家庭不完整的难过,也不曾央求父亲早些回家。如果未来面临同样的选择,金不希望自己的孩子再经历一次自己经历过的酸楚,他表示一定会选择留在孩子身边,给孩子一个完整的家。

要说留守给金带来的积极影响,大概是父亲的缺席使得他在家里更早承担起"男人"这个角色,也有了更深的责任感。他好像时时刻刻在大人与孩子之间切换着角色,用自己的方式努力和小心翼翼地维系着家里的平衡，同时又尽力不让父母察觉到这一点。金的早熟和懂事，也让他在与同龄人的交往中更为稳重和细心，懂得关心他人，善于倾听。而家庭离散的缺憾，他想加倍弥补在自己的下一代身上。

在我访谈结束的当晚，我正在家里整理着录音和笔记，收到了他发来的消息。"今天第一次把心里的感受说给学姐，谢谢。"

（二）在位：跨越两国为团聚

个案札记

父母在韩务工的朝鲜族孩子，如果在成年后觉得国内工作不顺或者工资太少，很多也会选择追随父母的脚步，前往韩国寻找更好的发展机会。不过，近年来出现了另一种选择：如果父母在韩国的工作进展顺利，生活也基本稳定，他们就会考虑让孩子在中学阶段转学至韩国就读，或者大学阶段申请留学。这种发展趋势和我国农民工子弟在满足一定条件后可以获得在该城市的就读资格的情况相似。本文的主人公安就是后一种情况。安出生于1996年，母亲和父亲分别在其四年级和初中时赴韩务工，安的学校寄宿生活从幼儿园一直持续到上大学之前。早在安读中学时，大部分亲戚便都移居韩国了，只留下年迈的姥姥和像她那样正在读书的人还留在家乡。安对于被独自留在国内并无怨言，她十分珍惜父母回家的日子，也能很好地享受学校生活。不过由于缺乏长辈监管，安的学业成绩便渐渐落了下来。随着父母在韩国的工作逐渐稳定，安为了更早地和父母团聚，在高中毕业后前往韩国读大学。安的大学生活比想象中顺利，除了成绩依旧不理想，人际交往方面没有问题，基本在中国人圈子里玩。或许是难以融入韩国主流社会，安计划在大学毕业后回国。

过往故事

位于中韩边界的东北，有着数十万名的赴韩务工者。为了生活，为了家庭，他们背井离乡，穿越国界，前往韩国打工。他们的工作场所可能是嘈杂的工厂,可能是繁忙的工地,也可能是人来人往的餐厅。他们默默地坚守着自己的岗位,用汗水和努力换取着生活的所需。

在安的故事里,母亲在她读四年级时出国,而父亲在她初中时出国。相对于男人而言,朝鲜族女性在韩国劳动市场中更容易找到工作,她们的流动方向多是餐饮和家政行业;而男人的流动方向多数是工地、出海等方面,更为辛苦和危险。朝鲜族女性在韩国获得了合法居住权后,便可以以邀请亲属的名义将自己的丈夫邀请出国。这些流程通常是比较顺利的。但安的父亲的签证却一直没有下来,直到安初中时才成功出国。

安的学校寄宿生活从幼儿园一直持续到上大学之前。初中时,为了安回家方便,父母在县城买了房子。但随着父亲拿到了韩国的签证出国后,安即便回家也是空无一人,所以回家的次数也是屈指可数。安每次放假看着同学们兴高采烈地收拾东西由父母接回家,心里说不出来的苦楚,尤其是放假寝室和教室里就没人了,自己一个人孤孤单单在空旷的学校里听着上下课的铃声时就会特别难过,想着父母在家就好了。这种时候一般就只能看书看电视,越是沉浸在其中,越是能忽视周围环境,能大大降低孤单的感觉,不然真的特别难受。中学阶段,安每周半天的假期会选择性地回家,至于吃饭也是看心情买着吃。这种时候她总是会觉得自己挺可怜挺辛酸的,别人回家的时候都有做好的饭菜等着自己,而她回家的时候却什么都没有。

安的祖父辈现在只剩下姥姥,由舅舅照看着,自己逢年过节时会回去看看她,但让上了年纪的老人成为自己的监护人是无法实现的事。安上面还有一个三十岁的姐姐,也在韩国务工,自己中学阶段所需的衣服、护肤品之类都来自姐姐。早在安读中学时,家里的大部分亲戚便都移居韩国了,只有像姥姥这样年迈的和自己这样正在读书的还留在家乡。

在这些不可抗的现实面前,安总是表现得十分懂事,从未表现出任何怨言。在她看来,自己即使表达心中的情绪也不能解决任何问题,反而会给父母带来多余的担心和麻烦。安说自己也很少和父母有矛盾,每次父母在家的时候,她都想时时刻刻和父母待在一起,一刻也不想离开他们。"其实我还挺喜欢住校的。因为学校里有很多朋友,可以一起玩的东西也很多,比在家有意思许多。"不过安所说的喜欢上学和喜欢读书并不能等同,她喜欢的上学只是能够和朋友们在一起,至于读书方面,安说从父亲出国后就没有人时常敦促自己的学习,学业也随之有些耽误了。安的成绩从那之后就一直不是很好。说起去韩国读书的事,她说其实早在自己高一时,父母就有这个打算,在韩国降一级后重新读高中,但是考虑到自己的学习情况,还是拒绝了。在高二时,才下定决心去韩国读大学,只是为了和父母团聚。

安在初三毕业后第一次去了韩国,在那里住了一段时间。高三毕业后,又在韩国做过兼职。在进入韩国的大学后,安的生活比想象中顺利许多。除了在学业方面偶尔的不适应,在人际交往上基本没有什么问题。这或许归功于她的乐观开朗的性格。不过,安在韩国的交际圈几乎都是中国人。至于韩国人,她总认为好像不太容易融到一起,也没什么想和韩国人融到一起的想法。

这种在读书期间与主流社会的难以融入或者放弃融入,也许成了安日后想要回国的原因之一。而造成这种放弃融入的原因可能部分来自家庭影响,在择偶方面,安的家庭认为朝鲜族和汉族是可以结合的,但是难以接受韩国人,这种来自家庭的排斥也无意识地影响了安的行为选择。至于安本人,则表示自己在择偶上更偏向于汉族而非朝鲜族。和上一代对民族传承的强调不同,这一代人似乎在择偶方面也更加自由,更加考虑自身的意愿、幸福等方面,在这些面前,民族身份似乎也就不那么重要了。

在问到未来时,安毫不犹豫地表示以后如果面临和父母同样的情况,会选择和孩子在一起。自己已经经历过留守的难过和辛酸,深知孩子想要和父母在一起的愿望。

"苔花如米小,也学牡丹开。"安的身上有一种雨过天晴的蓬勃生气和野草般烧不尽的倔强顽强,这份积极阳光的气质就像十足珍贵的宝物,让人羡慕,也让人佩服。

（三）离开：重复父辈的故事

个案札记

本文主人公世贤，朝鲜族人，1994年出生。世贤的父亲早年间是一名瓦匠，后跟随"韩国热"在韩国找了一份海员的工作，缩衣节食积攒了两年的工资后，为家庭在县城购置了一套商住两用房。世贤在大一的暑假曾去韩国做过兼职，大学毕业后先是在国内换过几次工作，但因为国内大学生劳动力市场饱和，毕业生想要找到一份称心如意的工作不是易事，最终世贤还是决定前往韩国打工。目前，世贤在韩国一间车间工作，工作虽然辛苦乏味，但工资不错。关于未来的打算，世贤觉得自己攒了一定的钱之后还是要回国的。子辈重复父辈的命运是一个并不少见的现象，在穷苦地区和贫困家庭中则更为普遍。许多贫困家庭无法提供良好的教育机会，导致子女缺乏知识和技能，难以摆脱贫困；而外部就业机会的限制更容易致使贫困家庭的子女只能从事低收入的工作，难以改变自己的社会经济地位。

过往故事

赴韩务工者的生活往往简单而朴素。他们租住在简陋的公寓，吃着简单的饭菜，重复两点一线的生活。他们没有太多的娱乐活动，也没有太多的社交圈子。他们把大部分的时间和精力都奉献给了工作，只为了能够多赚一些钱，能够给家人更好的生活。即使诸多的困难和挑战摆在面前，如语言的障碍、文化的差异、生活的不便，但他们并未因此退缩，而是默默承受并努力适应。

世贤的父亲也是其中一员。他高中辍学后成了一名瓦匠，虽然工作辛苦，但也只能勉强养家糊口。在世贤四岁那年，父亲遇到了一个机会，那就是"韩国热"。当时，韩国的产业发展和工资收入均领先于中国东北，吸引了大量的东北朝鲜族人前往韩国工作和生活。看到这个机会，世贤的父亲决定跟随村里的亲戚出国闯荡一番。经亲戚介绍，他在韩国找了一份海员的工作，随着船只出海。船上空间狭窄，加上不时会遭遇恶劣天气的袭击，工作环境非常艰苦，但好在做船员的工资远高于在国内做瓦匠。世贤的父亲积攒了两年的工资后，为家庭在县城购置了一套住房，世贤和母亲也因此从农村搬到了城市。

世贤和父亲每年只能见一次。每一次经历的离别对于世贤来说都是莫大的煎熬，世贤每次都会哭得很凶，而留下的仅仅是父亲"孩子好好学习，听妈妈话"的嘱托和载着他远去的大巴车。在网络还没有普及的年代，父子之间的联系只能通过电话，而国际长途又十分昂贵，所以家里人就只能等待父亲来自韩国的电话。后来条件稍稍好转后，母子二人也开始主动给远在国外的父亲打电话。

小学、中学、大学、工作，在母亲的照料下，世贤的人生原本应该这样按部就班地进行着。在大一的假期，世贤第一次去了韩国，并且在那边找了一份兼职。由于打工的地方离父亲的住所太远，世贤并没有和父亲住在一起，只能抽时间去看看父亲。父亲在韩国一直是一个人生活，省吃俭用、缩衣节食，世贤回忆起自己在韩国见到父亲的第一面，心中满是苦涩和难受，但更多的是无可奈何。

从国内大学毕业后，世贤先是在大学当地找了一份工作，结果并不令人满意，随后便去韩国工作了三个月，赚了一些钱，却没承想回来后又会陷入这样的循环。现在的他又在韩国的一间车间工作着，每周上班五天，一天十二个小时。虽然收入还算可观，但高强度的体力劳动、恶劣的工作环境、巨大的工作压力和早出晚归的工作时间，让世贤时不时想放弃，但又无可奈何。

同种类工作的收入在中韩两国的巨大差异，或许解释了韩国对于朝鲜族毕业生的强大诱惑力。世贤身边有不少同龄人和他一样，在中国、韩国就业之间几次抉择后，最终都选择了后者。不过高强度的劳动、略微艰苦的生活环境以及说不定何时会落下的病根，都是为了这些高额工资所付出的代价。世贤的父亲今年去医院检查时发现了骨质增生，世贤认为得病的主要原因在于其早年长期的出海工作。尽管如此，父亲当下仍旧在韩国努力工作着。

世贤工作的地方有很多中国人，他们在这个异国他乡不约而同地汇聚在一起，形成了一个庞大的中国社群。在这个社群中，每个人都拥有自己的朋友圈子，或者更大一些的中国圈子，却很少有人直接融入韩国的主流社会中。存在语言障碍的汉族人姑且不论，即使是没有语言障碍的朝鲜族人，似乎也不是那么容易融入。

在异国他乡的闯荡，让世贤及父母在择偶上的传统倾向逐渐放开。以前父母还会劝说世贤找朝鲜族姑娘，但现在只要世贤自己开心和幸福，父母也就不会过多干涉了。世贤独自一人在国外工作，没有稳定的收入、保险、存款，现在也还没有确定定居的城市，一切的一切对世贤而言都像是巨大的考验，成为压在身上重重的担子。"至于以后，还是要回来的"，世贤在心里暗自打算。

在聊到留守经历的影响时，世贤说自己现在还形容不太出来，但确实觉得和父母陪伴长大的孩子多多少少有些不同。比如习惯了和父亲很低频次的交流，如果突然交流增多，反而有些反常。"留守如果非要说有什么影响，那就是在学习上。因为没有人管我，包括父母、亲戚、朋友、老师等都不管我的学习，学习就成为一种自觉的事，可是我那么小，要怎么自觉啊。如果我爸爸当时在我身边监督的话，或许我会努力学习，现在也不用这么辛苦地外出打工了。所以我觉得学习影响我一辈子……当然我学习不好是多方面原因的，不能归结于爸爸不在家，但是这也有一部分的原因。而且在我们这里根本就避免不了，除非你不要吃饭生活了。所以如果可以选择，我还是会支持他们外出打工的，饭都吃不上了，谁还管学习好不好啊。"

或是繁重的体力劳动，或是琐碎的日常事务，或是具有挑战性的技术工作，异国务工者用自己的双手创造着财富和幸福，用自己的努力改变着自己与家庭的命运。他们的故事或许没有惊天动地的情节，却有着感人至深的力量。

（四）留下：至亲分离是常态

个案札记

本文主人公鲁宁，女，1995年生，辽宁某满洲自治县人。鲁宁的留守经历大概是从有记忆以来就开始了。父母是属于跨省（父亲山东，母亲辽宁）又跨民族（父亲汉族，母亲朝鲜族）的结合，相对来说鲁宁的成长过程就是跨文化的环境。她先是在山东爷爷奶奶家生活过一段时间，后来随父母在北京又生活过一段时间，之后母亲前往韩国务工，父亲依旧留在北京，鲁宁自4岁起便被寄养在辽宁的外婆家里上学和长大。不同于前一案例中重复父辈命运的世贤，鲁宁从小成绩优异，顺利地考入了顶尖的大学，摆脱了外出务工的阴影，但这并不意味着鲁宁的成长就一帆风顺而没有偏差。一部分是由于父母的缺位，鲁宁经历了两次叛逆期，一次发生在初二，早恋、逃课、顶撞老师；另一次是在高一，因为外公的去世而处于长久的迷茫痛苦状态，不愿意上学。但好在鲁宁有一位慈爱的外婆，和不愿意放弃学生的老师，他们努力将鲁宁拉回了正轨。在鲁宁对自己的剖析中，留守经历一方面致使情感上的刻意压制；另一方面又容易过度依赖、敏感脆弱。

过往故事

（采用受访者的自述视角）

我生活的地方是满族自治县，在各个方面的发展上都不算是落后。当地作为主体少数民族的满族与汉族已无太大差距；反而是聚居的朝鲜族保持着民族特色。现在的朝鲜族人都有一种趋势是去韩国务工，原因在于，工资水平相对国内高很多，而朝鲜族的身份在出国上相对容易，而且不存在语言障碍。当地有一所专门的朝鲜族学校，提供双语教育，教育体系从幼儿园到高中。不过就整体教育水平而言，县城的民族学校实力不高，民族学校在资金上没有得到像重点学校那样的支持，也就无法聘请特别强大的师资力量，由此带来的结果是较低的升学率和较低的入学率，进而再重复较低的资金支持。

按传统习惯，我本应该被寄养在爷爷奶奶家中，但因为某些原因，我父母最终还是决定让我和外公外婆一起生活，父母之后则分居两地，一个在北京继续打拼，一个前往韩国闯荡。流动与留守的根本原因无外乎是为了追求更好的生活。一些人，在追求更好的生活过程中比较顺利，没过几年通过各种方式可以在当地安家落户并把孩子也接过去读书生活，从此生活面貌发生改变；但更多一部分人会由于种种原因无法做到这一点，于是两地分隔的生活无限延长，直到孩子长大成人，远走高飞。其实直到现在我对"全家团聚"这一概念仍然持疑，或者说，早就过了对此有渴望的阶段。我所经历，或是见过的更多的模式是孩子年幼时的"被留守"和成人后的父母"被留守"，即"留守"和"分离"的不断循环。

我不知道就其他地方而言留守儿童是否是"扎堆"存在的，至少在我们学校是如此，班上有一半的人处于留守或半留守状态。如果非要说这样有什么好处，大概是不会觉得只有自己是特殊的、可怜的，因为有许多和自己处境相似的人。再者，因为是多数的存在，就会被认为是理所当然，无论是离家的父母还是留守的儿童都必须被迫接受这一现实——分离才是常态。

在这里简单说一下我曾经印象比较深刻的一些经历吧。

可能多数父母是无法面对离别时孩子的哭泣的，因此他们会选择在孩子不在的时候"悄悄离开"。比如早上上学的时候妈妈还给你做饭，晚上回来妈妈就不见了；或者周末千方百计带你出去玩，然后伺机逃跑；再或者让外婆把你带出去买东西，然后悄悄离开。这些我都经历过，虽然还是个孩子，但对"妈妈要走了"这种事还是多多少少能感觉到的。一般妈妈离开后，每一次打电话我都会哭，我又怕她听我哭，我说两句话就会把电话交给外婆然后自己跑到一边哭。

自小开始的每一次的家长会都是让我比较难过的时候。半留守状态的孩子好歹父母一方会来参加家长会，而我只能找外婆参加。三年级的时候有一次主题班会和家长会一起进行，我因为在班上表现优秀而被

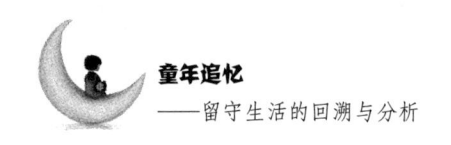

老师指认为主持人。我记得在家长会之前和外婆说过一句"如果很忙的话，其实可以不参加的"。后来外婆真的没有参加，我眼巴巴地看着其他孩子把准备好的花送给自己的家长，我却只能尴尬地拿在手里，当时最成功的一件事就是没有在主持过程中让眼泪流下来。再后来，长大一点，我开始不那么在意家长会了，因为我觉得我的事情都能自己处理得很好，不需要再麻烦外婆。

  我的妈妈只参加过一次家长会，是在高三那年的最后一次——学校建议父母们在高三的最后一年回来陪孩子，于是在后半段时间大部分父母都会回来，我的妈妈是在距离高考还有一个月的时候回来的。其实说到底家长会的大多内容是差不多的，我记得那天妈妈回来一开门就给了我一个大大的拥抱："你知道吗，我从今天早上开始就特别紧张，可能因为以前没去过就挺害怕去参加的。这么多年了，你们老师也不认识我。好不容易去了，我现在最后悔的事就是以前没有参加过你的家长会，还把你成绩好表现好认为是应该的。今天听到那些老师和家长夸你的时候，我才发现你这么优秀。我听着一边骄傲，一边又越来越羞愧。唉，不过以后都没机会参加你的家长会了。"

  以前有研究也提到过，出生在问题家庭的孩子更容易走上偏离的人生道路，尤其是在进入青春期这一价值观形成的关键时期，一定要加以正确的引导。我的成绩一直很好，但我也有过险些偏离正轨的时候，不过正因为成绩优秀，多数老师对我的"越轨"行为就睁一只眼闭一只眼了。一般来说，青春期的"叛逆"通常在每个孩子的人生中都会出现一次，而我却经历了两次。第一次和多数人一样，在初二的阶段。和父母隔着电话做着无意义的争吵，早恋、逃课、顶撞老师。现在已经想不起来曾经争吵的具体原因了，只是记得当时一直认为"生而不养"是一种罪过。后来我的母亲请假回家，要和我"谈谈"，顺便见一下我的班主任。妈妈出门那天我很紧张，一来担心老师要把我在学校的所作所为全盘托出；却又隐隐期待，如果我这么不听话，她可能就会把我带到身边亲自管教了。然而事与愿违，这两件事都没有发生。我的班主任十分认真负责，和我母亲见面后只是不停地讲我的好，怪我父母在我成长过程没有尽到责任，在孩子犯错时又只会一味责怪而不懂自我反省。妈妈从那以后变了很多，我们的生活也逐渐恢复正常。

第二次叛逆期倒不像第一次那么"和全世界作对"，却是我最为痛苦难过的一段时期。高一的寒假，2012年年底，我的外公因病去世了。第一次接触死亡，对我的打击很大；更为打击的是，我突然感觉到，原来所谓的"家庭"不过是靠着遥远又微弱的"线"联系起来的一群人，有什么喜事丧事，大家聚起来热闹或痛苦一番，很快又会回到自己的生活。而被留下的那些人，却不得不时时刻刻面对那曾经热闹的地方变得冷清，不过生活也会很快恢复正常，相对慢一点罢了。那个时候我一个星期至少有三天是不去上课的，一开始我还会装病寻找借口来应付外婆，之后连借口都懒得找；大概外婆也是能够看得出来的吧，我甚至觉得她是希望我留在家里陪她一起的。

在我高考结束后，外婆说："知道你不想留在省内，那去北京怎么样呢？和你爸离得近一点，你可以周末去看他，到时候回家也方便一点。"然而我填报的学校中，北京和天津的学校被我放在了最后一位。我那个时候只想着自由和高飞，虽然对父母早已没有了记恨和埋怨，却也觉得成长过程中的空白不是长大成人后所能弥补的。现在想想，最可怜的还是外婆，辛辛苦苦养大了三个儿女，却在难得清闲时被我妈妈拜托抚养我，抚养长大后，又要再一次面对离别。我妈时不时会提到我小时候对她说过的话，尽管我现在已经没有印象了。

"如果我以后赚钱了，一个月工资有500元，我要给外婆499元，剩下的1块钱给你。"

至于留守经历带给我的影响，先从好的方面说起，大概是生活自理能力上的独立吧。一个人早早学会自己做家务、自己学习、自己读书，怎么说都不能算是坏事；在遇到事情时，更倾向于独立解决；一直以来有着充分的自由；偶尔可以利用父母的歉疚感提一些略微任性的要求；最后还有对各种交通工具的尝试欲和习惯性使用。

但我想说的更多是隐藏在这些好处之下的不易。我很庆幸我的头脑不算笨，让我能够在学业上有所成就，这使得我在迷茫之际并没有被

老师放弃；我也庆幸我有一个心地善良的外婆，让我学会真诚待人，于是许多"有问题的少数人"对我敞开心扉，也让我明白并非只有我一人生活不易；我更加庆幸的是，在我孤单的生活中形成的读书的爱好，让我领悟这个世界也告诉了我坚强的人是如何生活的。现在我更加庆幸的是我学习的这个专业，让我有更多机会去接触和发现自己身上的问题所在，并想要去尝试改变。

以我刚才提到过的"独立"举例，我也是后来才发现，这种独立只是表面的，并不包含人格上的独立。心理学上有一个名词叫"过度需索"（Neediness），是过度依赖的一种体现，但由于这种生活的独立和情感上的依赖在很大程度上并不矛盾，很多人是没有这种自知之明的。而这种过度需索产生的根源就在于小时候爱的缺失，尽管我们必须承认如果生活在父母长期冷热暴力家庭中的孩子也会产生这种情况，同时定期的见面和不间断的电话联系虽然能够作为传递爱的媒介，但父母的空位仍然是存在的。原生家庭所产生的这种心理在日后的亲密关系的建立中会体现得十分明显，也会造成亲密关系维系上的困难。

再说一个较为浅显的方面，大概是我作为女孩子却不具备撒娇技能。因为以往的经历中很少有撒娇的机会和对象，我慢慢就变得排斥撒娇行为。其实我在成长过程中，用了很长一段时间才清楚认识到我被留守不是因为我是累赘，不是因为我不被需要，更不是因为我做错了什么，我也有存在的价值和被这个世界温柔相待的权利。这是对自己价值认同上的模糊感。现在如果让我追溯其根源，大概是长辈在责备我时说的"离开都是为了你""在外婆家要好好表现"诸如此类的话。这些话现在回想起来只是普普通通的叙述，但对于当时极度敏感的我来说，其逻辑就是"如果不是我的存在父母也就不用离开了""外婆家不是我家吗？为什么我还要讨好"等。这种矛盾心理到最后就演变成害怕和担心自己成为别人的负担，又渴望遇到不把自己的依赖当作负担的人存在。

和老人一起生活时，老人的观念可能并不那么开放，尽管随着时代变迁会发生变化，但一些根深蒂固的观念还是难以触动的。因此不管是在养育方式上还是在理念上，带着很多上一辈的色彩，而孩子所接触的

第六章 跨国留守——从留守到流动

是新的时代，在一些事情上就会不可避免地产生矛盾和摩擦。父母如何在其中充当一个合适的角色，在不伤害双方的情况下进行调和是十分重要的。

以上是我从主观又客观的角度对问题的一些陈述和想法。尽管留守现象在当下比较普遍，但我们不能因为问题的普遍就将其合理化。如果很难改变留守的情况，也要对留守过程中可能产生的一些问题加以改善。即使是现在，在我看到一些很小的孩子被赋予"可以自己洗衣做饭做家务""照顾家中生病的老人或者年幼的弟弟"等一些褒扬性描述时，除了感慨这些孩子的懂事，更多的是心疼。因为，这些孩子还这么小就被剥夺了"当孩子"的权利，在还没有足够的认知时就要去体验生活，这对他们后期的发展不免会产生一些影响。作为曾经走过这段历程的过来人，我只希望不论是社会还是家庭，都不要去过度美化这些孩子的早熟与懂事，这在无形中会形成一种社会期望和压力。

卷三　回溯分析

　　人生海海，山山而川，留守经历虽然只是生活长河中的一个看似平淡的段落，却潜移默化、或多或少地改变了留守儿童的人生流向。但这样的潜移默化究竟有哪些表现？又是如何发生的？这背后隐藏着什么样的影响机制？都是值得深究的科学问题。

　　在卷二中，我们集中呈现了 38 位曾经留守者的人生故事，从主位的视角，原汁原味地呈现了被访者讲述的过往经历、心态和感知。这种个案式的全方位展示，对我们近距离地了解留守儿童们的生活现实、感受他们记忆深处的悲欢离合、体察他们烙印于心的喜怒哀乐具有不可替代的作用，可以说直抵人心，令人读后无不"心有戚戚焉"。他们对于个体的留守生活及留守儿童群体遭遇问题的回溯记忆和反身性思考，也具有不可替代的启发价值。

　　但分散的个人记录和点滴思考虽然有血有肉，却主观琐碎，或零光片羽，不成体系，难以做出整体性的、全局性的观照。有鉴于此，本卷将从客位的视角，借助质性分析软件 NVivo 对访谈资料进行信息编码，用三章的篇幅分别对童年期留守经历与行为发展、人格发展、情绪创伤的相关性做出系统分析、问题概括与对策探讨。

第七章 留守经历与行为发展

一 问题与研究回顾

关于留守儿童的行为问题，林宏（2003）、张伟源（2009）、Gao et al.（2010）、Fan et al.（2010）、赵苗苗（2012）、Yang et al.（2016）通过对福建、广西、广东、湖南、山东等地中小学生的调查都有所证实，数据显示，父母外出是青少年学生产生网瘾、吸烟、酗酒、厌学辍学等非健康行为的危险因素。国外方面，Blank（2007）、Bakker et al.（2009）、Dillon & Walsh（2012）、Musalo et al.（2015）等对于墨西哥、牙买加、伯利兹等加勒比国家的因国际移民而留守的儿童的诸多研究也表明，他们会有更多的物质依恋、在学校里卷入打斗等暴力和犯罪、离家出走、行为出格或辍学等行为问题。《柳叶刀》杂志于2018年发表的一篇荟萃分析文章，对全球范围内父母外出与儿童健康的研究做了系统全面的梳理，经筛选后纳入111项研究（其中涉及中国留守儿童的91项），涵盖了264967名儿童样本，结果显示，与非留守儿童相比，留守儿童吸食毒品、铺张浪费、品行障碍等风险显著更高（Fellmeth et al., 2018）。这从统计学意义上确证了留守儿童更易遭遇行为发展障碍的事实。

不过，上述调查分析在揭示留守儿童更有可能遇到行为发展障碍

的同时，也意寓着部分留守儿童不会因父母离开而在行为发展方面受到显著的负面影响。事实上，学者们对处于危机环境中的儿童的研究发现，即便遭受压力、创伤与变化，也并非所有儿童都适应不良，仍有很多儿童可以消减风险，健康成长（Werner，1984；Doyle & Cicchetti，2017）。在一项社区纵向调查中发现，200名处于危险的状况中的被试有72名虽面临贫困、心理健康问题等困境，仍然可以有着较好的适应能力与表现。神经生物学方面的研究也显示，虽然童年创伤可能促使HPA轴做出那些往往导致神经生物学变化的慢性反应，但并不是每一个遭受童年创伤的个体的HPA轴功能会受到干扰（Gunnar & Donzella，2002）。于是研究者开始从积极的视角去关注这一现象，关注缘何一些人被严重压力/逆境压垮，而为数不少者却似未受到高危生存环境的损伤性影响，学界由此提出了抗逆力（Garmezy & Masten，1986；Werner，1990）或自我修复能力（Cicchetti，2015）等概念及相应的理论观点，以解释逆境中成长的儿童的不同发展结果。万江红、李安冬（2016）；李燕萍、杜曦（2016）；李丹、林贻亮（2019）等研究也确证了抗逆力在留守儿童应对各种发展挑战中的突出作用。

前人的研究一方面指出了留守经历对于行为发展的显著性影响，且不同状态的留守儿童有可能遭遇不同类型及不同程度的行为发展障碍；另一方面，研究也指出了抗逆力在消减留守经历带来的负面影响方面的潜在作用。但具体到每一个留守儿童，究竟是哪些因素决定了其应对留守处境的抗逆力，从而能有效消减其情绪创伤，依然是未被充分探究的问题。少数关于留守儿童抗逆力影响因素的研究，也还存在两个方面的不足。一是侧重保护性因素分析，对于危险性因素的关注有限。如万江红、李安冬（2016）；李燕萍、杜曦（2016）都重在分析保护性因素。然而，根据Beardslee（1989）、Howard et al.（1999）的主张，在分析抗逆力时，环境因素中的保护性因素和危险性因素都很重要。二是所用案例较少。前述两项关注中国留守儿童问题的研究所用个案数分别为13个和10个，李丹、林贻亮（2019）更是仅对1位留守儿童做了个案研究，这使得相关结论的稳健性受到制约。

基于上述不足，本章希望基于课题组在全国21个省份收集的137份有留守经历的成年人的个案进行回溯性研究，既对个案做质性分析，也结合使用质性分析软件Nvivo与统计分析软件SPSS 22.0对影响留守儿童行为发展的因素做准量化检验，以丰富关于留守儿童发展影响因素及儿童抗逆力的研究。此外，考虑到老子在《道德经》第六十四章中提出的"为之于未有，治之于未乱"的时间流哲学思想所喻示的防患于未然的现实命题，本章也并希望据此提出对留守儿童的行为发展问题做出主动性预防的对策措施，为留守儿童的关爱保护及社会工作介入提供参考思路。

二 分析框架

童年期这一成长关键期的经历，对于人的健康、认知、行为及性格等方面的发展影响深远。关于童年经历与儿童发展的关系，精神分析理论、依恋理论、创伤理论、压力理论及人类发展生态学理论等都有过阐释，其中以依恋理论及人类发展生态学理论所做的阐释最常为学界所援引。依恋理论的核心假设是"关系增进生存"，认为儿童自出生起，就在生理上倾向于和照料者建立纽带，经由早期与照料者的互动模式，婴儿发展出了一种内在的依恋工作模式（De Wolff & Van IJzendoorn, 1997；Sherman et al., 2015），这种内部工作模式进而影响儿童的社会发展（Sroufe et al., 2005），并作用于整个生命周期（Doyle & Cicchetti, 2017）。有留守经历，也就意味着有过照料者的变动，依据依恋理论，这样的经历必然影响到安全型依恋关系的形成，从而对留守儿童的发育成长产生影响，并可能具有长期效应。

布朗芬布伦纳提出的人类发展生态学理论，则将视角从家庭拓展到了学校、邻里和社会等更为广泛的空间，认为家庭、学校、邻里等社会环境都是人的发展过程中的一部分，各种不同层次、性质的环境相互交织在一起，构成一个既具有中心，又向四处扩散的网络式的生态环境，包含微系统、中系统、外系统和宏系统，共同影响着儿童的发展

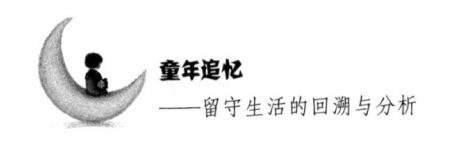

（Bronfenbrenner，1989）。对于留守儿童而言，这些外部因素既可能发挥拾遗补阙、雪中送炭的保护性作用，也可能成为推波助澜、雪上加霜的危险性因素。这一理论综合考虑了不同层次的正反两个方面的因素，为上文提及的抗逆力的分析框架做了很好的注脚。

基于类似的考虑，学者们纷纷提出了自己的抗逆力分析框架，这些框架虽然有细节上的差异，但大都注重内部因素与外部因素的分析，并侧重保护性因素的作用。例如，美国加州的健康儿童调查（The Healthy Kids Survey）所用的抗逆力层次模型（简称CHKS）就主张抗逆力养成是内在资产、外在资产共同作用的结果，个体的内在资产包括自我意识、自我效能、合作与沟通、目标与抱负、问题解决能力、同理心；个体外在资产就是来自家庭、社区、学校、同辈群体等的保护性因素（李丹、林贻亮，2019）。万江红、李安冬（2016）也将留守儿童抗逆力的保护因素操作化为内在保护因素和外在保护因素。另外一些学者还关注到了这些因素的层级，例如，李燕平、杜曦（2016）；同雪莉（2016）、刘红升等（2019）；秦安兰（2020）等相关研究还将抗逆力保护因素划分为多个层次，从来自家庭、学校和社区等的外部保护性因素来考察留守儿童的抗逆力。

考虑到上述学者提及的个体内在资产或内在保护因素，很难辨别是决定抗逆力的原因，还是抗逆力的结果表现，要厘清其界限绝非易事，故笔者认为不宜将其涵盖在抗逆力模型之内。当然，不将其纳入模型并不意味着个人内在因素不发挥作用，这里只是将其作为一种不能准确计算的误差进行处理。此外，前人的分析框架主要将抗逆力与保护性因素联系起来，而相对忽视对抗逆力起负作用的危险性因素，但事实上是两者的消长决定了抗逆力的大小（Howard et al., 1999）。因此，笔者参照布朗芬布伦纳的人类发展生态学理论提及的家庭、学校、邻里等社会环境的分析框架，尝试提出一个适用于留守儿童的抗逆力双因素三维模型。该模型认为，抗逆力源自家庭、学校及社会三个维度的保护性因素的综合作用，同时受制于家庭、学校及社会三个维度的危险性因素的反作用，两者共同决定了留守儿童个人的抗逆力大小。具体如图7.1所示：

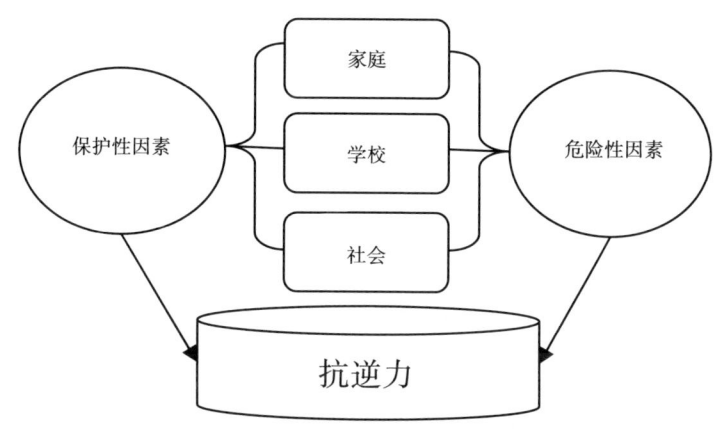

图 7.1　抗逆力双因素三维模型

上述模型中，来自家庭、学校及社会这三个维度的保护性因素与危险性因素共同作用，构成抗逆力的决定因素。其中，家庭方面主要涉及亲代及代理监护人的特点、能力、素养、态度和作为；学校方面主要包括学校的制度化监管和保护、环境设施及氛围、教师所提供的个人性监管和支持及同学好友提供的同辈支持；社会方面则涵盖邻里支持、社区支持、社会力量支持及政府支持。由于保护性因素与危险性因素相互掣肘、相互纠缠并可能具有交互作用，因此在具体分析中，并不能独立地考察保护性因素或危险性因素，而是需要细致考察两者的相对强弱。

三　关键变量说明

要基于上述抗逆力双因素三维模型对留守儿童行为发展的影响因素做出探讨，需要获取比较翔实的个体数据作为支撑：一方面需要对个体的各类影响因素做出判断，另一方面需要尽可能地调查了解其家庭、学校及邻里与社会等背景信息。由于影响因素的判断以及背景信息的定性具有较大的弹性，因此，结构式的抽样调查数据显得捉襟见肘，而定性的个案访谈则具有相对优势。然而，个案材料的非结构性和主观性也为材料的分析带来了困难，为此，本书借助 Nvivo 质性分析软件进行双人编码来消减潜在的影响，并利用 SPSS 22.0 分析软件对编码转换过的数据做适当的量化分析,以实现定性与定量分析结论的互补和参证。相关资料说明及处理方法介绍详见第一章第四节。与研究相关的关键变量的赋值方法如下。

(一)留守变量

学界一般将"留守儿童"界定为父母双方或一方迁移到他国或国内其他地区务工经商,被留在老家半年以上的未成年人(段成荣等,2013)。据此定义,如果在18周岁以前父母双方或一方外出半年及以上,则被视为有留守经历。状态是人或事物表现出来的形态,本书所说的"留守状态",意指儿童在留守时的具体形态。学界针对具体留守形态的讨论基本围绕着父母外出类型(Cortes, 2015;许琪,2018)、日常监护安排(Zhou et al., 2014;段成荣等,2017)、何时开始留守(Liu et al., 2009;姚远、张顺,2018)及留守时长(Fan et al., 2010;刘志军,2019)这四个维度展开。我们因此设置四个留守状态变量,分别对应在什么年龄阶段开始留守、父母外出状况、在家由谁监护、留守持续的年数。各留守变量的赋值及描述统计见表7.1。

表7.1 留守变量描述统计(n=137)

变量	类别	百分比(%)	变量	类别	百分比(%)
留守开始时期[①]	婴儿期	35.0	留守时长	1—3年	12.4
	幼儿期	23.4		4—6年	13.1
	小学阶段	29.9		7—10年	25.5
	中学阶段	11.7		10年以上	48.9
父母外出类型	父亲外出	19.0	监护类型	单亲监护	22.6
	母亲外出	4.4		祖辈监护	45.3
	父母交替外出	9.5		多重监护	22.6
	双亲外出	67.2		其他监护	9.5

---

① 这里的婴儿期、幼儿期分别对应0—3岁、4—6岁。

（二）行为相关指数

行为相关指数包括综合的"行为发展指数"及细分的"积极行为指数"与"消极行为指数"。其中"积极行为指数"指称积极行为的数量，编码获得的积极行为包括"努力拼搏、兴趣爱好良好、信念坚定"等；"消极行为指数"指称消极行为的数量，编码获得的消极行为包括"沾染不良习气、辍学、厌学、缺乏学习自觉性"等。"行为发展指数"用积极行为数量与消极行为数量的差值来测量。需要指出的是，本次的访谈资料仅提供了相应行为是否发生的信息，但对于这些行为的发生频率及其程度深浅，所能提供的信息有限，有产生较大误差的可能。不过，考虑到被访者都是已经成年的有留守经历者，他们通过回顾提供的基本上是记忆深刻的信息，具有一定程度的标示意义（Bifulco et al., 1997），据此构拟的相应指数也大致具备研究所需的区分度。各行为相关指数的描述统计见表7.2。

表7.2　行为相关指数描述统计（n=137）

变量	取值区间	均值	标准差
积极行为指数	0—2	0.42	0.649
消极行为指数	0—3	0.36	0.775
行为发展指数	−3—2	0.05	1.087

（三）保护相关指数

保护相关指数包括细分的"保护指数"与"危险指数"及综合的"净保护指数"。"保护指数"用家庭、学校及社会三个方面的保护性因素的加总数量来测量；"危险指数"则为家庭、学校及社会的危险性因素数量汇总。由于保护性因素与危险性因素相互掣肘、相互纠缠并可能具有交互作用，因此在具体分析中，并不能独立地考察保护性因素或危险性因素，而是需要细致考察两者的相对强弱，因此，本章借鉴CHKS抗逆力模型提出的"当保护性因素超过危险性因素时，对儿童的作用就更积极"的论断（李丹、林贻亮，2019），根据危险性因素和保护性因素的相对数量（即进行加减运算）建构综合的"净保护指数"。家庭/学校/社会净保护指数的计算依此类推。由于抗逆力是潜变量，是内在的难以直接测度的变量，国内外学者大多主张将抗逆力操作化为保护因素共同作用的结果（席居哲、左志宏，2014），或者直接将自我保护性因素视为抗逆力（朱孔芳、刘小霞，2010）。结合 Beardslee（1989）、Howard et al.（1999）关于保护性因素和危险性因素对于抗逆力都很重要的主张，本章将净保护指数作为抗逆力的间接测度指标。同样地，访谈材料能提供的相应因素的性质及程度等信息也受到限制，但基于上文提及的原因，本书也化繁就简地以因素有无及加总数量作为测量指标。保护相关指数的描述统计见表 7.3，各具体因素详见下文。

表 7.3　保护相关指数描述统计（n=137）

变量	取值区间	均值	标准差
保护指数	0—8	2.45	2.047
家庭保护指数	0—4	1.49	1.164
学校保护指数	0—3	0.53	0.841
社会保护指数	0—3	0.44	0.629
危险指数	0—7	2.04	1.662
家庭危险指数	0—6	1.63	1.399
学校危险指数	0—3	0.38	0.708
社会危险指数	0—1	0.04	0.188
净保护指数	−7—8	0.41	2.977

四　保护性因素及危险性因素简析

根据上文提出的抗逆力双因素三维模型，家庭、学校、社会这三个维度的保护性因素和危险性因素，将共同决定留守儿童的抗逆力，进而影响其行为等方面的发展结果。我们基于个案文本，对可以判断的各类影响因素进行了编码。需要说明的是，这些影响因素不一定完全与留守经历有关，为全面反映影响留守儿童行为发展的所有要素，我们在编码分析时并未将其排除，以控制其他因素带来的干扰。此外，由于个案都来自中国大陆，他们生活的社会大环境基本一致，因此大部分访谈个案并没有特意提出政策及社会方面的因素，相关的因素主要与邻里有关，这一局限会在后文再做交代。

（一）危险性因素

扎根文本进行分析，从137份访谈记录中可以提炼出家庭、学校和社会三个维度的危险性因素，共计有13种家庭危险性因素、6种学校危险性因素、2种社会危险性因素。

1. 家庭危险性因素

危险性因素中的家庭因素，包括"与父母交流不当、缺乏情感支持、经济拮据、缺乏管教、重男轻女、监护者管教方式不当、父母管教方式不当、父母感情不和、父母离异、寄宿家庭不公平待遇、家人离世、父母有不良行为、与监护者关系较差"这13类因素。

这些因素可以大致归为三大类，分别与"家庭教育环境""家庭生活环境"及"家庭情感氛围"相关。其中父母有不良行为、父母管教方式不当、监护者管教方式不当、缺乏管教四个因素，致使留守儿童无法拥有良好的家庭教育环境。这些因素不仅对学业有影响，还影响行为及人格发展。以下三个案例分别表明了母亲的性格行为、父母的严苛管教、简单粗暴的管教方式等对于留守儿童的强烈影响。

> 个案19[①]：母亲性格比较急躁，相处起来会因为小事唠叨责骂个不停。比如有次夏天吃西瓜，小王不小心把西瓜水溅到衣服上被母亲看到，因此被责骂了半个小时。所以她也有点害怕，不愿意经常和母亲相处。
>
> 个案01：小时候，经常由于考试成绩或其他孩子天性的事情被打，可以说是家常便饭。

[①] 由于涉及个案众多，且其中多数未收入本书，本卷第7—9章中引用的个案均使用最原始的数字编码标示。

个案20：并没有人能够耐心地引导小轩理解学习的动力和意义，或者认真倾听了解小轩对学习的真实想法和症结所在，粗暴的责骂引起他的畏惧和逃避，甚至更加讨厌学习了。

而寄宿家庭不公平待遇、重男轻女、经济拮据这三个因素则导致留守儿童无法获得良好的家庭生活环境，这使得他们在人际交往中可能会表现得比较敏感、隐忍或自卑，也可能在人生追求上表现出较强的物质需求。以下三个被访者就分别提及了上述三种因素带给自己的深刻记忆：

个案15：小杨曾经有一段时间寄住在大姨家中，和大姨自己的儿子一起。有一天大姨给他们哥俩一人做了一碗面，大姨孩子的碗里厚厚一层煎鸡蛋，而他的碗里却盛着清汤面。小杨说起这件事情的时候止不住地摇头，那种"有苦说不出"的无奈溢于言表，"其实就是想赶我走吧"。

个案22：小陈认为父母重男轻女的观念非常严重，偏爱弟弟，总是给予他最多的关心和最好的待遇。当与弟弟发生争执时，父母无原则地偏袒弟弟，没有给她应有的关心和肯定。

个案51：那时候，我妈在墙上挂了一个口袋，用来装钱，她告诉我们，我家现在非常困难了，里面就是我家所有的钱，要买什么的话，征得她的同意自己拿，但是买了东西剩下的钱要重新放进去。……那个口袋对我的影响一直挥之不去，如果我的口袋里装着钱，我会频繁地检查它是不是还在。我甚至有点拜金主义，对于钱有着谜一般的执着。

需要注意的是，137份个案中仅有13位访谈对象表明自己在留守时的家庭经济条件较为良好，但我们并没有把剩下案例全部编入"经济拮据"的参考点，而是根据访谈对象的具体个人经历，将个人成长和发展明显受到经济条件限制的案例归入"危险性因素"下的"经济拮据"这一编码中，对于那些家庭经济条件虽然不好但未因此受到较大影响的个案,则不编入该参考点。

此外,与监护者关系较差、父母感情不和或离异、与父母交流不当、家人离世、缺乏情感支持则致使留守儿童无法成长于良好的家庭情感氛围之中,使其很容易"忧虑不安",也容易变得孤僻、内向、内敛,甚至是排斥婚姻,"恐婚恐育"。特别是父母感情有裂痕导致家庭氛围紧张、亲子间缺乏交流或是交流方式不当,更易使得留守儿童无法正常获得父爱母爱的支持,"缺爱"的他们在成长发展过程中也难免受到不小的负面影响,如个案15所示的那样:

> 他与父亲的关系非常不和,甚至想断绝父子关系。原因很多,其中之一是幼年时期父亲家暴情节很重,时常会殴打其母亲,而母亲又拿他以及他的姐姐和弟弟撒气。

2. 学校危险性因素

危险性因素中的学校因素由"老师不关心、体罚、父母参与学校活动障碍、硬件设施差、校园欺凌、缺乏良好的同伴关系"构成。这6类因素可以大致划分为"师生互动危险因素"(前4类)及"同学互动危险因素"(后2类)两大类。

其中的校园欺凌具有一定的普遍性,它不只存在于留守儿童群体中,但留守儿童因为自身家庭原因更容易遭受这样的问题(王玉香,2016),与学校同龄人相比,留守儿童本就处于一定的弱势地位,如若面临转学到其他乡镇或城市上学的情况,则更容易受到排挤和欺压。从访谈记录来看,学生之间如有欺凌事件发生,即使告诉老师,校方也往往无法有效处理。留守儿童面对校园欺凌事件,有两种不同的解决方式——性格强势的留守儿童以"人不犯我我不犯人"的心态,受到欺负时以打架斗殴的方式保护自己;性格隐忍的人则忍气吞声,默默承受委屈。无论是哪种应激反应,都容易使得留守儿童的人格及行为发展走向更为偏执的一面,那些"以暴制暴"的访谈对象,展现出更为强势、暴躁的特征,而那些默默承受委屈的访谈对象则愈加隐忍、缺乏自信。

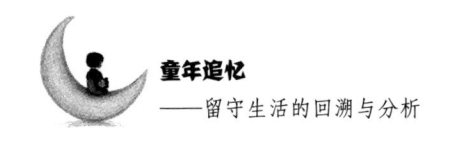

个案 50：不想去学校的原因还在于我们去布央读小学，布央那帮小孩天天欺负我们、打我们，去了就是打架，老师又不管，去学校还不如不去。

除了校园欺凌外，部分留守儿童还面临其他不公正对待。如老师对于成绩表现不佳的留守儿童缺乏关心甚至给予体罚等。有 8 位访谈对象提到，老师只重视学习成绩好或是家里打过招呼的学生，他们感受不到来自老师的关怀；仅有 2 位访谈对象表示自己虽然成绩不好，但老师依然关心帮助。总体来看，那些受到老师更多关注的留守儿童基本上是学习成绩好的学生（共有 14 位访谈对象提及这一情况）。

个案 20：小轩表示，因为自己学习成绩不好，而老师和同学都喜欢关注那些成绩很好的学生，所以在班里自己并不怎么引人注意。

在有学校家长参与的公共活动时，留守儿童因父母不在身边，也无法像其他同学一样获得平等的参与机会，对他们幼小的心灵造成不小的冲击。

个案 11：大概是小学三四年级的时候，要放暑假了，学校要开一次大型的家长会，要求父母亲必须到场。那个时候我在小学的成绩比较突出，被要求代表班级在父母们面前演讲，但是老师得知我父母亲不在身边，就把我这个名额取消了。那个时候我还小，认为老师是在歧视我，让我感觉很难过，所以那次的活动我也没去参加。

其余的学校氛围、同学关系等也都会产生不同侧面的影响。上述因素带来的不良的学校氛围很容易导致留守儿童产生厌学情绪，厌学情绪又会造成学业表现不佳的局面，而学业表现不佳不仅阻碍了留守儿童通过学习改变命运的道路，还可能造成留守儿童产生自卑的心理，自卑、缺乏自信又会进一步产生不良连锁反应。可见，在学校无法获得足够支持的留守儿童，将难以从学业方面获得成就感，难以从老师、同学身上获得情感支持，其健康发展必然受到一定阻碍。

3. 社会危险性因素

危险性因素中的社会因素，主要包括"封建落后的思想氛围、不利的政策"这两种，前者可以归纳为"社会环境危险因素"；后者可以被称为"社会行动危险因素"。不过，访谈对象对于社会危险性因素的提及率极低。

然而，留守儿童问题作为一个社会问题，与社会政策与社会文化的发展密切相关，社会的宏观环境因素是最为根本的影响因素。因此，从政策和文化等社会层面寻求留守问题的解决，是我们始终需要努力的方向。从137份访谈记录来看，大部分家庭是因为经济方面的原因而选择外出务工、经商，并因为政策的制约，带着孩子一起流动的各种成本过高，才不得不让孩子留守老家。而文化传统中的落后因素也直接影响了家庭和学校对待不同性别、不同社会地位、不同家庭特征的留守儿童的行为态度。

由于我国各地的社会政策大致相同，因此在留守儿童内部的社会危险因素差异不太显著，这在后文的分析中也有所体现。为了弥补这方面信息编码的不足，我们在后文的偏相关分析中将纳入"是否来自发达省份"的哑变量，以部分控制社会文化及政策差异带来的影响。

(二) 保护性因素

与危险性因素类似，在137份访谈记录中，同样可以提炼出家庭、学校和社会这三个维度的核心编码。其中家庭保护性因素5种、学校保护性因素4种、社会保护性因素3种。

1. 家庭保护性因素

家庭保护性因素由"监护者积极教导、家庭氛围良好、与父母交流良好、亲友给予帮助、经济条件良好"这5种因素构成。同样地，这5种因素分别与教育环境、情感氛围及生活环境相关。监护者积极教导属于"家庭教育环境保护因素"，亲友给予帮助、经济条件良好属于"家庭生活环境保护因素"；家庭氛围良好、与父母交流良好则属于"家庭情感氛围保护因素"。

具备家庭保护性因素的这类访谈对象或是成长于家庭积极的教导中,或是在人格发展过程中从家庭获得了良好的情感支持或物质条件。特别是部分访谈对象虽然与父母分隔两地,但亲子间沟通及时、交流良好,整体的成长环境并不缺乏关爱,家庭的大部分功能得以正常实现,使得他们的成长发展呈现积极的走向。而拥有家庭保护性因素的访谈对象,在良好的家庭环境中,往往也会发展出一定的个人保护性因素。良好的家庭氛围使得个体在发展过程中得到了足够的情感支持、良好的教育氛围,即使物质条件方面有所限制,个人成长发展仍会趋向正面。

这种家庭保护性因素既可以来源于相隔两地的父母,也可以源自代理监护人,或共同提供,都在留守儿童行为发展中扮演着关键的角色。以下三个案例就分别说明了父母、代理监护人及双方一起所发挥的家庭保护性作用。

个案18:妈妈除了在寒假时和爸爸一起回来外,有时还会在"双抢"时期在家待十几天。妈妈比较关心我的情况,她不仅和外婆姨妈交流,了解我生活学习各方面的表现,还会主动和我沟通。

个案31:小婷认为外公外婆对她影响特别大,相当于扮演了爸爸妈妈的角色。外公外婆虽然读书不多,但他们经常教她一些为人处世的道理。外公虽然教育程度只有小学,但长期坚持自学、写毛笔字,因此小婷受他熏陶很多,从小就是学校里优秀的学生。

个案28:对于小米的学习,父母也非常上心,会监督她做作业、课后复习等。等到了舅舅家生活,管教也并没有松下来。舅舅舅妈对小米也很严格,会像父母一样监督她学习,并且会经常向小米的父母汇报她的生活、学习情况。

2. 学校保护性因素

学校保护性因素主要有"老师关心帮助、学校开展关爱教育活动、硬件设施完善、与同学关系良好、学习氛围良好"这5种。前3个因素可以概括为"师生互动保护因素",后两个因素则为"同学互动保护因素"。访谈记录显示，在家庭层面未获得足够支持和教育的留守儿童，如果所在学校可以提供良好的氛围，给予留守儿童情感和教育支持，则能有效弥补家庭功能的欠缺。

个案34：小文所在的初中本身留守儿童较多，校方较为重视这些学生的心理状态和生活情况，每学期会组织座谈会了解情况，假期也偶尔会组织烧烤、参观烈士陵园、拜访敬老院等以留守儿童为对象的实践活动，小文说自己也因此交了几个朋友，而且这些活动也挺有趣的。

3. 社会保护性因素

社会保护性因素主要由"有处境相似的同伴、邻里关系良好、政府给予支持和帮助、社会开展关爱教育活动"这4种因素构成，前两个因素可以概括为"社会环境保护因素"；后两个因素则为"社会行动保护因素"。

由于留守儿童往往相对集中在劳务输出地，因此不少访谈对象的周围都有很多与自己所处境况相似的同伴，这使得他们在成长过程中不会被孤立，也很少产生落差感。据罗伯特·默顿的参照群体理论（庄家炽，2016），一般人往往是通过和周围人的比较来判断自己生活的好坏。如果自己的周围有很多家庭状况相似的同伴，则留守身份就不会带来歧视，同样的家庭情况也不会使得他们产生强烈的落差感或相对剥夺感，从而在很大程度上避免了自卑心理的产生。

个案47：身边的小伙伴基本都是留守儿童，经常一起玩，我觉得爸爸妈妈不在家很正常，所以没有觉得跟别人不一样，也没有受歧视或者说有孤独、被遗弃的感觉。

此外，父母外出时，良好的邻里关系也可以为留守儿童带来精神和物质支持。

个案24：村里面会给栋栋家里一些帮助，比如说秋收的时候，家里人手不够，村里会派人来帮他们家干农活，对于这一点，栋栋觉得挺感激的。

同样地，多数访谈对象未提及任何社会保护性因素。因此，不同地域的社会因素差异未能在个案材料中获得充分展现，但考虑到访谈个案大多数分布在劳务输出地的农村，省市内部的潜在社会因素差异相对较小，如果控制省市类别，也将部分弥补这一不足。

五 影响因素检视

从个案访谈资料来看，同为留守儿童，也会因为个人、家庭（含代理监护人）、学校及邻里社会等所形成的不同的发展生态系统，而呈现出不同的发展样貌。基于前文的抗逆力模型做出解读，不同个体所拥有的保护性因素和危险性因素不同，激发的抗逆力（以净保护指数作为其间接测度指标）也就有别，从而导致有差异的行为发展结果。简言之，保护性因素和危险性因素综合作用形成的抗逆力的强弱，影响了留守经历与行为发展之间的关系。那么，留守者内部的差异是否与行为发展结果相关，在留守者的发展生态系统中，哪些保护性因素和危险性因素扮演着关键角色，都值得进一步挖掘。为此，下文将基于个案编码所得的量化数据，做进一步的分析。

需要说明的是，本书所用的137份个案虽然来自全国21个省份，覆盖地域广泛，但并非基于严格的抽样方法获得，样本的地域分布、年龄分布存在一定的偏差，样本数量也偏少，因此样本并不具备良好的全国代表性。不过，与其他质性研究相比，本次调查的选点已考虑到东中西部的相对均衡，具体访谈对象的选择也未经过刻意筛选，样本量也达到了社会科学研究意义上的大样本要求，因此亦可借用定量分析方法做出初步检验。基于上述两个方面的考虑，笔者仅采取简单的非参数检验及偏相关分析方法做出基础性的量化分析。当然，基于这一非随机样本所做的统计学推断依然可能带来偏误,因此将以相应个案材料做参证。

(一)留守类别与行为发展

前人的研究已经表明,不同的留守类别与留守儿童的发展具有显著关联(刘成斌、王舒厅,2014;姚远、张顺,2018),但具体的内部差异往往互有抵牾之处,一般研究认为,越早开始留守(凌辉等,2012)、长期留守(陈旭、谢玉兰,2007)、双亲外出(邵美玲、张权,2020)及祖辈监护(范兴华、方晓义,2010)的留守儿童受到负面影响的可能性更大。笔者分别以留守开始时期、父母外出类型、监护类型、留守时长为分组变量,绘制行为发展指数的比较图,如图7.2所示。

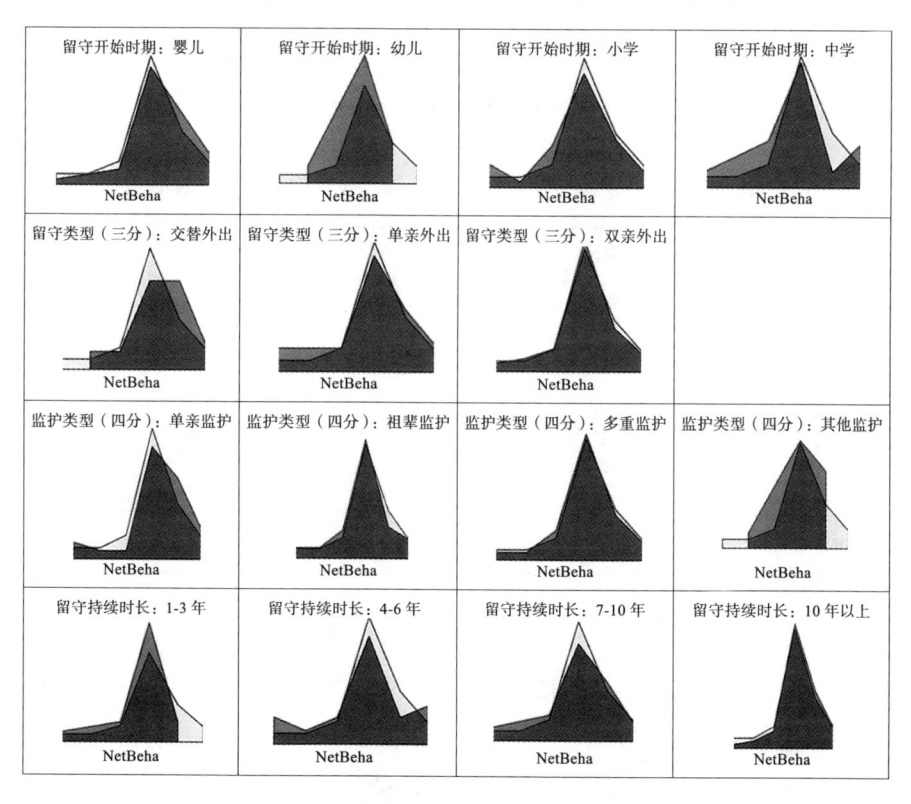

图7.2 行为发展指数的分组比较(*n*=137)

注:图中浅色图形表示整个样本的数据分布,深色图形表示各小组的数据分布。

由图形可见,与总体数据的分布图相比较,幼儿期开始留守、其

他监护、留守 1—3 年这些子群体的分布图相对左偏（即得分低者更多），父母交替外出、单亲监护这些子群体的分布图相对右偏（即得分高者更多），其余基本与总体分布图吻合。笔者也分别以积极行为指数与消极行为指数为绘制变量做子组间的图形比较，结果基本一致（图略）。

那么，分布图形上的差异是否意味着留守类别是左右行为发展的关键因素呢？为此，我们基于资料编码形成的量化数据，同样以各留守变量为分组变量，对各组别的行为发展结果做多独立样本非参数检验，以检验不同情形的留守者的行为相关指数之间是否有着显著差别。检验方法为 Kruskal-Wallis H 检验，其零假设为不同类型留守者之间的行为发展相关指数无显著差异。检验结果见表 7.4。

表 7.4　留守变量与行为相关指数的非参数检验（n=137）

	行为发展指数		积极行为指数		消极行为指数	
	卡方	P 值	卡方	P 值	卡方	P 值
留守开始时期	4.988	0.173	3.328	0.344	4.471	0.215
父母外出类型	1.562	0.458	6.075	0.048	1.152	0.469
监护类型	3.901	0.272	4.878	0.181	1.776	0.620
留守时长	3.049	0.384	2.685	0.443	3.927	0.269

结果表明，父母外出类型的不同会导致积极行为指数的显著差异（P<0.05），其中以父母交替外出者表现更佳，这可能是在留守儿童成长过程中受到了双亲的共同社会化所致。虽然父母的这种社会化影响存在时间上的不同步性，但依然可以对子女的积极社会化发挥着决定性的作用。不过，其余留守变量都无显著影响。可见在有留守经历者内部，具体是哪种类型和状况的留守，大多不会对留守儿童的行为

发展倾向产生决定性的影响。① 因此，还需要从留守儿童所处的社会生态环境中去寻找决定其行为发展的关键因素。

（二）发展生态系统与行为发展

前人的研究已表明，面对留守等逆境，儿童发展会因其抗逆力的大小有别而出现结果差异（同雪莉，2016；王玉香、杜经国，2018；秦安兰，2020）。根据前文提出的抗逆力分析框架，发展生态系统中的保护性因素数量减去危险性因素数量后所得的"净保护指数"可视为抗逆力的间接测度指标，由于综合的净保护指数又可细分为家庭净保护指数、学校净保护指数及社会净保护指数，这些分指数也可用来测度由不同环境场域所激发的抗逆力。因为所涉变量都是连续变量，故采取偏相关分析来检验其关系。控制性别、出生年代、独生子女、是否来自发达省份、母亲文化程度等个人特征和背景性变量及留守类别变量，做行为相关指数与各类抗逆力测定因素的偏相关分析，结果见表7.5。

表7.5 行为与各类因素的偏相关分析（df=126）

	净保护指数	家庭净保护指数	学校净保护指数	社会净保护指数	保护指数	家庭保护指数	学校保护指数	社会保护指数	危险指数	家庭危险指数	学校危险指数	社会危险指数
行为发展指数	0.250**	0.181*	0.306***	0.015	0.190*	0.192*	0.141	0.066	−0.227**	−0.116	−0.343***	0.165
积极行为指数	0.141	0.067	0.241**	0.000	0.171	0.099	0.249**	0.034	−0.050	−0.019	−0.109	0.113
消极行为指数	−0.237**	−0.202*	−0.231**	−0.022	−0.126	−0.190*	0.010	−0.065	0.282***	0.151	0.398***	−0.140

注：***p<0.001，**p<0.01，*p<0.05（双尾检验）。表中数字为偏相关系数。

上表的偏相关分析结果显示，行为发展状况受保护性因素及危险性因素的共同影响。因为总的社会环境比较同质化，因此在留守者内部没

---

① 笔者也尝试采用了常规的协方差分析方法检验了留守变量与行为发展相关指数的相关性，结果显示，所有留守变量都没有达到显著性标准，且在各模型中能解释的变差都较小（P值都小于0.05）。如需了解详细分析结果，可联系作者索取。

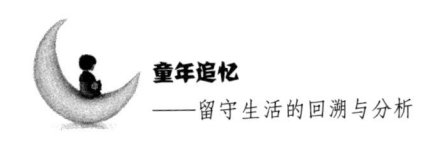

有呈现显著差异，而家庭因素、学校因素都作用显著。其中学校因素对于行为发展的影响更为突出，学校保护性因素能显著增进积极行为，而学校危险性因素则会刺激消极行为的发生。家庭因素则主要表现为其中的保护性因素对于降低消极行为的显著作用。相对而言，学校危险性因素、家庭保护性因素对留守儿童的行为发展最为关键。

从访谈记录来看，学校危险性因素对于留守儿童行为发展的关键性影响在诸多个案中有所呈现，其中最值得注意的是校园欺凌。留守儿童因父母双方或一方外出，亲代保护减弱，如若面临转学到其他乡镇或城市上学的情况，则更易受到排挤和欺压。从访谈记录来看，学生之间如有欺凌事件发生，即使告诉老师，校方也往往不能有效处理。一旦遭遇校园欺凌，留守儿童大致有两种解决方式——性格强势的留守儿童基于"人不犯我我不犯人"的心态以打架斗殴的方式保护自己；性格隐忍的人则忍气吞声，默默承受。无论是哪种应对模式，都容易导致留守儿童行为走偏，或"以暴制暴"，或以辍学、厌学等行为来消极应对。除了"校园欺凌"外，部分留守儿童还面临其他不公平待遇，如老师对部分留守儿童缺乏关心、遭受体罚等。有8位访谈对象提到，老师只重视学习成绩好或是家里打过招呼的学生，他们感受不到来自老师的关怀；仅有2位访谈对象表示自己虽然成绩不好，但老师依然关心帮助。总体来看，那些受到老师更多关注的留守儿童基本上是学习成绩好的学生（共有14位访谈对象提及这一情况）。在有学校公共活动时，有些留守儿童因为父母不在身边，也无法像其他同学一样获得平等的参与机会，对他们幼小的心灵造成不小的冲击。上述因素带来的不良的学校氛围很容易导致留守儿童产生厌学情绪，厌学情绪又会造成学业表现不佳的局面，而学业表现不佳不仅阻碍了留守儿童通过学习改变命运的道路，还会造成留守儿童自暴自弃或破罐子破摔的不良行为等连锁反应。可见，在学校无法获得足够保护和支持的留守儿童，将难以从学业方面获得成就感，难以从老师、同学身上获得情感支持，行为发展必然会受到一定妨碍。

至于那些具备家庭保护性因素的访谈对象，或成长于家庭积极的教导中，或从家庭获得了良好的情感支持或物质条件。部分访谈对象虽与父母分隔两地，但亲子间沟通及时、交流良好，整体的成长环境并不缺乏关爱，家庭大部分功能得以正常实现，使得他们的行为发展呈现积极走向，更少出现消极行为。这种家庭保护性因素，既可以源自相隔两地的父母，也可以源自代理监护人，或两者兼备。众多案例表明，父母、代理监护人及双方共同提供的家庭保护，都可以对留守儿童的行为发展发挥关键性作用。

为更细致地了解学校及家庭中的哪些要素更为关键，故进一步对不同维度的行为发展及不同类别的影响因素做细化的偏相关分析，结果见表7.6。

表7.6　行为与细分生态系统的偏相关分析（df=126）

	家庭教育环境危险因数	家庭生活环境危险因数	家庭情感氛围危险因数	师生互动危险因数	同学互动危险因数	社会行动危险因数	社会环境危险因数
行为发展指数	−0.315***	0.154	−0.041	−0.312***	−0.233**	0.143	0.113
积极行为指数	−0.107	0.150	−0.038	−0.109	−0.065	0.132	0.060
消极行为指数	0.360***	−0.093	0.026	0.353***	0.279***	−0.091	−0.110
	家庭教育环境保护因数	家庭生活环境保护因数	家庭情感氛围保护因数	师生互动保护因数	同学互动保护因数	社会行动保护因数	社会环境保护因数
行为发展指数	0.116	0.076	0.167	0.050	0.185*	0.050	0.058
积极行为指数	−0.026	0.192*	0.038	0.136	0.277**	0.060	0.021
消极行为指数	−0.188*	0.054	−0.207*	0.045	−0.028	−0.020	−0.064

注：***p<0.001，**p<0.01，*p<0.05（双尾检验）。表中数字为偏相关系数。

表中数据显示，家庭生活环境保护因素有助于增进积极行为，家庭情感氛围保护因素有助于减少消极行为，家庭教育环境中的保护因素和危险因素都很关键，前者能有效减少消极行为；后者则会显著激发消极

行为。师生互动中，尤须避免出现危险性因素，因为这会显著增加消极行为。同学互动中的保护因素和危险因素也都很关键，前者多，则积极行为多；后者多，则消极行为多。这些结果从更为具体的角度为如何介入留守儿童关爱保护工作提供了线索。

（三）留守类别的间接效应检验

虽然总体来看，留守类别大多与行为发展结果之间没有必然的联系，但并不能排除留守类别通过影响抗逆力，即保护相关指数从而间接作用于行为发展的可能。由于上文已经分别检验了留守变量与行为发展结果、保护相关指数与行为发展结果之间的相关性，这里只需考察留守类别是否与保护相关指数相关就能初步推断这种间接效应是否存在。同样采用偏相关分析进行检验，结果见表7.7。

表7.7 留守类别与保护指数的偏相关分析（df=126）

	净保护指数	家庭净保护指数	学校净保护指数	社会净保护指数	保护指数	家庭保护指数	学校保护指数	社会保护指数	危险指数	家庭危险指数	学校危险指数	社会危险指数
开始时期	0.024	−0.010	0.033	0.081	0.042	0.034	0.005	0.065	0.007	0.044	−0.049	−0.071
外出类型	−0.033	−0.005	0.014	−0.153	−0.063	−0.002	−0.041	−0.143	−0.017	0.005	−0.071	0.075
监护类型	−0.057	−0.040	−0.002	−0.124	−0.121	−0.085	−0.063	−0.147	−0.044	−0.011	−0.070	−0.042
留守时长	−0.124	−0.109	−0.087	−0.064	−0.093	−0.071	−0.050	−0.099	0.115	0.108	0.085	−0.103

注：表中数字为偏相关系数。

上表数据显示，所有留守类别变量与总的净保护指数、保护指数、危险指数以及细分的家庭/学校/社会的净保护指数、保护指数、危险指数的偏相关都不显著，表明留守类别与获得什么样的保护或遭遇什么样的危险并无必然联系，因而基本可以排除留守类别通过影响抗逆力即保护相关指数来影响行为发展的可能性。这进一步说明了留守儿童生活环境中的保护因素和危险因素对于行为发展结果的直接作用。

六 本章结论与讨论

由上可见，我们在关注不同类别的留守儿童的差异化处境以外，更需要把目光聚焦于每一个留守儿童所处的具体的社会生态环境，关注可以决定留守儿童发展抗逆力的关键影响因素并采取对应介入措施。基于137份个案的探索性分析，我们可以得出如下结论。

（一）留守类别不是影响行为发展的关键

关于不同留守状况对于行为发展的影响，经分组绘图比较及进一步的偏相关分析，显示大多数留守变量的作用都很有限，但作为抗逆力间接测度指标的"净保护指数"的作用则非常显著。这启示我们，总体而言，在有留守经历者内部，留守类别本身并不会对留守儿童的行为发展倾向产生决定性的影响。这与闫伯汉（2017）关于留守儿童的认知劣势与父母外出工作无显著统计关系而主要归因于家庭贫乏的文化资本和经济资本等因素的结论是内在一致的。据此，我们可以推导出一个最基本的结论，即留守的具体类别，包括父母外出类型、监护类型、何时留守甚至留守多长时间，都不会必然带来留守儿童行为发展上的根本性差异，其结果如何，更取决于家庭、学校及社会对于留守儿童们的安置、行为与态度为他们营造了什么样的发展生态系统。留守本身与行为发展之间的关系，很大程度上取决于环境因素所决定的抗逆力大小。虽然留守儿童所在的家庭会因父母的外出流动变为学者们所说的"离散型家庭"（金一虹，2009）或"拆分型家庭"（谭深，2011），出现亲子间的地理阻隔，但通过良好的亲子互动、监护者的细心呵护、学校及社会的同心协力，依然能够健康成长。这应该也是叶敬忠等（2005）、谭深（2011）等为什么认为留守儿童问题有被夸大趋势[①]的原因之一。

---

① 这一问题也被谢新华、张虹（2011）等批评，认为已有研究多把留守及家庭结构的变化作为留守儿童心理问题产生的根源，这是一种病理心理学取向的研究范式，值得好好反思。正如最近美国学者基于对美国家庭的研究明确提出的，许多不同的方式都能让人们度过充满关爱和建设性的一生，也并不存在任何特定的理想家庭结构。

（二）双因素共同作用于行为发展

一般认为，童年期的留守经历也是一种人生成长中的创伤。如果儿童处在关键的成长发育期，甚至会因此伤及神经生成、突触生长、神经回路的组织、HPA 轴，干扰海马体、PFC 与杏仁体的结构、功能及其相互间的功能连通，显著而持久地改变神经生物学特征（Cross et al., 2017），从而对人们的行为、人格倾向及情感认知有着持续终身的影响。要消减这种影响，就需要激发和增强留守儿童的抗逆力。前人已经提及，面对家庭变动等生活环境变动带来的不利处境，儿童都具有潜在的抗逆力，但抗逆力需要激活（陈香君、罗观翠，2012）。在抗逆力的激活与提升过程中，风险性因素及与之抗衡的保护性因素是关键所在（同雪莉，2016）。由于抗逆力是潜变量，是内在的难以直接测度的变量，但可以通过行为发展结果反推其大小。通过对 137 份个案材料的质性和简单量化分析，我们发现，由净保护因素带来的抗逆力具有关键作用。在留守的客观背景下，保护性因素及危险性因素的共同作用，决定了实际激发的抗逆力的大小；而抗逆力与留守儿童的遗传特质一道，决定了其行为发展的结果。

（三）学校危险性因素与家庭保护性因素最需关注

分析结果显示，家庭因素、学校因素都对于行为发展状况有着显著影响，其中又以学校危险性因素和家庭保护性因素最为关键，前者会显著刺激消极行为的发生，后者则能显著减少消极行为。此外，学校的保护性因素能显著增进积极行为，可见留守儿童对于学校因素表现得更为敏感。

细加分析，我们进一步发现，家庭生活环境保护因素有助于增进积极行为，家庭情感氛围保护因素有助于减少消极行为，家庭教育环境中的保护因素和危险因素都很关键。这一结论与吴帆、张林虓（2018）基于"中国教育追踪调查"数据得出的结论一致。该研究发现，随着父母行为参与、情感参与、监管参与水平的提高，青少年不良行为水平显著下降。在学校因素中，尤须避免师生互动中的危险性因素，因为这会显著增加消极行为；而同学互动中的保护因素和危险因素也都很关键，前者多则积极行为多,后者多则消极行为多。

  由此可见,家庭微系统方面的不足,可以经由学校中系统来做出弥补。在学校方面,师长的关爱与同学的支持都能发挥积极作用。良好的学校氛围、老师的关心帮助、友善紧密的同学关系都对于行为发展具有显著的积极影响;与之相反,如果老师关心不足、同学关系较差、校园氛围不佳,则容易导致消极行为。这与 Fan et al.(2010)指出的留守儿童在教师支持少的情况下更容易出现行为问题,贾香花(2007)等关于学校教育在留守儿童人格发展中具有补位作用的研究结论相呼应。学校因素之所以具有重要的补位作用,与儿童在遭遇家庭压力后向外寻求资源支持密切相关。依照压力理论,留守所导致的家庭组织与环境的变化会带来家庭互动、组织和角色的调整,使得儿童及其他家庭成员在压力之下做出行为调适。对于留守儿童而言,由于父母一方或双方的离开,使其更容易受到同辈群体和周围环境的影响(Carlson & Corcoran, 2001)。在这种背景下,作为留守儿童发展生态系统中的重要组成部分的学校就具有重要的补偿作用。

第八章 留守经历与人格发展

一 问题与研究回顾

童年期留守作为一种生活经历,意味着与父母双方或一方的长期分离,其生活环境相应发生改变,从而可能对留守儿童各方面的发展产生影响。提到留守儿童,人们总会首先联想到更多的负面人格及与之相关的心理特征,学界的研究也不例外。

相关研究表明,他们会更多地缺乏自信(周宗奎等,2005),对人际交往及社会的态度趋于消极(赵景欣、刘霞,2010);更容易出现退缩或冲动、孤僻且敏感等问题(廖传景,2015),同伴交往问题维度得分及困难总分显著更高(王锋,2017),人格发展及总体心理健康较差(课题组,2004;杨通华等,2016;周玉明等,2019)。童年期留守经历对于人格特征的影响往往持续到成年以后。一些聚焦于大学生等人群的研究已分别从社交焦虑、人际关系敏感、羞怯体验、人际回避、社交退缩、社交能力、性格倾向等方面做出过探讨。例如,李晓敏等(2010)、杨玲等(2016)对湖南、湖北等省大学生的调查显示,曾为留守儿童的在校大学生的焦虑因子得分显著高于无留守经历大学生。刘海霞(2015)、詹丽玉等(2016)等的调查则表明,有留守经历的大学生的人际关系敏感等因子得分较高。另有一些研究则指出了他们更孤独、内向（温义媛，曾建国，2010）等方面的特点。

上述研究虽然使用的概念不同，但基本上都围绕着人格展开。人格，也称为"性格"或"个性"，是"人的性格"的简称，与英文中的"Personality"、拉丁文中的"Persona"相对应。海内外研究表明，人格特征会受到后天成长环境的显著影响，这种影响既有直接效应，也有通过影响基因的不同表达而产生的间接效应（周明洁等，2016）。童年期的留守作为一种生活经历，意味着亲子之间的部分隔离与代理监护，其生活环境、生活条件、家庭模式等都发生了相应变化，因此必然对人格的模塑和发展产生影响。不过，父母在日常生活的缺失或部分缺失，对留守儿童人格发展带来的影响也不必然是负面的。正如老子在《道德经》第四十二章中提出的"物或损之而益，或益之而损"辩证思想所启示我们的那样，某方面的缺失带来的不一定是负面的影响，也可能蕴藏着积极的发展机遇。因此，留守这一逆境带给留守儿童的影响是多维度的。而诸多研究显示，留守经历并不一定导致留守问题的产生，甚至对于若干积极人格特征的形成具有促进作用。例如，曹杏田等（2017）调查了安徽省6所高等院校381名有留守经历的大学生，发现曾留守大学生积极心理品质总体发展良好，其中正义与合作、乐观与期望维度得分显著高于平均水平。

从上述研究结果来看，"留守经历"确实影响了儿童及其成年后的人格特质，但影响方向有着多种可能。对此做出解释的一种理论是抗逆力理论，认为很多处于危机环境中的儿童，因有其他因素支持及自我调适，可以有效消减逆境带来的创伤与压力，甚至因此有更好的发展（Werner, 1984; Garmezy & Masten, 1986）。神经生物学方面的研究也显示，虽然童年创伤可能促使HPA轴做出那些往往导致神经生物学变化的慢性反应，但并不是每一个遭受童年创伤的个体的HPA轴功能都会受到干扰（Gunnar & Donzella, 2002）。受此启发，国内众多关于留守儿童的实证研究也从抗逆力视角做出了调查分析，认为留守儿童环境中的保护因素可以培养儿童积极的人格特征，推动留守儿童良好适应与健康成长，这些因素涉及父母外出情况、留守时间、照看方式、与父母团聚频率、与父母及监护人的沟通互动情况、家庭教育信念、日常积极事件、同伴支持、社会文化背景等众多方面（赵景欣、刘霞，2010；李燕平、杜曦，2016）。

不过，这类研究也有四个方面的不足：一是主要采用心理测验量表所得的数值作为检验依据，质性的深入分析不足，部分质性研究则基于少量个案并过度依赖研究者个人的直接阐释，观点归纳与逻辑推理缺乏参证。二是多数研究关注的是正在留守的儿童，但他们仍处在发展发育阶段，其发展结果难有定论，而对有留守经历成年人的研究还主要限于大学生群体或特定地域，其代表性或有欠缺。三是主要关注有无留守经历者之间的发展差异并据此分析留守带来的影响，这类研究虽然也会根据留守状况进行对比分析，但其参照组往往设定为无留守经历者，对有留守经历者内部的细致比较不足，这使得我们对于留守经历的具体影响及其机制的探讨有潜在的偏误风险。四是往往分门别类地探讨单种因素与人格发展结果之间的关联，缺乏对保护因素、危险因素及各类因素综合性影响的生态式观照。

基于上述不足，本章希望聚焦于有留守经历者内部的人格发展差异，做更为细致的影响因素与机制分析。为达到这一目的，将利用课题组在全国21个省份收集的137份有留守经历的成年人的访谈材料，借助Nvivo质性分析软件，将所有个案材料中呈现的信息进行双人合作参证的编码，据此对已经成年的曾留守者的人格发展状况及其影响因素进行回溯性分析，以探讨童年期留守经历对于人格发展的长期影响及其背后的关键影响因素和机制。

二 分析框架与统计方法

参照布朗芬布伦纳的人类发展生态学理论，笔者认为，留守儿童的人格发展除了遗传特质以外，主要受到源自家庭、学校及社会三个维度的保护性因素及危险性因素的综合作用。因此，我们将继续以第七章提出的留守儿童抗逆力双因素三维模型为分析框架，分别考察家庭、学校及社会三个维度的保护性因素及危险性因素的具体影响，以厘清童年期留守经历对于人格发展的影响机制。

在具体分析中，将主要利用 SPSS 22.0 对量化后的数据做描述统计、相关分析及协方差分析。首先，为细致分析不同情形下的留守经历的效应，以人格发展指数为因变量，以留守处境指数为协变量，分别以留守开始时期、留守类型、监护类型、留守时长为固定变量做协方差分析，以考察不同情形的留守对人格发展结果的影响。之所以没有使用线性回归模型，一是因为样本量较小，且三个留守状态变量为类别变量，在进行二元哑变量处理并纳入模型后会进一步降低自由度；二是因为四个留守状态变量之间具有一定的共线性，尤其是留守类型与监护类型之间、留守开始时期与留守时长之间的相关性较强，如果分别建模，则不能控制其他留守因素的影响，如果同时纳入模型会导致强共线性问题。[①] 其次，做家庭保护性因素及危险性因素与不同类型人格特质数量的相关分析，以考察家庭因素的影响。最后，做学校因素及社会因素与不同类型人格特质数量的相关分析，以考察相应因素的影响。

三 关键变量说明

本章沿用第七章对留守状态变量的赋值，其他与研究相关的关键变量的赋值方法如下。

（一）留守处境变量

在普遍关注留守状态以外，部分学者在研究中也特别关注了留守儿童的具体处境。处境一般用来指称事件、事实或事物的环境或背景，我们用"留守处境"一词来概括表示留守儿童所处的生存发展环境，包括家庭、学校及社会层面的生态环境。

学界之所以关注留守儿童所处的环境，与 Werner（1984）等在儿

---

① 不过，笔者依然做了相应的回归，无论是分别建模还是一并建模，都显示大多数留守状态变量的效应不显著，而留守处境指数的效应非常显著（P 值都小于 0.001）。

童研究中提出的抗逆力理论密不可分。该理论旨在解释逆境中成长的儿童的不同发展结果，后续的诸多研究进一步指出，环境因素中的保护性因素和危险性因素的消长决定了抗逆力的大小（Beardslee，1989；Howard et al.，1999；同雪莉，2019）。在对我国留守儿童的研究中，一般基于布朗芬布伦纳提出的人类发展生态学理论（Bronfenbrenner，1989：187—249），认为个人以外的家庭、学校、社区等的保护性因素及危险性因素决定了留守儿童抗逆力的大小（万江红、李安冬，2016；秦安兰，2020）。因此，笔者据此构建反映留守儿童具体生活环境的留守处境相关指数来反映留守状态以外的因素，包括细分的"保护指数"与"危险指数"及综合的"留守处境指数"（简称"处境指数"）。由于儿童会进入学校接受正规教育，并因此受到学校环境、师生互动、同学互动等方面的影响；而儿童所生活的社区及所在区域的经济发展水平、文化传统及社会支持也会同时发挥作用，影响着留守儿童的身心发育和发展。因此，本章继续采用第七章的做法，用家庭、学校及社会三个方面的保护性因素的加总数量来测量"保护指数"，"危险指数"则为家庭、学校及社会的危险性因素数量汇总。此处从略。

家庭因素大致归为三大类，分别与"家庭教育环境""家庭生活环境"及"家庭情感氛围"相关；学校因素大致划分为"师生互动因素"及"同学互动因素"两大类；社会因素则包括社会环境因素及社会行动因素。由于保护性因素与危险性因素相互掣肘、相互纠缠并可能具有交互作用，笔者根据危险性因素和保护性因素的相对数量建构综合的"留守处境指数"。家庭/学校/社会相关指数的计算依此类推，其描述统计见表8.1。

表8.1 留守处境系列指数描述统计（$n=137$）

变量	取值区间	均值	标准差
保护指数	0—8	2.45	2.047
家庭保护指数	0—4	1.49	1.164
学校保护指数	0—3	0.53	0.841

续表

变量	取值区间	均值	标准差
社会保护指数	0—3	0.44	0.629
危险指数	0—7	2.04	1.662
家庭危险指数	0—6	1.63	1.399
学校危险指数	0—3	0.38	0.708
社会危险指数	0—1	0.04	0.188
处境指数	−7—8	0.41	2.977

（二）人格相关指数

人格，也称为"性格"或"个性"，其定义与分类众多。人格特质理论的创始人奥尔波特将人格定义为"个体内部决定其特征性的行为和思想的那些心理、生理系统中的动力组织"（麻彦坤，1989），是各种特质的统一和整合。由于人格内涵的丰富性、多样性和跨文化差异，学者们提出了卡特尔十六种人格因素量表（16PF）、艾森克人格问卷（EPQ）、明尼苏达多项个性测验表（MMPI）、大五人格（OCEAN）模型等多种人格测验工具。中国学者也在吸收这些知名量表的基础上，设计了中国人人格测量表（CPAI）（宋维真等，1993）、大六人格模型（张建新、周明洁，2006）等同类工具。不过，无论何种人格测量工具，都是通过各种问题进行多维度的测试，并按照自己的逻辑归纳为若干特质。本书从比较宽泛的意义上使用"人格"这一概念，将其界定为反映个体心理、行为和反应模式的各种特征，并从文本编码获取个案的人格特征信息。

我们构拟的人格相关指数包括综合的"人格发展指数"及细分的"正面人格指数"与"非正面人格指数"。"正面人格指数"指称正面人格特质的数量，"非正面人格指数"指称非正面人格特质的数量。调查过程中，访员并未直接询问访谈对象"您的人格特质是什么？"编码时，我们根据访员的记述，尽量选择访谈记录的描述对访谈对象的人格特质进行概括和归纳。需要说明的是，我们在访谈时只收集了有无相应人格

特征的信息，囿于测度的困难，并没有进一步细究这些人格特征的程度差异。不过，由于被访者都是成年人，在对自我的人格特征做出评价时，一般都是具有代表性的信息，具有一定程度的标示意义（Bifulco et al., 1997），以此为依据构建的人格相关指数，也大致具备研究所需的区分度。

1. 正面人格指数

"正面人格指数"用编码所得的正面人格特质数量来测量。基于访谈材料提炼出来的正面人格特质主要有8个，按出现的频率从高到低排列分别是懂事（83）、独立自主（71）、乐观积极（41）、活泼开朗（31）、自觉性高/自控力强（18）、踏实认真/知足（16）、勤俭（14）、天真单纯（6）。

在正面人格特质中，具有"勤俭"特征的访谈案例有14例，这一特征下的访谈对象，或因家庭教育观念影响，或因经济条件拮据，而养成了勤俭节约的良好生活习惯，但占比相对较少。有18位访谈对象显示出了较强的自控力和自觉性，另有16位表现出了知足、踏实认真的人格特质。具有"懂事"这一人格特质的访谈对象则更多，共有83位，占所有个案的60.6%。这一编码包含善解人意、有责任意识、懂得感恩的性格内涵，编码下的访谈对象，或是受到长辈的教育，或是早早体会到生活的艰辛，或是作为家中较为年长的孩子，他们体谅父母外出的原因，理解家庭所做的种种被迫或自主的选择。环境的困苦也使得他们不得不放下天真、幼稚的心理，努力奋进，在现有的条件下认真生活，甚至尽己所能地为家庭分担部分的压力，甚至承担起照顾弟弟妹妹的小家长角色。

"独立自主"这一人格特质是大多数人对于留守儿童的先入为主的刻板印象，但也在访谈中得到了印证。都说"穷人的孩子早当家"，农村留守的孩子更是如此。由于各方条件的限制，留守儿童在非双亲照料的生活中"被迫"锻炼了自理能力，性格独立自主者不在少数。137位访谈对象中有71位都表现出了较强的自我管理能力和心理承受能力。他们从小自己洗衣、做饭、做家务、做农活，早早挑起了生活的担子，对生活目标的把控也有很强的自主性，相较同龄人表现出更加成熟、独立的面貌。

>个案 54：妹妹当时还小，我开始学着给自己还有妹妹梳头发；一开始不会做家务，家里东西摆放很乱，后来学着做家务，还慢慢学会了做简单的饭。有一次，妈妈回来了，我给她做了炒茄子，那是我第一次炒菜，炒得很干，但是妈妈全部吃光了，还夸我做得好吃，这件事至今难忘。

值得注意的是，具有"活泼开朗"人格特质的访谈对象有 31 位。在一般的固有印象中，留守儿童往往比较内向、不善人际交往，然而从这 31 位被访者来看，童年生活中父母陪伴的缺乏也带来了相对自由的成长环境，使得他们养成了较为外向的人格特质，以活泼开朗的面貌在人际交往中寻求其他来源的情感支持，以期填补父母外出带来的亲情空缺，这也是一种适应能力的体现。另一部分访谈对象则是因为与留守家庭中的其他成员关系亲密，加之亲子间沟通交流良好，成长过程中并不缺爱，在较为淳朴的社区环境中也形成了开朗的性格。此外，具有"乐观积极"特征的案例来源有 41 例。我们在分析时，并没有将这一节点与"活泼开朗"合并，因为"乐观积极"编码下的访谈对象，往往面对留守生活中的困苦也表现出乐观的生活态度，他们积极进取，愿意通过自身努力改变人生轨迹，对生活有一定信心，与"活泼开朗"编码节点的侧重点有所不同，就如以下个案所示的那样：

>个案 46：朋友、书籍、运动，还有相依为命的妹妹，是伴我走过留守岁月的动力。正如泰戈尔所说，世界以痛吻我，我要回报以歌。十年的留守经历是一段无法改变但依然值得感恩的过去，我要做的是永远乐观、永远进取、永远不放弃对美好生活的追求和努力。

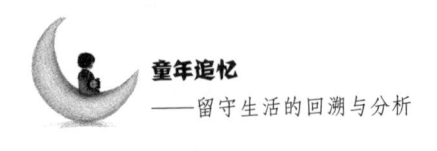

2. 非正面人格指数

"非正面人格指数"用编码所得的非正面人格特质数量来测量。留守生活中的种种危险性因素，也对留守儿童的人格发展有着重要影响，这些反映在了留守儿童的非正面人格特质中。从访谈材料提炼出来的非正面人格特质共有 15 个，包括忧虑不安（50）、自卑（23）、内向（23）、隐忍（17）、敏感（16）、内敛（14）、偏执（14）、幼稚/不成熟（13）、性格强势/暴躁（12）、孤僻（5）、排斥婚姻（5）、消极悲观（5）、重视物质追求（3）、安于现状（4）、圆滑世故（1）。需要说明的是，上述部分人格特质编码之间具有较强的相关性，但在同一个案的编码中会避免重复，只选择最接近的一种编码。

在 137 个案例中，具有"孤僻"节点编码的案例来源有 5 例，这类访谈对象喜好独来独往，不愿意与人交往，孤独的留守经历使他们既害怕孤单，又习惯了任何事情都独自一人面对。具有"敏感"这一人格特质者有 16 例。有些留守儿童面临着寄住亲戚家的种种问题，在寄人篱下的生活中，他们常常要察言观色、谨慎行事，久而久之，形成了相对敏感的性格；有些留守儿童则因为留守的标签和缺乏身份认同、家庭经济情况拮据、缺乏情感支持等方面因素，有着一定的自卑心理，这也使得他们在人际交往中变得非常敏感，不愿意向外界透露自己的家庭情况，无法轻易敞开自己的心扉。此外，具有"排斥婚姻"倾向的访谈对象有 5 位，他们由于缺乏情感支持以及不怎么愉快的童年留守经历，而有着一定的恐婚心理，成家的意愿较低。

"性格强势/暴躁"这一编码节点下有 12 个案例。有着该特征的访谈对象，或是因为溺爱，或是因为留守身份而受到他人欺凌，或是因为缺乏管教、缺乏情感支持，做事容易偏执，性格强势，较易生气。他们面对问题时往往表现出非常强势的态度，听不进他人的不同意见。受到权益侵害时会选择打架斗殴等强硬、偏执的方式来保护自己。另有 13 位访谈对象的人格特质中有"幼稚/不成熟"的一面，14 位访谈对象则有着"偏执"的一面。

个案 14：在与被访者的交谈过程中，小王沉吟片刻——"嗯，可能我有些偏执吧"，他表示自己从小就有些偏执。具体地说，就是之前在初高中的时候性格十分不羁，而现在"懂事了"之后，才开始慢慢改变这个毛病。

"内敛"节点编码有 14 个案例。在最初编码时曾将其划入"内向"节点，但经过反复阅读案例材料，发现这些访谈对象的人格特质，不是单纯的不善言辞、性格内向。他们在面对熟悉的人时，往往表现得比较活跃，没有交流障碍。但面对陌生人时，就变得沉默寡言，情感表达变得含蓄、内敛，难以快速融入新的社交圈。相关联的"隐忍"节点下有 17 个案例，这几位访谈对象，在童年留守生活中或多或少都遭受了挫折和冷遇，遇到问题只是默默承受，不会正面和他人起冲突，与"性格强势、暴躁"的访谈对象形成鲜明的对比。表现出"内向"人格特质的访谈对象有 23 位，不同于性格"内敛"的留守儿童，"内向"的他们，即使在面对熟人时，情感表达也十分含蓄。他们不善言辞，沉默寡言，在人际交往中往往处于被动的一方，很少和他人交流自己的内心想法，这也使得他们不易交到朋友。在"自卑/不自信"编码节点下也有 23 个案例。造成自卑心理的因素是多方面的，根据访谈记录来看，这种自卑心理大多来自跟非留守家庭及经济条件良好家庭对比下的落差感。留守身份仿佛自带着一种撕不掉的标签，留守儿童在与同龄人共处时所感受到的落差感以及同辈压力，都使得他们容易缺乏自信乃至产生自卑心理。

出现频次最高的是"忧虑不安"，这一节点下共有 50 位访谈对象，占总个案数的 36.5%。在父母角色的缺失之下，留守生活使得他们容易陷入孤独无助，内心有强烈的不安全感。因为这样的不安全感，他们也容易患得患失，担心关系亲密的人忽然离开。他们或是对情感的依赖性较强，或是认为自己无依无靠，从而容易对所处的人际环境及生活环境都忧虑不安。

个案 73:"现在我回想起来,两年多的留守经历,给我留下的最大的影响就是非常没有安全感。我一直到上小学三年级都必须和妈妈一起睡,因为我非常害怕爸爸妈妈在我睡觉的时候离开……小时候我坐长途车的时候,爸爸开车,妈妈在副驾驶座上,我坐在后排想要睡觉的时候,都要用手抓着妈妈的衣服,因为我非常害怕爸爸妈妈不要我了。

3. 人格发展指数

"人格发展指数"用正面人格特质数量与非正面人格特质数量的差值来测量。从访谈记录来看,每个人的人格特质都是多元、复杂的,许多访谈对象身上都有着多种不同甚至是有点相互矛盾的人格特质。有着一定正面人格特质的留守儿童,性格中也可能有着较为负面的一面或多面,只不过在面对一个人时,可能仍有主次人格特质之分,正面人格特质占据主导地位的访谈对象,往往表现出更强的抗逆力和适应能力,从访谈记录所记述的内容来看,他们的发展状况呈现了一个较为积极的走向。此外,各人格特质之间也会互相影响,产生连锁反应。例如,自卑、缺乏自信的留守儿童很容易同时具有孤僻、敏感、忧虑不安等人格特质。各人格相关指数的描述统计见表 8.2。

表 8.2 人格相关指数描述统计(n=137)

变量	取值区间	中位数	均值	标准差
正面人格指数	0—5	2.00	2.04	1.21
非正面人格指数	0—6	1.00	1.50	1.38
人格发展指数	−5—5	1.00	0.55	1.98

四 分析结果

(一)双因素、留守类别与人格发展

从 Nvivo 软件生成的线性相关图来看(图略)[①],保护性因素与正面人格特质相关性强,而危险性因素则更多地与非正面人格特质联系在一起。基于文本编码所得的定量数据,采用 SPSS 22.0 做人格与各类影响因素的相关分析,也可见正面人格特质与家庭、学校及社会保护性因素都具有非常显著的正相关,与家庭危险性因素显著负相关。与此相对,非正面人格特质则与家庭、学校及社会危险性因素显著正相关,与家庭保护性因素显著负相关。最值得注意的是,做了加减运算后的人格发展指数与留守处境指数之间的相关系数最高(表略),进一步表明了保护性因素的相对多少是人格特质发展方向的关键决定因素。

前人的研究已经表明,性别等个人特征及具体的留守情况都对于留守儿童的人格发展具有显著影响(刘成斌、王舒厅,2014;姚远、张顺,2018)。因此,控制性别、独生子女、出生年代、母亲文化程度、父母是否离异、是否来自发达省份等个人特征及背景性变量及留守开始时期、留守类型、监护类型、留守时长等留守类别变量,再做偏相关分析,结果基本不变(表 8.3)。

表 8.3 人格与生态系统的偏相关分析(df=126)

	保护性因素数量加总	家庭保护性因素数量	学校保护性因素数量	社会保护性因素数量	危险性因素数量加总	家庭危险性因素数量	学校危险性因素数量	社会危险性因素数量	留守处境指数
正面人格特质数	0.514***	0.433***	0.382***	0.345***	−0.287***	−0.279***	−0.155	0.107	0.504***
非正面人格特质数	−0.235**	−0.356***	−0.043	−0.046	0.521***	0.524***	0.196*	−0.002	−0.441***

---

① 因 Nvivo 系统生成的图片较大且其中文字字体太小,为不影响排版略去。有需要的读者可以通过邮件联系作者索取。

续表

	保护性因素数量加总	家庭保护性因素数量	学校保护性因素数量	社会保护性因素数量	危险性因素数量加总	家庭危险性因素数量	学校危险性因素数量	社会危险性因素数量	留守处境指数
人格发展指数	0.469***	0.505***	0.258**	0.238**	−0.531***	−0.527***	−0.228**	0.065	0.605***

注：***$p<0.001$，**$p<0.01$，*$p<0.05$（双尾检验）。

为更细致地分析不同情形下的留守经历的效应，特基于资料编码形成的量化数据，以人格发展指数为因变量，以留守处境指数为协变量，分别以留守开始时期、留守类型、监护类型、留守时长为固定变量做协方差分析，以考察不同情形的留守对人格发展结果的影响。结果显示，四个协方差分析模型中（表8.4），所有留守状态变量都没有达到显著性标准，且在各模型中能解释的变差都较小。"留守处境指数"的作用则非常显著，在四个模型中所解释的变差占校正后总变差的31.52%—33.08%。

表8.4　留守状态变量与人格发展指数的协方差分析（$n=137$）

	留守开始时期与人格发展指数	留守类型与人格发展指数	监护类型与人格发展指数	留守时长与人格发展指数
调整后R方	0.32	0.31	0.32	0.31
校正的模型	181.41***	173.38***	181.63***	178.64***
截距	19.05**	10.54	19.87**	14.81*
留守处境指数	170.13***	170.35***	168.32***	176.63***
留守开始时期/留守类型/监护类型/留守时长	9.36	1.33	9.58	6.59
扰动项	352.53	360.56	352.31	355.30
总计	575.00	575.00	575.00	575.00
校正后的总变差	533.94	533.94	533.94	533.94

注：***$p<0.001$，**$p<0.01$，*$p<0.05$（双尾检验）。表中数字为Ⅲ类平方和。

（二）家庭因素与人格发展

上文分析表明，无论是在保护性因素还是危险性因素中，都是家庭因素的数量最多，并因此与留守儿童的人格特质具有最紧密的联系。这启示我们，留守经历是否会带来人格偏差，更多地取决于亲子之间的关系质量和互动状况。基于编码所得量化数据，做家庭保护性因素及危险性因素与不同类型人格特质数量的相关分析，结果也佐证了上述判断。统计结果详见表8.5。

表8.5　家庭保护性/危险性因素与人格发展的相关分析（n=137）

	监护者积极教导	留守家庭氛围良好	与父母交流良好	经济条件良好	亲友给予帮助	有家庭保护性因素
正面人格指数	0.30***	0.31***	0.23**	0.01	0.22*	0.30***
非正面人格指数	−0.06	−0.24**	−0.27**	−0.17*	−0.10	−0.29***
人格发展指数	0.23**	0.36***	0.33***	0.13	0.20*	0.38***

	与父母交流不当	父母有不良行为	父母离异	父母感情不和	缺乏情感支持	缺乏管教	父母管教方式不当
正面人格指数	−0.10	−0.13	0.02	−0.01	−0.13	−0.20*	−0.09
非正面人格指数	0.26***	0.08	0.01	0.36***	0.40***	0.32***	0.23**
人格发展指数	−0.24**	−0.13	0.01	−0.25**	−0.36***	−0.34***	−0.22*

	监护者管教方式不当	寄宿家庭不公平对待	重男轻女	经济拮据	与监护者关系较差	有父母或兄弟姊妹离世	有家庭危险性因素
正面人格指数	−0.15	−0.18*	−0.01	0.17*	−0.01	0.10	−0.22*
非正面人格指数	0.03	0.10	0.06	0.18*	−0.06	−0.16	0.31**
人格发展指数	−0.11	−0.18*	−0.05	−0.02	0.04	0.17*	−0.35***

注1：***p<0.001，**p<0.01，*p<0.05（双尾检验）。

注2：虽然由于样本量的原因，部分变量的相关系数仅具参考意义，但依然具有指示价值。下同。

上表结果显示，如果没有家庭保护性因素，则正面人格特质显著偏少，非正面人格特质显著偏多，如果没有家庭危险性因素，则结果相

反；综合来看，其中影响最为显著的家庭保护性因素为家庭氛围良好、与父母交流良好、监护者积极教导，影响最为显著的家庭危险性因素为缺乏管教、缺乏情感支持、父母感情不和、与父母交流不当、寄宿家庭不公平对待等。

（三）学校及社会因素与人格发展

对于个案材料的分析也表明，如果家庭未能为留守儿童提供良好的成长环境，则学校和邻里社会可以发挥一些弥补性的功能，这主要体现为学校保护性因素、社会保护性因素对于留守儿童正面人格养成的积极作用。同样基于编码所得量化数据，做学校保护性因素/危险性因素及社会保护性因素/危险性因素与不同类型人格特质数量的相关分析，统计结果也佐证了以上判断。统计结果详见表8.6。

表8.6 学校及社会保护性/危险性因素与人格发展的相关分析（n=137）

	老师关心、帮助，师生关系融洽	与同学关系良好	学校学习氛围良好	学校开展关爱、教育活动	有学校保护性因素		
正面人格指数	0.34***	0.33***	0.24**	0.03	0.41***		
非正面人格指数	0.06	−0.15	−0.01	0.04	0.01		
人格发展指数	0.17	0.30***	0.15	−0.02	0.24**		
	校园欺凌	缺乏良好的同伴关系	老师不关心	体罚	硬件设施差	父母无法正常参与学校活动	有学校危险性因素
正面人格指数	−0.03	−0.14	−0.16	−0.04	0.08	0.03	−0.06
非正面人格指数	0.11	0.25**	0.10	0.10	−0.09	0.04	0.14
人格发展指数	−0.10	−0.26**	−0.16	−0.09	0.11	−0.02	−0.14
	周围有处境相似的同伴	邻里关系良好	政府给予支持、帮助	有社会保护性因素	农村落后、封建的思想氛围	不利的政策	有社会危险性因素

续表

正面人格指数	0.19*	0.28***	0.28***	0.29***	0.07	0.14	0.12
非正面人格指数	0.06	−0.09	−0.13	0.03	0.06	−0.09	0.02
人格发展指数	0.07	0.23**	0.26**	0.15	−0.01	0.15	0.06

注：***$p<0.001$，**$p<0.01$，*$p<0.05$（双尾检验）。

上表的分析结果表明，如果缺乏学校及社会保护性因素，则正面人格特质显著偏少；综合来看，其中学校保护性因素中的老师关心帮助、与同学关系良好、校风良好都具有非常显著的积极影响；与之相反，如果同学关系较差，则有显著负面影响；而社会因素中的所有保护性因素都对于正面人格特质的形成具有显著的促进作用，至于社会危险性因素，因涉及个案数过少，未能据此判断其相关性。

五 本章结论与讨论

（一）留守处境对人格发展的影响

关于不同留守状态对于人格发展的影响，经协方差分析，显示所有留守状态变量能解释的变差都较小，但"留守处境指数"的作用则非常显著。这启示我们，总体而言，在有留守经历者内部，留守状态并不会对留守儿童的人格发展倾向产生决定性影响。这在关于留守经历对行为发展的分析中也被证实（刘志军，2020a）。据此，我们可以推论，在留守儿童群体内部进行比较，则其人格发展更多地取决于家庭、学校及社会对于留守儿童的安置、行为与态度为他们营造了什么样的成长生态系统。如果有良好的亲子互动、监护者的细心呵护，留守儿童在人格方面依然可以健康发展。

对于这一结果，可以结合布朗芬布伦纳提出的人类发展生态学理论及 Werner 等提出的抗逆力理论分析其内在机制。早在两千多年前，中国古代的思想家老子就已提出"物或损之而益，或益之而损"的辩证思想，启示着逆境带来的影响是多维度的。不过，老子"损之而益"的辩证思想只是指出了留守经历带来积极影响的可能性，但在什么条件下才能将"损"转化为"益"，老子并没有给出明确的答案。而现代的抗逆力理论则从作用机制方面指明了损益之间的内在转化规律。学界在探讨这一机制时，重点围绕着保护因素和危险因素这两个核心概念展开。Beardslee（1989）、Howard et al.（1999）等阐述了环境因素中的保护性因素和危险性因素；Richardson（2002）提出的"身心灵动态平衡模型"将保护性因素置于核心位置；万江红、李安冬（2016）对留守儿童的个案研究也着重分析了保护性因素在培养儿童积极个人特质方面的关键作用。美国加州健康儿童调查（The Healthy Kids Survey）所用的抗逆力层次模型（CHKS）进一步将促进抗逆力养成的保护性因素的来源划分为家庭、社区、学校、同辈群体等类型（李丹、林贻亮，2019）。李燕平、杜曦（2016），同雪莉（2016）等也将抗逆力保护性因素划分为个人、家庭、社区层面等层次。这些因素层次的划分，与Bronfenbrenner（1989）提出的人类发展生态学理论的系统思维相契合，将我们关注留守儿童人格发展的视角从家庭拓展到了学校、邻里和社会等更为广泛的空间，喻示着家庭、学校、邻里等不同层次的环境构成的网络式的生态环境共同影响着儿童的发展。

就上文的分析结果来看，我们可以梳理出这样的作用机制：家庭、学校、社会的保护性因素和危险性因素一道营造了留守儿童的留守处境，这种处境决定了留守儿童可以获得什么样的抗逆力，而抗逆力的类型和大小则决定了留守儿童可以在留守生活中形成什么样的人格特征。在不同的留守状态下，家庭、学校和社会都具有很大的可操作空间来营造有利于留守儿童发展的生态环境。因此，相较于留守类型，留守处境对于人格发展有着更大的作用空间。我们的实证分析表明，事实上留守处境也在留守儿童的人格发展中发挥着决定性的作用。

（二）家庭、学校及社会因素对儿童人格的影响

由上可见，留守处境指数对于人格发展最为关键，不过，共同营造着留守处境的家庭、学校及社会的保护性因素和危险性因素，在决定留

守儿童抗逆力的过程中，各自扮演的角色也存在区别。上文的分析结果表明，家庭因素在留守儿童人格发展方面发挥着关键作用，而学校及社会因素则有着重要的补位作用。在家庭因素中，良好的家庭氛围、通畅的亲子交流、积极的监督教导，都能显著促进正面人格特质的形成；相应地，如果疏于管教、不重视情感支持、缺乏亲子交流，或父母将夫妻间的矛盾冲突公开化、所委托的代理监护人具有区别对待行为，都可能导致人格发展方面的偏倚。

这样的内在联系在诸多被访者身上有生动体现。从访谈资料来看，有52位访谈对象与父母关系亲密，其中51位都具备正面人格特质，且其中23位未显示任何负面人格特质；与此形成鲜明对比的是，26位与父母关系疏远的访谈对象中就有24位具备比较负面的人格特质。这与诺贝尔经济学奖获得者Heckman提出的"家庭生活的质量是决定一个孩子是处于有利地位还是不利地位的首要因素"的观点是内在一致的（赫克曼、罗斯高，2019）。在学校因素中，良好的学校氛围、老师的关心帮助、友善紧密的同学关系都对于正面人格特质的养成具有显著的积极影响；与之相反，如果同学关系较差，则容易养成偏负面的人格特质。这与贾香花（2007）等关于学校教育在留守儿童人格发展中具有补位作用的研究结论相呼应。在社会因素中，有着关系良好的邻里、周围有处境相似的同伴相互扶持鼓励、政府给予支持和帮助都能显著促进正面人格特质的养成。学校因素及社会因素之所以具有重要的补位作用，与儿童在遭遇家庭压力后向外寻求资源支持密切相关。依照压力理论，留守所导致的家庭组织与环境的变化会带来家庭互动、组织和角色的调整，使得儿童及其他家庭成员在压力之下做出行为调适。对于留守儿童而言，由于父母一方或双方的离开，使其更容易受到同辈群体和周围环境的影响（Carlson & Corcoran, 2001）。在这种背景下，作为留守儿童发展生态系统中的中系统、外系统和宏系统的学校、邻里及政府和社会，就发挥了重要的补偿作用。

前人的研究表明，通过链接留守儿童及其家庭、学校、社区等内外部资源，培养和增强留守青少年内在保护因子和外在保护因子，可以帮

助留守儿童更好地应对所面临的挫折和困境（王玉香、杜经国，2018）。我们的研究佐证了这一结论，并通过细致分析，表明无论是危险性因素还是保护性因素，家庭层面的因素都是影响人格特质的最为关键和核心的因子，这尤其表现在避免负面人格特质的养成上。一旦留守儿童面临着较多的家庭危险性因素，学校及社会保护性因素能够给予的对冲效能将受到限制。

（三）结论、局限与展望

基于以上分析，我们得出如下三个方面的结论：（1）在有留守经历者内部，留守类型、监护类型、留守开始时期及留守时长等留守状态变量能解释的人格发展变差很小且不显著，但留守处境指数能解释的变差较大且很显著。可见从长远来看，留守儿童的人格发展结果更多地取决于留守处境而非留守状态。（2）在正面人格特质的养成上，家庭保护性因素及危险性因素都很重要，而学校保护性因素及社会保护性因素也有积极影响。在非正面人格特质的养成上，家庭危险性因素及保护性因素依然关键，但学校保护性因素及社会保护性因素却无显著作用。可见家庭因素对人格发展起关键作用，而学校及社会因素则有重要补位作用。（3）不能在留守儿童关爱保护工作中简单地依留守状态施策，而需生态式分析其关键危险性因素，提出针对性解决方案。

当然，因资源及实际操作上的限制，本书依然具有以下两方面的局限：一是以人格特质发展为例尚不能全面反映留守经历的长期影响，因为体质发展、认知发展都可能与此具有不同的影响机制；二是所有个案均为有留守经历者，缺乏与无留守经历者的对比分析，相关结论仅适用于留守儿童群体内部的比较。

针对这些不足及本章的初步发现，后续研究可以从如下四个方面做出拓展：一是采用问卷调查与个案访谈相结合的方式，收集有留守经历者的身心发展、认知和人格等方面的更为全面的资料，以综合性地比较分析留守状态和留守处境对于留守儿童发展的作用。二是将调查对象扩展到无留守经历者群体，包括有流动经历者、兼有留守经历和流动经历者及无留守和流动经历者等参照群体，进一步探究童年期的相应成长经历对于成年后发展结果的影响。三是在家庭、学校、社会层面开展专题的调查研究，深入探讨各个层面的保护性因素及危险性因素对留守儿童发展的作用机制。四是从儿童社会工作的视角，基于相关发现提出介入留守儿童关爱保护工作的具体思路、方法及配套的政策措施，其中，可以特别针对2019年在全国铺开的儿童主任制度提出改进与完善方案。

第九章 留守经历与情绪创伤

一 问题与研究回顾

情绪创伤在海内外学界都受到关注，也是诸多留守儿童研究文献的问题之一，因为情绪在人际交往、态度改变、工作表现乃至学习和记忆的效果上都起着重要的影响作用（石林，2000）。学界对情绪进行分类的"大二（Big Two）模式"一般将情绪分为积极情绪（Positive Affect）和消极情绪（Negative Affect）。后者包括诸如恐惧、紧张、憎恶、耻辱和委屈等各种令人生厌的情绪状态（Watson et al., 1988）。健康心理学领域的研究发现，积极情绪可以起到延长生命、提升生活质量的作用，而消极情绪则会提高罹患各种疾病的风险。由于消极情绪的这些负面影响，一些学者往往将其称为情绪创伤（Emotional Trauma）（Jackson et al., 1953），学界通常采用的儿童创伤症状检查表（TSC-C）所测量的焦虑、抑郁、创伤后应激、分裂、愤怒等项目都与此紧密相关（Song et al., 1998）。

针对留守带来的抑郁焦虑、孤独寂寞、委屈难过、被忽视或歧视感、恐怖惧怕等情绪创伤，前人已做过多维度的调查研究，除少数学者的调查未报告留守与情绪创伤的显著联系以外，绝大多数的研究都从不同维度做出了确证（刘霞等，2007；范方，2008等）。歧异主要存在于不同留守类型和状态等的影响大小，涉及留守者性别等个人特征（周宗奎等，2005）、父母外出类型（温义媛，2009）、留守开始时期（李晓敏等，2009）、留守时间长度（范方，2008）、监护类型（赵苗苗，2012）等各方面的问题。综合前人的研究发现，越早开始留守、留守时间越长、无母亲陪伴等的留守儿童，遭受情绪创伤的可能性越高，其中的留守女童比留守男童更易遭受情绪创伤。

不过，正如前文所述，国内外学者们对各类处境不利儿童的调查研究也发现，并非所有的儿童在遭受压力、创伤与变化时都适应不良，也有众多的处于逆境的儿童可以消减这些风险并健康成长（Werner，1984；田国秀、曾静，2007）。学界由此提出了抗逆力（Garmezy & Masten, 1986; Werner, 1990）的概念及相应的理论观点，对同处逆境的儿童的差异化发展结果做出解释。万江红、李安冬（2016），李燕萍、杜曦（2016），李丹、林贻亮（2019），同雪莉（2019）等研究也从不同角度确证了抗逆力在留守儿童应对各种发展挑战中的积极作用。

纵观前人的研究，一方面指出了留守经历对于情绪创伤的显著性影响，也通过各种数据分析和质性调查，比较了处于不同状态的留守儿童所遭遇的不同类型及不同程度的情绪创伤；另一方面，这些研究也指出了抗逆力在保护留守儿童免受与留守生活相伴随的不利处境的负面影响的积极功能。不过，对于每一个具体的留守儿童而言，究竟是哪些因素决定了其抗逆力，从而能有效地应对留守逆境，消减其情绪创伤，依然是未被充分探究的问题。现有的少数关于留守儿童抗逆力影响因素的研究，也还存在两个方面的不足：一是侧重分析保护性因素，但对于危险性因素的关注比较有限，如万江红、李安冬（2016）及李燕萍、杜曦（2016）都重在分析保护性因素。然而，根据 Beardslee（1989）、Howard et al.（1999）的主张，在分析抗逆力时，环境因素中的保护性因素和危险性因素都很重要。二是相关研究所用的案例也较少。例如，前述两项中国学者所做的研究分别基于 13 个和 10 个案例完成，李丹、林贻亮（2019）则仅以 1 位留守儿童为例做了个案分析，这使得相关结论的稳健性及可推广性受到较大制约。

针对这些研究中存在的不足和缺陷，本章将利用课题组在全国 21 个省份收集的 137 份有留守经历的成年人的个案，基于当事人自己的讲述和描述，对留守经历带来的情绪创伤及其背后的关键决定因素做出分析，据此思考对留守儿童的情绪创伤做出主动性预防的对策措施，为留守儿童的关爱保护及社会工作介入提供参考思路。

二 分析框架

正如前文所述，要厘清留守儿童身上表现出来的种种效应的生发机制，不能不将儿童视为一个复杂环境生态中的能动个体做整体性的考察。这方面，布朗芬布伦纳的人类发展生态学理论为我们提供了富有启发性的分析框架。因此，本章将继续以第七章提出的留守儿童抗逆力双因素三维模型为分析框架，分别考察家庭、学校及社会三个维度的保护性因素及危险性因素的具体影响，以厘清童年期留守经历对于情绪创伤的影响机制。

三 关键变量说明

资料来源及处理方法同第七章，只是在编码时增加了访谈对象的情绪创伤记忆等信息。变量方面，本章沿用第七章对留守状态变量、保护相关指数的赋值，本章新增的是对情绪创伤指数的赋值。

虽然研究者们对情绪的"大二模式"分类（Watson et al., 1988）持有较一致的意见，但对应该将哪些具体的情绪包括进一个完整的、全面的情绪模型中仍是众说纷纭，各种情绪量表都包含着自己独特的情绪种类。例如，DES 测量了羞愧，POMS 测量了困惑，MAACL-R 测量了刺激寻求，PANAS-X 则测量了平静。这反映了人类情绪的复杂性（石林，2000）。因此，本书并未采用量表来测量受访者的情绪创伤，而是通过访谈来主动发现和归纳对方遭遇的主要的消极情绪，其中包括被访者的主动称述，也包括访员通过观察和询问家长及监护人等做出的判断。虽然这一做法主要依赖于自我报告,会遭遇能否准确反映个体情绪的质疑,但已有研究发现对情绪的自我报告有着很好的准确性,自我报告的情绪与医师的心理病理评定、同伴的评定都有很好的相关(Watson & Clark, 1997),这说明自我报告这种测量方式有一定的准确性。因此,我们采用访谈对象自述的留守期间的情绪创伤条目的数目来建构情绪创伤指数。基于所有访谈材料的编码,获得的情绪创伤条目包括"被忽视或受冷漠感、孤独感、性别歧视感、其他受歧视感、其他方面的精神压力及精神创伤"这五类。情绪创伤指数的实际取值区间为0—4,均值0.49,标准差为0.698。其中59.1%未报告任何情绪创伤,35.8%报告了1种情绪创伤,剩余5.1%报告了2—4种情绪创伤。

此外,需要说明的是,由于个案都来自中国大陆,他们生活的社会制度与政策环境基本一致,因此大部分访谈个案并没有特意提出政策及社会方面的因素,相关的因素主要与邻里有关,不同地域的社会因素差异未能在个案材料中获得充分展现。考虑到我们的访谈个案大多数分布在劳务输出地的农村,省市内部的潜在社会因素差异相对较小,如果控制省市类别,也将部分弥补这一不足,因此,我们将在后续的量化分析中纳入"是否来自发达省份"[①]的哑变量,以部分控制社会文化及政策差异带来的影响。

四 影响因素检验

从访谈资料来看,每位曾经留守者的发展结果千差万别,留下来的情绪创伤也各不相同,这背后是他们在未成年期的留守生活期间所处的发展生态系统的差异。用我们提出的抗逆力双因素三维模型进行解读,就是不同的留守儿童因遭遇的危险性因素及与之抗衡的保护性因素有别,激发的抗逆力也就大小不一,从而导致有差异的情绪创伤。回应学

---

① 参照2019年人均GDP数据及社会发展程度,将京津沪、江苏、浙江、福建、广东、山东视为发达省市。

术界关于不同留守类型会否带来不同后果的问题，下文将检验留守者内部的差异是否与情绪创伤相关，并通过分析留守者情绪创伤与发展生态系统的关系，探究哪些保护性因素和危险性因素扮演着关键角色。

（一）留守类别、环境因素与情绪创伤

前文已经指出，学界关于留守与情绪创伤的相关研究，对于不同留守类型和状态等的影响大小仍存在一定的分歧，涉及留守开始时期（李晓敏等，2009）、留守时间长度（范方，2008）、父母外出类型（温义媛，2009）、监护类型（赵苗苗，2012）等各方面的问题。为细致分析不同情形下的留守经历的效应，特基于资料编码形成的量化数据，以情绪创伤指数为因变量，以净保护指数为协变量，分别以留守开始时期、留守类型、监护类型、留守时长为固定变量做协方差分析，以考察不同情形的留守对情绪创伤指数的影响[①]。统计结果见表9.1。

表9.1 情绪创伤指数的净保护指数协方差分析（n=137）[②]

	留守开始时期 与情绪创伤指数	留守类型 与情绪创伤指数	监护类型 与情绪创伤指数	留守时长 与情绪创伤指数
调整后R方	0.115	0.113	0.194	0.104
校正的模型	9.328***	8.748***	14.434***	8.646***
净保护指数	5.442***	6.213***	7.238***	5.037***
留守变量	2.698	2.118	7.804***	2.016

注：***p<0.001，**p<0.01，*p<0.05（双尾检验）。表中数字为Ⅲ类平方和。

协方差分析显示，在有留守经历者内部，何时开始留守、父母外出类型、留守的时间长短，对于情绪创伤指数的影响都不显著，在各模

---

① 之所以没有使用线性回归模型，一是因为样本量较小，且留守变量为类别变量，在进行二元哑变量处理并纳入模型后会进一步降低自由度；二是因为四个留守变量之间具有一定的共线性，尤其是留守类型与监护类型之间、留守开始时期与留守时长之间的相关性较强，如果分别建模，则不能控制其他留守因素的影响，如果同时纳入模型会导致强共线性问题。不过，笔者依然做了相应的回归，无论是分别建模还是一并建模，都显示留守变量的效应不显著，而净保护指数的效应都显著（P值都小于0.05）。

② 为节约篇幅，表格仅列出与本书主题相关的关键变量的参数。详细数据可联系作者索取。

型中能解释的变差都较小。只有监护类型对于情绪创伤程度有着比较显著的影响,经成对比较,显示其中的多重监护带来的创伤显著高于单亲监护、祖辈监护及其他监护。而净保护指数在所有协方差分析模型中都非常显著。这表明,对于留守儿童而言,影响其情绪创伤结果的最主要因素不是具体的留守状况,而是他们所处的发展生态系统所决定的抗逆力。

进一步将衡量抗逆力大小的净保护指数分解为保护指数和危险指数,与情绪创伤指数进行协方差分析,结果见表 9.2。

表 9.2 情绪创伤指数的保护/危险指数协方差分析（n=137）

	留守开始时期 与情绪创伤指数	留守类型 与情绪创伤指数	监护类型 与情绪创伤指数	留守时长 与情绪创伤指数
调整后 R 方	0.037	0.026	0.097	0.034
校正的模型	4.296	3.131	8.186**	4.127
保护指数	0.409	0.595	0.990	0.517
留守变量	3.571	2.406	7.462***	3.402
调整后 R 方	0.206	0.207	0.286	0.185
校正的模型	15.166***	14.900***	20.333***	13.819***
危险指数	11.280***	12.365***	13.137***	10.210***
留守变量	2.471	2.205	7.638***	1.124

注：***p<0.001,**p<0.01,*p<0.05（双尾检验）。表中数字为Ⅲ类平方和。

从表中数据可以发现,如果单独考虑保护指数及危险指数的影响力,则对于情绪创伤指数发生显著作用的是危险指数,保护因素本身的多少与情绪创伤指数的关联并不显著。这启示我们,对于留守期间的情绪创伤而言,尤其重要的是留守儿童所处的生态环境中是否存在较多的危险性因素,这些消极和负面的因素在很大程度上决定了留守儿童抗逆力的大小。

（二）留守类别对情绪创伤的间接效应检验

虽然除监护类型外,留守类别对于情绪创伤没有直接影响,但并不能排除留守类别通过影响抗逆力,即保护相关指数从而间接作用于情

绪创伤的可能。为检验这一间接效应是否存在，笔者控制性别、出生年代、独生子女、是否来自发达省份、母亲文化程度等个人特征和背景性变量，做留守类别变量与保护指数、危险指数、净保护指数的偏相关分析，结果见表9.3。

表9.3　留守类别与保护指数的偏相关分析（df=126）

	净保护指数	家庭净保护指数	学校净保护指数	社会净保护指数	保护指数	家庭保护指数	学校保护指数	社会保护指数	危险指数	家庭危险指数	学校危险指数	社会危险指数
开始时期	0.024	−0.010	0.033	0.081	0.042	0.034	0.005	0.065	0.007	0.044	−0.049	−0.071
留守类型	−0.033	−0.005	0.014	−0.153	−0.063	−0.002	−0.041	−0.143	−0.017	0.005	−0.071	0.075
监护类型	−0.057	−0.040	−0.002	−0.124	−0.121	−0.085	−0.063	−0.147	−0.044	−0.011	−0.070	−0.042
留守时长	−0.124	−0.109	−0.087	−0.064	−0.093	−0.071	−0.050	−0.099	0.115	0.108	0.085	−0.103

注：***p<0.001，**p<0.01，*p<0.05（双尾检验）。表中数字为偏相关系数。

分析结果显示，所有留守类别变量与净保护指数、保护指数、危险指数以及细分的家庭/学校/社会的净保护指数、保护指数、危险指数的偏相关都不显著，这表明留守类别与获得什么样的保护或遭遇什么样的危险并无必然联系，因而排除了留守类别通过影响抗逆力，即保护相关指数来影响情绪创伤的可能。

（三）情绪创伤决定因素的横向比较

以上分析表明，留守儿童的发展生态系统所决定的抗逆力是影响其情绪创伤的决定性因素，那么，在留守者发展生态系统内部，各种保护性因素和危险性因素所扮演的角色如何，也值得进一步挖掘。为此，笔者基于文本编码所得的定量数据，同样控制性别等个人特征、背景性变量及留守类别变量，做情绪创伤指数与各类保护相关指数的偏相关分析，结果见表9.4。

表9.4 情绪创伤与生态系统的偏相关分析（df=126）

	净保护指数	家庭净保护指数	学校净保护指数	社会净保护指数	保护指数	家庭保护指数	学校保护指数	社会保护指数	危险指数	家庭危险指数	学校危险指数	社会危险指数
情绪创伤指数	−0.327***	−0.325***	−0.207*	−0.080	−0.139	−0.115	−0.112	−0.085	0.432***	0.404***	0.214*	0.003

注：***p<0.001，**p<0.01，*p<0.05（双尾检验）。表中数字为偏相关系数。

上表的偏相关分析结果再次表明，情绪创伤主要受危险性因素的影响。由于总的社会环境比较同质化，因此在留守者内部没有带来显著的差异化影响，而家庭危险性因素、学校危险性因素都影响显著，从偏相关系数来看，家庭危险性因素比学校危险性因素的影响力更大。为更准确细致地了解学校及家庭中的哪些要素更为关键，对不同类别的影响因素做精细化的偏相关分析，结果见表9.5。

表9.5 情绪创伤与家庭/学校细分生态系统的偏相关分析（df=126）

	家庭教育环境危险因素	家庭生活环境危险因素	家庭情感氛围危险因素	师生互动危险因素	同学互动危险因素
情绪创伤指数	0.136	0.246**	0.426***	0.081	0.246**
	家庭教育环境保护因素	家庭生活环境保护因素	家庭情感氛围保护因素	师生互动保护因素	同学互动保护因素
情绪创伤指数	0.007	−0.032	−0.158	−0.010	−0.175

注：***p<0.001，**p<0.01，*p<0.05（双尾检验）。表中数字为偏相关系数。

上述分类偏相关分析显示，家庭情感氛围危险因素、家庭生活环境危险因素都会显著增加情绪创伤指数，同学互动中的危险性因素和保护性因素都很关键，其中又以危险性因素对于情绪创伤指数的影响力更强。这一结论与前述协方差分析得出的结论是基本一致的，并进一步表明了同学互动因素是学校因素中的关键部分，需要教育部门特别关注。

（四）区域因素的初步比较

正如前文已经说明的那样，由于个案都来自大陆，他们处在一致的社会制度与政策环境之中，早期与流动人口家庭及留守儿童相关的社会政策以及近十多年来聚焦于留守儿童的政策都是在中央政府强烈推动下完成的（冯锋、周霞，2018），虽然地方政府在贯彻实施及具体举措方面会有所差异，但都受中央政府的统一部署，因此具有大方面的相似性。考虑到大部分被访者并没有特意提出政策及社会方面的因素，上文的分析通过纳入"是否来自发达省份"的哑变量控制了社会文化及政策差异带来的影响，部分弥补了这方面的不足。不过，毕竟中国地域广大，各地因经济社会发展程度不同也会出台不同的社会政策及关爱措施，政策出台也有时间早晚之别，因此，区域间的社会性差异也可能带来某些方面的不同，仍需要做进一步的检验。由于样本量不能支持省份之间的比较分析，笔者采用宽泛的省域二分变量"是否来自发达省份"进行分组协方差分析以做粗略的比较分析，结果见表9.6。

表 9.6　情绪创伤指数的省域分组协方差分析（发达省市 $n=56$，其他 $n=81$）[①]

	留守开始时期 与情绪创伤指数		留守类型 与情绪创伤指数		监护类型 与情绪创伤指数		留守时长 与情绪创伤指数	
	发达省市	其他省市	发达省市	其他省市	发达省市	其他省市	发达省市	其他省市
净保护指数	2.010*	4.163**	2.706**	3.741**	2.735**	4.908***	2.131*	3.008*
留守变量	3.676*	1.548	0.572	1.740	2.801*	5.332**	0.227	2.040
保护指数	1.299	0.244	0.547	0.252	0.726	0.546	0.550	0.109
留守变量	4.978**	1.564	0.426	2.187	2.804	4.906*	0.660	3.077
危险指数	1.447*	8.896***	4.072***	8.218***	3.496**	9.995***	3.035**	7.456***
留守变量	2.132	1.409	0.956	1.446	2.580	5.547**	0.150	1.616

注：***$p<0.001$，**$p<0.01$，*$p<0.05$（双尾检验）。表中数字为Ⅲ类平方和。

由上表结果可见，对分别来自发达省市及其他省市的个案所做的

[①] 为节约篇幅，表格仅列出保护相关指数及留守变量的参数。如需详细数据，可联系作者索取。

分析结果大体一致：一是净保护指数对于增强消减情绪创伤的抗逆力起着主要作用；二是危险性因素发挥的作用更为关键；三是多重监护者的情绪创伤最高。这进一步确证了上文对于全部样本所做分析得出的结论。不过，从中也可以发现部分留守变量在两类省市个案中的作用有所不同：一是如果单独控制保护性因素或危险性因素，发达省市的监护类型不再有显著影响；二是在发达省市，小学开始留守者的情绪创伤均值显著更高；三是危险性因素对于非发达省市留守儿童的情绪创伤有更大作用。之所以出现这种差异，除了分组后样本量过小可能带来的系统误差以外，也可能与父母流动距离、地方政策、社区条件与支持等因素有关。发达省市的留守儿童的父母更多是短距离的省内或邻省流动，有条件经常回家与子女团聚，因此可以消减其他人监护带来的负面影响；但到了小学阶段，由于留守儿童问题更加突出的非发达省市更早出台有教育部门及学校介入的留守儿童关爱保护政策[①]，而生活在发达省市的留守儿童可获得的学校支持相对更少，加上初入正规的义务教育阶段，如从这一时期开始留守则可能更容易遭遇情绪困扰；不过，发达省市的基层政府及社区有相对更好的条件为留守儿童提供支持与保护，因此在对冲危险性因素的负面影响方面又具有相对优势，故而危险性因素对发达省市留守儿童带来的冲击也相对更小。

五　本章结论与讨论

（一）留守类别对情绪创伤的影响基本不显著

关于不同留守状况对于情绪创伤的影响，经协方差分析，显示在有留守经历者内部，除了多重监护会带来更多的情绪创伤外，何时开始留守、父母外出类型、留守的时间长短等，对于情绪创伤指数的影响都不显著，但作为抗逆力间接测度指标的"净保护指数"的作用则非常显

[①] 冯锋、周霞（2018）对2004—2016年省级行政区出台的事关留守儿童的政策文件的梳理表明，最早出台相应政策措施的多是留守儿童数量大、比例高的较不发达的剩余劳动力输出省市。

著,且留守类别也没有通过保护相关指数而对情绪创伤产生间接影响。这表明留守类别本身大多不会对留守儿童的情绪创伤产生决定性的影响。这一结论与温义媛（2009）、范方（2008）、李晓敏等（2009）等认为留守开始时期、留守时间长度、父母外出类型的不同会导致不同程度的孤独寂寞、抑郁焦虑、忽视感与惧怕感等情绪创伤的结论有所不同。其中原因在于是否考虑了留守儿童所处的具体发展生态环境带来的差异化影响。也可能正是由于这方面的原因，一些学者基于自己的调查（叶敬忠等，2005），或者综合学界的研究结论（谭深，2011），指出留守儿童问题有被夸大的趋势。项飙也认为，流动人口身后的留守儿童等留守群体的问题不能仅仅归结于他们是留守者，其根本原因是许多农村社区作为一个整体在经济和社会方面落后了（Xiang，2007）。此外，相关的研究也发现，留守儿童的认知劣势与父母外出工作无显著统计关系，其主要原因是家庭贫乏的文化资本和经济资本等因素（闫伯汉，2017），这与本书从情绪创伤角度得出的结论有共通之处。据此，我们可以推导出一个最基本的结论，即具体的留守类别本身，并不必然带来留守儿童情绪创伤上的根本性差异，其结果如何，更取决于家庭、学校及社会对于留守儿童们的安置、行为与态度为他们营造了什么样的成长生态系统。

（二）危险因素对情绪创伤具有关键影响

通过对于137份个案材料的量化检验，我们发现由净保护因素带来的抗逆力对于消减留守期间的情绪创伤具有关键作用。对数据的进一步分析表明，保护性因素并不能单独消减情绪创伤，更为重要的是留守儿童所处的发展生态环境中是否存在较多的危险性因素。可见留守儿童在成长的关键阶段，"种豆得豆、种瓜得瓜"的直接效应特别显著。在危险性因素中，家庭危险性因素、学校危险性因素都影响显著[①]，而从偏相关系数来看，家庭危险性因素比学校危险性因素的影响力更大。这一发

[①] 社会性危险因素因信息收集的局限及内部的同质化暂未发现显著作用，但据其他相关研究的发现应该也不可忽视。

现，对于我们认识不同维度抗逆力的关键决定因素具有启示意义。

（三）日常互动中的危险因素需重点关注

细化的协方差分析结果显示，家庭情感氛围危险因素、家庭生活环境危险因素、同学互动中的危险因素都会显著增加情绪创伤指数，这些都与留守儿童在日常的家庭生活与学校生活中的人际互动有关。由此可见，家庭和学校都扮演着非常重要的角色，都需要重点关注。因此，为应对留守儿童的情绪创伤问题，家庭和学校都需要首先做好危险性因素的规避和排除工作。具体而言，家庭在低层面，需避免家庭情感氛围方面的危险因素（包括"与监护者关系较差""父母感情不和或离异""与父母交流不当""缺乏情感支持"等）及避免生活环境上的危险因素（包括"重男轻女思想""代理监护者的不公平对待"等）；在学校方面，良好的同学关系能发挥积极作用，但更重要的是需要避免出现严重影响同学良性互动的危险性因素，故学校在低层面需要避免出现"校园欺凌""同伴关系不良"等同学互动危险因素，其中尤需注意近年来引发社会关注的校园欺凌问题。留守儿童因为在日常生活中缺失了父母双方或一方的守护，更容易遭受这样的问题（王玉香，2016），他们如若面临转学到其他乡镇或城市上学的情况，则更容易受到排挤和欺压，因此亟须国家从制度性防范层面、学校管理人员及教师从日常工作层面采取相应行动。此外，就监护安排而言，留守儿童的父母应尽量保持被留守孩子的监护者的稳定，以避免儿童因疲于应付多重监护带来的"平衡—失衡—再平衡"引致的情绪创伤。

（四）人口流动与经济发展的区域差异具有部分影响

留守儿童的背后是人口流动，从时间维度来看，全国各地的人口流动趋势是基本一致的，1980年代是初步发展期，1990年代是快速增长期，进入21世纪以后是稳定增长及平缓波动期（国家卫生健康委员会，2018：34）；但从距离维度来看，发达省市的人口流动以较短距离的省内或邻省流动为主，而其他省市则更多长距离的跨省流动；从空间维度来看，不发达省市的人口外流更多，与之相关的留守儿童密度也就越大（段成荣等，2017）。距离维度及空间维度的差异可以归因于人口流

动与经济发展的区域差异，而这种差异带来的社会后果就是针对留守儿童的关爱保护政策会存在一定的内容差异与时间先后差异，最早出台相应政策措施的多是留守儿童数量大、比例高的较不发达的剩余劳动力输出省市（冯锋、周霞，2018）。我们分别对来自发达省市及其他省市的个案所做的分析，确证了基于全部样本得出的主要结论，但也发现了可能存在的一些差异，包括监护类型、开始留守时期以及危险性因素对于情绪创伤的影响都可能有别。这些差异与父母流动距离、地方政策、社区条件与支持等因素有关，其中发达省市的留守儿童及非发达省市的留守儿童各有一些相对有利的条件，前者可以更多受益于父母短距离流动的返乡便利、基层政府及社区的更好支持等有利因素；后者则可以在时间上更早受益于中央及地方针对留守儿童的关爱保护，尤其是教育支持政策。

（五）局限与展望

本章基于广泛人群的个案材料所做的回溯性调查分析，探究留守儿童情绪创伤的关键影响因素，有助于我们采取更为有效的对策措施应对留守儿童的情绪创伤问题。不过，本书依然具有一些局限，除个案来源地域分布不均衡可能造成的系统偏差外，部分个案材料未能全面呈现其情绪创伤及其留守期间的发展生态系统，使得编码后形成的量化数据具有潜在的偏误。此外，所有个案均来自中国大陆，社会政策及文化背景基本一致，因此，难以对社会因素的影响力做出准确判断。后续如能开展中外有留守经历者之间的比较研究，可以对此做出补充。

卷四 总结反思

中外学界关于留守儿童问题的研究，多关注其负面影响。Fellmeth等人在对全球111份高质量研究文献进行荟萃分析以后，甚至做出了"父母迁移流动对留守儿童和青少年的健康有害，没有证据表明有任何好处"的论断。这一论断自然不是学界共识，因为早有研究指出了人格发展、心理品质等方面的若干积极效应。

这种争论和分歧折射的是留守儿童研究领域存在的一个关键问题，即学界尚未形成一个通用分析框架来探讨留守经历的影响及其机制；加之研究对象、测量标准、分析方法等方面的千差万别，使得不同学者所得的结论不一甚至针锋相对，妨碍了研究结论间的比较及相应的学术对话，相应的科学问题也就悬而难决。

本卷将首先针对这一不足，尝试对留守经历长期影响的分析框架做出系统检讨与反思，并建构CORP全息分析模型对我们获得的137份个案材料做综合分析。其次，我们将用一章的篇幅，对留守儿童相关研究做出反思性的讨论，并从制度改进和创新、行动者网络建构、儿童友好社会建设等方面入手，提出深化新时代留守儿童关爱保护与发展工作的可能路径与应对策略。

第十章　超越个体与时间：对留守经历长期影响分析框架的检讨与反思

一　儿童留守现象及其影响争议

正如在本书开头所说的那样，留守儿童是伴随着家庭不完整迁移而产生的世界性现象，留守对儿童造成的影响是全世界都关注的焦点问题之一。因此，对留守带来的影响及其机制做出研究，探讨如何将其负面影响降到更低，是一个具有现实价值的社会议题。

从积极角度来看，父母外出务工经商，有利于提升家庭的经济资本，可以为留守儿童的养育成长提供更好的条件，对儿童发展具有积极作用，关于国际移民及国内人口流动的诸多研究也都证实了这一效用（Antman, 2012；胡枫、李善同, 2009）。与留守儿童及有留守经历成年人的相关研究也表明了留守在教育、健康、人格、生活适应及价值观等方面的积极效应（Edwards & Ureta, 2003；廖传景, 2015）。不过，诸多研究也已指出，父母外出带来的经济收益往往不抵亲子分离造成的消极效应，使得留守带给儿童的总体影响偏于负面。依恋理论、亲代社会化理论和压力理论都指出了这方面的潜在影响。与这些理论分析相对应，多数研究也表明留守带来的消极效应更多（叶敬忠等, 2006；陶然、周敏慧, 2012；Wickramage et al., 2015；Fellmeth et al., 2018）。

纵观海内外关于留守儿童及留守带来的影响的研究，往往认为不利影响更多，但关于这些不利影响的具体维度及程度则有较多争议，更多的分歧在于不同留守类型之间的差别效应及其影响机制。

二 留守的复杂效应及由此引出的问题

关于留守经历的后果及其影响因素和机制的争论之所以广泛存在，是因为留守带来的效应多元而复杂，它既因不同的留守类别而异，也因留守儿童所处的具体生活环境而不同。

（一）不同留守类型的差别效应

关于留守群体的内部差异，人们一般关注的是父母外出类型、日常监护安排、何时开始留守及留守时间长度等问题。（1）父母外出类型。双亲外出的影响最大已成共识，如果是单亲外出，则会探究是母亲外出还是父亲外出的影响更大（Cortes, 2015；许琪，2018）。（2）监护安排。这事关依恋的形成，并与社会化理论、代际文化堕距理论等有关，有无成年人监护、监护人的文化程度及其与儿童关系的性质往往最为关键（Lahaie et al., 2009；范方、桑标，2005）。（3）何时开始留守。这与埃里克森的人生成长八阶段论有密切关联。越早开始留守，负面效应可能越大（课题组，2004；Liu et al., 2009）。另有一些研究关注了时间段效应，认为入读小学前后的5—7岁（范方，2008）或3—7岁（李晓敏等，2009）、小学升初中的转折期（Bakker et al., 2009）、正处青春叛逆期的初二年级（王谊，2011）等阶段都很关键。（4）留守时长。这涉及效应累进理论及效应衰减理论。有人认为留守半年是一个关键时期（郝振、崔丽娟，2007），也有人指出5年是一个重要拐点（胡心怡等，2007），另有诸多研究发现留守时间越长，则精神健康状况或某个健康因子越差（Fan et al., 2010；陈孜等，2012；刘志军，2019）。

（二）交互和累积效应、抗逆力及保护因素

前人的研究对留守类别之于儿童的影响做出了多方面的探讨，为人们认识留守可能带来的不同方向及程度的作用有了比较系统全面的认

第十章　超越个体与时间：对留守经历长期影响分析框架的检讨与反思

识，但其他的诸多发现使得情况更为纷繁芜杂。首先是交互效应和累积效应。除了亲子分离外，留守儿童还可能面临经济及文化贫困、人际冲突、突发事件、师生互动及社区生活等方面的不利环境，发生交互作用或产生多重影响（郑信军、岑国桢，2006），且这些风险因素叠加时还会产生累积效应，比单一逆境更不利于儿童发展（Evans & Kim, 2013；达姆施塔特等，2019）。其次是抗逆力或适应弹性。大量研究表明，即便遭受创伤，许多儿童在其发育和成年过程中表现出持续的神经生物学适应力（Werner, 1984），其中给予支持和积极响应的父母、同伴或其他成人照顾者都可以成为重要的缓冲器（Gunnar & Donzella, 2002）。万江红、李安冬（2016）及严骏夫、徐选国（2020）等对留守儿童的实证研究也都确证了抗逆力的积极作用。鉴于这种结果的复杂性，有学者认为造成不利结果的不是分离本身，而是那些往往导致分离发生的不利背景，以及生物因素或此后与之相关的经历（Rutter, 1971; Eagle, 1994）。北师大的研究团队也发现，虽然父母外出打工对留守儿童来说是一个不利的事件，但期间存在其他的因素起保护作用。这些因素在一定程度上缓解了父母外出这样的生活压力事件对儿童发展的不利影响（胡心怡等，2007；刘霞等，2007）。

（三）既有研究的不足及本章目标

综上所述，学界在童年留守对于儿童的影响机制方面已形成一定共识，但对于不同状况的留守带来的影响差异还有较多分歧，针对留守儿童内部的发展差异的解释也众说纷纭。这背后的一个突出问题，是学界尚未形成一个通用分析框架来探讨留守经历的影响及其机制，也就难以通过对经验材料的综合性研究做出系统回答，从而妨碍了研究结论间的比较及相应的学术对话。

基于这一不足，我们希望在前面几章所做讨论的基础上，借鉴布朗芬布伦纳的人类发展生态学理论，构拟一个适用于留守儿童问题的多层次"留守负荷—留守保护"全息分析模型，并以第一手的个案访谈材料为数据，探究留守儿童的内部发展差异与具体留守状况及发展生态系统之间的关系。

三 分析逻辑与思路

考虑到留守儿童这一群体内部在留守类别方面的多样性，使得相应问题的探讨十分复杂。而这种复杂性和难以捉摸，其背后的另一个决定因素是留守儿童所处的生存发展环境。这方面，布朗芬布伦纳的人类发展生态学理论为我们提供了富有启发性的分析框架。这一理论认为，家庭、邻里和社会等各种不同层次、性质的环境相互交织在一起，构成一个既具有中心又向四处扩散的包含微系统、中系统、外系统和宏系统的网络式生态环境，共同影响着儿童的发展（Bronfenbrenner, 1989）。这启示我们，留守类别只是留守儿童发展生态系统里面的一个影响因子，还有其他诸多有影响力的因子也发挥着重要作用。

鉴于上述情况，关于留守儿童的比较分析不能仅仅将眼光聚焦于留守类别，还应尽可能充分地将留守儿童发展生态系统里面的所有关键因子纳入其中，并考察各种因子之间的相关性及其与发展结果之间的直接作用和间接作用。借鉴关于抗逆力的理论主张，我们可以将那些有助于对抗留守带来的消极效应或加强消极效应的因素都视为影响抗逆力形成的因素，甚至可以将其视同抗逆力本身来加以考虑，从两个方面来分析留守可能带来的影响：一是留守带来的负荷大小；二是留守者的发展生态环境系统能提供什么样的保护。在这种简化的模型下，可以对留守与儿童发展结果之间的关系做出更为全面的认识。

基于这样的考虑，笔者认为可以将主导留守儿童发展结果的力量简洁地划分为两大类别。其一是由具体的留守类别决定的综合负荷，笔者称之为"留守负荷"。指称因为各种状态的留守带来的负担，这些负担会对儿童的身体、心理、认知、社会交往等方面的发展产生影响。其二是留守类别以外的可以决定儿童抗逆力的所有因素，笔者称之为"留守保护"。不过，这些因素中既有安全因素，也有危险因素，为简单起见，我们可以将其中的危险因素视为负的安全因素，从而将安全因素和危险因素整合为净安全因素，故笔者将其命名为"留守保护"。在这样的简化模型下，我们就可以集中精力来探讨留守负荷和留守保护各自对留守儿童的发展发挥着什么样的作用及其具体作用机制。

四 模型与方法

要按照以上的逻辑思路进行分析，既需要调查留守者的具体留守情况，也需要调查留守者在留守期间的发展生态系统，还需要了解其较为长期稳定的发展结果作为测度指标。因此，本章同样以课题组收集的137个访谈个案为基础进行分析。资料来源及处理方法同第七章。

（一）发展结果计算模型

基于编码后的数据结果，并考虑到在留守儿童研究萌芽阶段所关注的就是留守儿童的学习、品行和心理问题（范方、桑标，2005；谭深，2011），我们将从反映学业成就的受教育年数、反映品行情况的行为发展结果及折射心理问题的人格发展结果这三个维度来综合衡量留守儿童的发展结果。根据上文提出的从留守负荷和留守保护两个方面综合考察留守对儿童发展结果的影响的分析逻辑，可以将留守儿童的教育成就、行为发展、人格特征视为各类留守变量及留守保护因子的函数。据此，建立如下计算模型：

$$Education_i = \epsilon_0 + \epsilon_1 X_{bi} + \epsilon_2 X_{mi} + \epsilon_3 X_{ci} + \epsilon_4 X_{ti} + \epsilon_5 X_{pi} + \varepsilon_{ei}$$

$$Behavior_i = \beta_0 + \beta_1 X_{bi} + \beta_2 X_{mi} + \beta_3 X_{ci} + \beta_4 X_{ti} + \beta_5 X_{pi} + \varepsilon_{bi}$$

$$Personality_i = \rho_0 + \rho_1 X_{bi} + \rho_2 X_{mi} + \rho_3 X_{ci} + \rho_4 X_{ti} + \rho_5 X_{pi} + \varepsilon_{pi}$$

其中，$Education_i$ / $Behavior_i$ / $Personality_i$ 分别代表第 i 个个案的教育、行为及人格发展结果；ϵ_0 / β_0 / ρ_0 为截距，$\epsilon_1 - \epsilon_5$ / $\beta_1 - \beta_5$ / $\rho_1 - \rho_5$ 为相应的系数；X_{bi} 代表第 i 个个案的开始留守时期，X_{mi} 代表第 i 个个案的父母外出类型，X_{ci} 代表第 i 个个案的监护类型，X_{ti} 代表第 i 个个案的留守时长，X_{pi} 代表第 i 个个案的留守保护指数；ε_{ei} / ε_{bi} / ε_{pi} 代表第 i 个个案在学习、行为、人格相关方面的遗传因素及其他未被观测到的扰动因素。

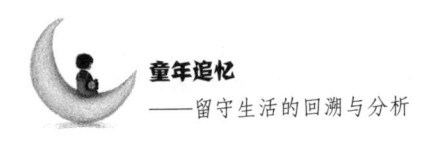

然后根据这三方面的发展结果计算综合发展指数，其计算模型如下：

$$Development_i = \omega_e Education_i + \omega_b Behavior_i + \omega_p Personality_i + \varepsilon_i$$

其中，$Development_i$ 代表第 i 个个案的综合发展结果；ω_e、ω_b、ω_p 分别代表教育发展结果、行为发展结果、人格发展结果在计算综合发展结果时的权重系数，ε_i 为扰动因素。

（二）相关指数计算模型

基于上文提出的分析逻辑和思路及发展结果计算模型，进一步建构留守负荷与留守保护系列指数。

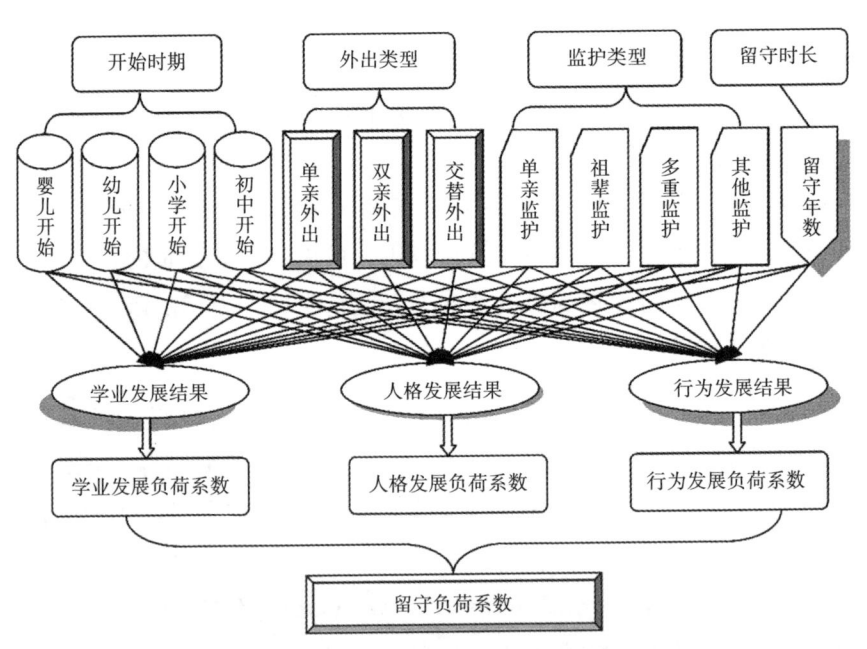

图10.1 各留守类别负荷相关系数计算方法

首先，根据有留守经历者的实际发展结果与其留守状况之间的相关系数，推断不同留守状况与分支发展结果之间的相关性。在做这一推断时，为避免其他因素的干扰，在控制关键的个人、家庭、地域及其他留守类别因素后，对根据不同标准划分的留守类别与分支发展结果进行偏

第十章 超越个体与时间：对留守经历长期影响分析框架的检讨与反思

相关分析，获得具体留守类别与各分支发展结果的偏相关系数。

其次，运用熵值法这一权重计算方法，对各分支发展结果在计算综合发展结果时所占权重加以计算，据此计算出儿童综合发展结果与具体留守类别之间的偏相关系数。

再次，再运用熵值法，对具体留守类别在计算留守负荷时所占权重加以计算，所得系数用于衡量具体留守类别在计算留守负荷指数及分支负荷指数时的作用大小。详见图10.1。

复次，将以上根据样本总体计算出来的系数应用于每个个案的留守负荷系列指数的计算。其一，根据每个个案的具体留守情况，汇总计算出个体的留守负荷指数；其二，为反映留守带来的学业、行为、人格等分支发展领域的负荷，根据相应领域的发展结果，分别计算相应的分支负荷指数。

最后，对有留守经历者在留守期间的发展生态系统进行分析评估，主要是从家庭、学校、社会这三个层面对相应的安全性因素和危险性因素做出判断和计算，构拟出相应的留守安全指数、留守危险指数、留守保护指数及分支保护指数。因没有相应的基础数据可以进行熵值法推算，而专家判断法也存在操作困难，因此采用累加计算方法。详见图10.2。

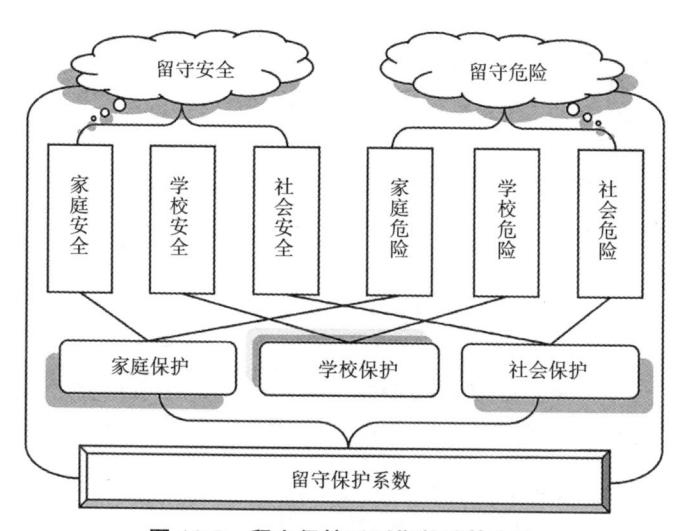

图10.2 留守保护系列指数计算方法

(三)变量赋值与描述统计

本章沿用第七章对留守状态变量、行为相关指数、保护相关指数,第八章对人格发展指数的赋值,本章新增的是对教育发展指数、留守负荷系列指数的赋值。

1. 教育发展指数

按照通常做法,我们将文化程度转换为受教育年数,以测量教育发展指数。参照刘林平等(2011)的赋值方法,分别将未入学、小学、初中、高中、中专、大专、本科、硕士、博士等文化程度赋值为0、6、9、12、13、14、16、19、22年。样本的教育发展指数取值区间为6—22,均值为15.26,标准差为2.87。由于样本中的"90后"居多,他们拥有大学及以上文化程度的比率较高,因此均值较高。

2. 留守负荷系列指数

留守负荷系列指数包括综合的"留守负荷指数"及细分的"行为发展负荷指数""教育发展负荷指数"及"人格发展负荷指数"。根据上文提出的数据处理思路与计算模型,偏相关分析时控制的个人背景变量为性别、出生年代、是否独生子女、来自地域、母亲受教育程度[①]等,进行了两次熵值法运算,分别用以确定教育、行为、人格发展结果在计算留守负荷指数中的权重系数[②],以及各留守类别变量在计算"留守负荷指数"中的权重系数。[③] 为便于横向比较,最后将各指数进行了归一化处理。留守负荷系列指数的描述统计见表10.1。

表 10.1 留守负荷系列指数描述统计(n=137)

变量	取值区间	均值	标准差
留守负荷指数	0—1	0.4478	0.2853

---

① 因"父亲受教育年数"与"母亲受教育年数"相关性强(r=0.509,P=0.000),因此只控制"母亲受教育年数"。且诸多研究也表明,母亲的文化程度对于子女成长发展的影响更大。
② 教育、行为、人格发展结果的权重值分别为0.271、0.396、0.333。
③ 婴儿期开始留守、幼儿期开始留守、小学开始留守、中学开始留守、单亲外出、父母交替外出、父母外出、单亲监护、祖辈监护、多重监护、其他监护、留守持续年数的权重值分别为0.096、0.085、0.093、0.056、0.085、0.048、0.070、0.084、0.095、0.084、0.048、0.159。

续表

变量	取值区间	均值	标准差
教育发展负荷指数	0—1	0.4501	0.2694
行为发展负荷指数	0—1	0.4927	0.2441
人格发展负荷指数	0—1	0.6046	0.2549

五 分析结果

虽然我们所用的137份个案并非基于严格的抽样方法获得，样本数量也偏少，不具备良好的全国代表性。不过，与其他质性研究相比较，本次调查的选点已考虑到东中西部的相对均衡，且覆盖21个省份，地域广泛，具体访谈对象比较多元，样本量也达到了社会科学研究意义上的大样本要求，因此亦可借用定量分析方法做出初步检验。基于上述两个方面的考虑，下文将主要采取非参数检验方法及简单的偏相关分析方法做初级量化分析，并以多元线性回归分析做参证。

（一）留守类别与儿童发展的关联

前人的研究已经表明，不同的留守类别与留守儿童的发展具有显著关联，但具体的内部差异往往互有抵牾之处，一般认为，越早开始留守、长期留守、双亲外出及祖辈监护（范兴华、方晓义，2010；刘志军，2022）的留守儿童受到负面影响的可能性更大。笔者分别以留守开始时期、父母外出类型、监护类型、留守时长为分组变量，绘制综合发展指数的比较图（图略）。结果显示，与总体数据的分布图相比较，父母交替外出、留守4—6年这些子群体的分布图相对左偏（即得分低者更多），单亲外出、单亲监护、留守1—3年这些子群体的分布图相对右偏（即得分高者更多），其余基本与总体分布图吻合。笔者也分别以教育、行为及人格发展指数为绘制变量做子组间的图形比较，也发现各有部分子群体的分布图与总体分布图有差异（图略）。

那么，分布图形上的差异是否意味着留守类别是左右留守儿童发展

的关键因素呢？为此，基于资料编码形成的量化数据，同样以各留守变量为分组变量，对各组别的综合发展结果做多独立样本非参数检验，检验方法为 Kruskal-Wallis H 检验，其零假设为不同类型留守者之间的发展指数无显著差异。结果表明，留守开始时期、留守时长的不同会导致教育发展指数的显著差异（$P<0.05$），其中小学及中学开始留守者的教育发展指数显著低于婴幼儿期开始留守者，留守时长与教育发展指数之间则具有 U 形关系，留守时间较短（3 年以下）及很长者（10 年以上）的教育发展指数高于留守 4—10 年者[①]。不过，其余检验未发现留守变量的显著影响。

（二）留守负荷与留守保护的作用比较

以上结果表明，在有留守经历者内部，具体是哪种类型和状况的留守，大多不会对留守儿童的发展结果产生决定性的影响，学界惯常用来解释留守儿童不同发展结果的留守类别或许并非主要决定因素。不过，由于留守类别是根据不同口径进行划分的，那么代表其综合留守状况的留守负荷会否与留守儿童发展结果显著相关？此外，代表留守儿童所处发展生态系统的留守保护系列指数又在其中起着什么样的作用？考虑到样本量的限制，笔者首先以偏相关分析做基础性的检验，然后做依次回归分析进行参验和细致挖掘。

1. 偏相关分析

参照杨菊华、段成荣（2008），姚远、张顺（2018）等的做法，控制代表个人核心特征的"性别、出生年代、是否独生子女"、影响政策及社会环境的"是否来自发达省市"及代表家庭文化资本的"母亲文化程度"这些变量，对发展结果及留守负荷、留守保护系列变量做偏相关分析。结果见表 10.2。

---

① 考虑到留守时间长也就意味着在校接受教育的时间长，其受教育年限也就相应增加，两者的高相关性使得这里发现的"倒 U"形效应需谨慎对待。

第十章　超越个体与时间：对留守经历长期影响分析框架的检讨与反思

表 10.2　负荷/保护与发展结果的偏相关分析（$df=130$）

	综合发展指数	教育发展指数	行为发展指数	性格发展指数
留守负荷指数	−0.197*	−0.214*	−0.147	−0.101
教育发展负荷指数		−0.286***		
行为发展负荷指数			−0.215*	
性格发展负荷指数				−0.233**
留守保护指数	0.494***	0.303***	0.234**	0.583***
安全指数	0.402***	0.295***	0.182*	0.453***
危险指数	−0.415***	−0.195*	−0.207*	−0.517***

注：***$p<0.001$，**$p<0.01$，*$p<0.05$（双尾检验）。

由上表数据可见，留守负荷与综合发展结果、教育发展结果都显著相关，但与行为发展及人格发展结果的相关不显著。不过，如果做分支负荷与分支发展结果的偏相关分析，则都很显著。由于留守负荷指数本来就基于留守类别与发展结果的偏相关系数计算得来，以上的显著相关并不令人意外，但值得注意的是，留守保护指数及细分的安全指数、危险指数与综合发展结果及分支发展结果之间的偏相关都非常显著，偏相关系数也多超过留守负荷系列变量与发展结果之间的偏相关系数。这初步显示出留守保护可能起着更为重要的作用。为进一步验证，将留守保护指数纳入控制变量，对留守负荷系列指数与发展结果指数做偏相关分析。结果显示，在控制了留守保护指数后，留守负荷与综合发展结果、教育发展结果的偏相关也不再显著。[①] 分支负荷与分支发展结果的偏相关虽然依旧显著，但偏相关系数明显降低，显著性减弱。这表明，留守保护指数显著影响了留守负荷系列指数与相应发展结果之间的内在相关性。

2. 逐步回归分析

上述偏相关分析的结果初步表明了留守保护及留守负荷对于发展结果所起作用的相对强弱。为进一步检验其效应，依次纳入个人特征及背景性变量、留守负荷相关变量及留守保护相关变量做回归分析，以比较各类因素对于综合发展结果的不同影响。结果见表 10.3。

---

① 为节省篇幅，表略，有需要者可联系作者索取。

表 10.3 "综合发展指数"的多元线性回归 ①

变量	综合模型 1	综合模型 2	综合模型 3	综合模型 4	综合模型 5
性别（男性=1）	−0.053* （0.026）	−0.043 （0.026）	−0.035 （0.023）	−0.037 （0.023）	−0.030 （0.024）
留守负荷指数		−0.264* （0.115）	−0.109 （0.105）	−0.106 （0.106）	−0.130 （0.107）
留守保护指数			0.023*** （0.004）		
安全指数				0.021*** （0.006）	
危险指数				−0.027*** （0.008）	
家庭保护指数					0.020*** （0.006）
学校保护指数					0.035*** （0.011）
社会保护指数					0.010 （0.017）
调整 R 方	0.040	0.071	0.269	0.265	0.268
样本数	137	137	137	137	137

比较上述回归结果，可见家庭因素和学校因素对于留守儿童的综合发展都很重要。通过对个案的比较分析，发现家庭因素中的安全性因素、学校因素中的危险性因素又是关键。

采用同样的方法，依次纳入个人背景性变量、留守负荷相关变量及留守保护相关变量做回归分析，比较各类因素对于教育发展结果的影响（表略）。结果表明，学校因素对于留守儿童的教育发展最为重要，社会因素次之。此外，从访谈资料来看，学校因素中的危险性因素、社会因素中的安全性因素又是关键。"老师不关心、父母参与学校活动障碍"等师生互动危险性因素及"校园欺凌、缺乏良好同伴关系"等同学互动危险性因素对于留守儿童的学习都有显著的负面影响，而"有处境相似的同伴、邻里关系良好"等社会环境中的安全性因素则有助于提升留守

---

① 为节省篇幅，略去了在所有模型中都不显著的控制变量，有需要者可联系作者索取。

第十章 超越个体与时间：对留守经历长期影响分析框架的检讨与反思

儿童的教育成就。

依照同样方法比较各类因素对于行为发展结果的影响（表略），结果显示，学校因素对于留守儿童的行为发展最为重要。据访谈记录，学校因素中的危险性因素又是关键，其对于留守儿童行为发展的关键性影响在诸多个案中有所呈现，其中最值得注意的是校园欺凌。一旦遭遇校园欺凌，留守儿童大致有两种解决方式——或以打架斗殴的方式保护自己，或忍气吞声地默默承受。但无论采取哪种应对模式，都容易导致行为走偏，或"以暴制暴"，或以辍学、厌学等行为来消极应对。

采用同样的方法比较各类因素对于人格发展结果的影响（表略），结果表明，家庭因素对于留守儿童的人格发展最为重要。访谈资料进一步表明，家庭因素中的安全性因素和危险性因素都很关键，其中危险性因素的影响更大。有52位访谈对象与父母关系亲密，其中51位都具备正面人格特质，且其中23位未显示任何负面人格特质；与此相反，26位与父母关系疏远的访谈对象中就有24位具备比较负面的人格特质。

以上四批回归分析的结果，再次验证了偏相关分析所得的结论，即在控制了保护指数后，留守负荷对于综合发展结果不再有显著影响；分支负荷指数对于分支发展结果的影响在考虑留守保护指数的影响后依旧显著，但回归系数明显变小，显著性减弱。此外，从调整R方的变化也可以进一步看出这种影响：在纳入留守保护指数后，各相关回归模型的调整R方是纳入前的1.3—14.1倍。这表明，留守保护因素比留守负荷因素更为关键。

（三）共变效应检验

控制保护系列指数以后，留守负荷系列指数的影响消减，除了保护系列指数更为关键以外，还存在另一种可能，即负荷系列指数、保护系列指数同时与留守类别相关，具有共变效应，且因保护系列指数与留守类别的相关性更强，从而减弱了负荷系列指数的影响力。因此，控制同样的个人特征和背景性变量做留守类别与负荷系列指数、保护系列指数的偏相关分析，以检验这一共变效应是否存在（表略）。

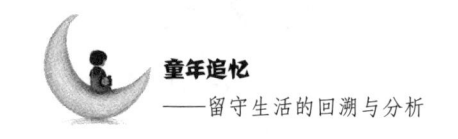

结果显示，所有留守类别变量与总的保护指数、安全指数、危险指数以及细分的家庭/学校/社会保护指数的偏相关都不显著，表明留守类别与获得什么样的保护或遭遇什么样的危险并无必然联系；留守负荷方面的有关指数则大多与留守类别变量有着显著的相关性。这一结果表明，保护系列指数和负荷系列指数与留守类别变量并不具有共变效应，保护系列指数是独立影响留守儿童发展结果的关键因素。

六 主要结论

根据对137份个案材料的细致分析，可以得出如下三个方面的结论。

（一）留守类别并非发展结果的主要决定因素

经分组比较及非参数检验，发现教育发展指数受到了留守开始时期、留守时长的显著影响，但留守类别变量对于综合发展指数、行为发展指数及人格发展指数的影响并不显著。可见在有留守经历者内部，具体是哪种类型和状况的留守，包括何时开始留守、父母外出类型、监护类型甚至留守多长时间本身，大都不会对留守儿童的发展结果产生决定性的影响。因此，还需要从留守儿童所处的发展生态系统中去寻找决定其发展的关键因素。

（二）留守保护可有效对冲留守负荷的消极后果

对留守儿童所处生态系统与儿童发展结果之间关系的分析表明：（1）基于综合留守状况计算的留守负荷对留守儿童的综合发展结果、教育发展结果有显著的负面影响，但在控制了留守保护指数后，这种负相关不再显著；（2）无论是否控制留守保护指数，分支负荷与分支发展结果的偏相关都达到统计显著标准，但在控制留守保护指数之后，相应的偏相关系数明显降低，显著性减弱，表明留守保护因素显著影响了留守负荷系列指数与相应发展结果之间的内在相关性，其保护效应显著；（3）对个人背景性变量、留守负荷相关变量及留守保护相关变量的逐步回归分析及共变效应检验，进一步验证了上述结论，表明留守儿童发展

第十章 超越个体与时间：对留守经历长期影响分析框架的检讨与反思

生态系统提供的留守保护有助于减少留守负荷带来的负面影响，留守保护比留守负荷更值得关注。

（三）家庭、学校及社会因素对不同发展领域的影响各异

经由细致分析，发现不同维度的生态环境对于留守儿童发展的作用也有所不同：(1) 从综合发展结果来看，家庭安全性因素、学校危险性因素是关键；(2) 对于留守儿童的教育发展，学校危险性因素、社会安全性因素都发挥了显著作用；(3) 对于留守儿童的行为发展，学校危险性因素最为重要；(4) 对于留守儿童的人格发展，家庭保护性和危险性因素都很重要，而危险性因素的影响更大。概而言之，家庭因素是关键，主导了人格发展质量，而学校及社会因素则具有重要补位作用，并是模塑留守儿童行为取向及决定其学业成就的关键因素。

七 CORP全息分析模型的提出

从上述结论可以看出，留守经历对儿童发展的影响是多方面的，其影响机制也多种多样。要科学厘定留守经历的影响，需要借鉴布朗芬布伦纳的人类发展生态学理论，构拟一个适用于留守儿童问题的多层次"留守负荷—留守保护"全息分析模型，才能有效地探究留守儿童的内部发展差异与具体留守状况及发展生态系统之间的关系。

综合中外学界关于留守儿童的研究成果来看，对于留守儿童而言，除了留守带来的亲子分离外，他们还可能面临经济及文化贫困、人际冲突、突发事件、师生互动及社区生活等方面的不利环境，各种不利或弱势因素很可能会交织在一起发生交互作用或产生多重影响（郑信军、岑国桢，2006），且这些风险因素叠加时还会产生累积效应，往往比单一逆境更不利于儿童发展，这种累积的逆境会破坏儿童的生理反应系统，抑制儿童的自我调节和压力管理能力（Evans & Kim，2013；达姆施塔特，2019）。此外，留守者的生物性个体特征及由遗传与后天养成的性格差异等因素也使得情况愈加复杂。除了性别等差异外，研究者特别关注了留守者的抗逆力或适应弹性。大量研究表明，即便遭受创

伤，许多儿童在其发育和成年过程中也表现出持续的神经生物学适应力（Werner，1984；Doyle & Cicchetti, 2017），有超过半数的人通常不会出现严重的适应不良或持续的问题（Rutter, 1985），这部分是由于具有保护作用的社会性或生物性因素的存在（Dias et al., 2015），其中给予支持和积极响应的父母、同伴或其他成人照顾者都可以成为重要的缓冲器（Gunnar & Donzella, 2002）。学界由此提出了抗逆力（Werner，1984；Garmezy & Masten, 1986）或自我修复能力（Cicchetti, 2015）等概念及相应的理论观点，以解释逆境中成长的儿童的不同发展结果。万江红、李安冬（2016），李燕萍、杜曦（2016）、李丹、林贻亮（2019）等对留守儿童的实证研究也都确证了抗逆力的积极作用。另有诸多学者关注了是否被留守与个人及家庭特征等方面的内在联系导致的内生性问题，并尝试采取倾向值匹配、配对调查、双重差分及使用工具变量等方法来消除这一内生性（陈欣欣等，2009；Robles & Oropesa, 2011；Zhou et al., 2014）。上述种种，都使得问题变得更为复杂。

　　鉴于这种结果的复杂性，有学者针对留守儿童亲子分离的问题提出了一个修正性的观点，认为造成不利结果的不是分离本身，而是那些往往导致分离发生的不利背景，以及生物因素或此后与之相关的经历（Rutter，1971；Eagle, 1994）。北师大的研究团队也发现，虽然父母外出打工对留守儿童来说是一个不利的事件，但其间存在其他的因素起保护作用。这种保护作用可能包括：经济条件，来自父母、学校、同伴和其他方面的社会支持，留守儿童自身的积极应对方式。这些因素在一定程度上缓解了父母外出这样的生活压力事件对心理健康的不利影响［参见谭深（2011）所做的综述］。

　　考虑到留守儿童这一群体内部在留守类别方面的多样性，相应问题的探讨变得十分复杂。而这种复杂性和难以捉摸，背后的另一个决定因素是留守儿童所处的生存发展环境。这方面，布朗芬布伦纳的人类发展生态学理论为我们提供了富有启发性的分析框架。这一理论认为，家庭、邻里和社会等各种不同层次、性质的环境相互交织在一起，构成一个既具有中心又向四处扩散的包含微系统、中系统、外系统和宏系统的

第十章 超越个体与时间：对留守经历长期影响分析框架的检讨与反思

网络式生态环境，共同影响着儿童的发展（Bronfenbrenner，1989）。这启示我们，除了留守者个人特征、留守状况之外，留守儿童所处的发展生态系统中的诸多影响因子也发挥着重要作用。

鉴于上述情况，关于留守儿童的比较分析不能仅仅将眼光聚焦于个体特征、留守状况，还应尽可能充分地将留守儿童发展生态系统里面的所有关键因子纳入其中，并考察各种因子之间的相关性及其与发展结果之间的直接作用和间接作用。

正如上文所述，借鉴关于抗逆力的理论主张，我们可以简单地将那些有助于对抗留守带来的消极效应或加强消极效应的因素都视为影响抗逆力形成的因素，甚至可以将其等同于抗逆力本身加以考虑，从四个方面来分析留守可能带来的影响：（1）留守者的个体特征（Characteristics）。留守经历对于学业成就的影响往往因个人特征而异，根据前人的研究，其中最重要的就是性别、所处年龄阶段、家庭经济状况等。对中国而言，因为城乡户籍分割及近几十年来的计划生育政策，也需特别关注城乡及是否独生子女带来的差异化影响。（2）留守场景（Occasion），即具体的留守情况。根据上文的分析，其中最重要的变量就是父母外出类型（双亲外出/父亲外出/母亲外出/交替外出等）、日常监护安排（单亲监护/祖辈监护/亲友监护/其他监护/多重监护等）、何时开始留守（婴儿期/幼儿期/小学期/中学期等）及留守时间长度（累计年数）这四个方面的因素。其中前两个因素关涉亲子互动机制，后两个因素关涉时间机制。（3）留守危险因子（Risky Factors），即留守者所处环境中的风险因素，包括家庭、学校及社会环境中的危险性因素。家庭因素大致归为三大类，分别与"家庭教育环境""家庭生活环境"及"家庭情感氛围"相关；学校因素大致划分为"师生互动因素"及"同学互动因素"两大类；社会因素则包括社会环境因素及社会行动因素。留守危险因子是家庭、学校及社会三方面不利因素的总和。（4）留守保护因子（Protective Factors），即留守者所处发展生态系统中的保护性力量，同样来自家庭、学校及社会环境。由于个体特征、留守场景、危险因子及保护因子往往相互关联、相互纠缠、相互掣肘并可能具有交互作用，共

同影响发展结果（Luthar & Cicchetti, 2000），故在具体分析中，需要通过综合分析，才能判断留守带来的影响的方向及其大小。

为简便起见，笔者取各个因子的英文简写的第一个字母，将前文提出和应用过的留守儿童多层次"留守负荷—留守保护"全息分析模型命名为 CORP 全息分析模型。运用这一综合模型，可以对留守与儿童学业成就等发展结果之间的关系做出更为全面的认识。在具体的分析中，可以将主导留守儿童学业成就的力量简洁地划分为两大类别：其一是由具体的留守类别和个体特征决定的综合负荷，即"留守负荷"；其二是留守者所处社会生态系统中可以决定儿童抗逆力的所有因素，这些因素中既有安全因素，也有危险因素，两者整合后的净安全因素为"留守保护"（见图 10.1）。在这样的简化模型下，我们就可以集中精力来探讨留守负荷和留守保护各自对留守儿童的发展发挥着什么样的作用及其具体作用机制。

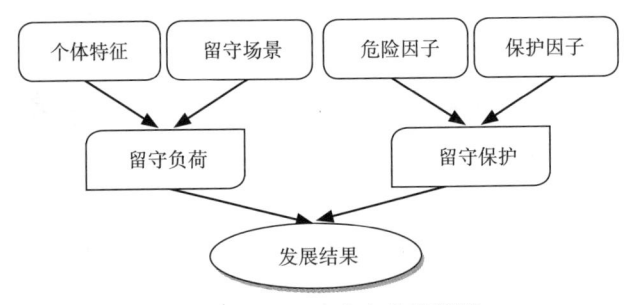

图 10.1 CORP 全息分析模型

八 本章小结

学界自 1990 年代中期提出留守儿童概念以来，就一直在探讨其问题表现与发展困境，涌现了大批与留守儿童相关的调查成果，并围绕着政策制度改革优化、学校及社区的支持呵护、家庭流动的合理安排以及借助现代信息与科技手段提升效率等提出了对策建议。

但这些研究还未能全面厘清具体的影响机制及关键因素，因而在提

第十章　超越个体与时间：对留守经历长期影响分析框架的检讨与反思

供实务指导方面还有不足。尤其遗憾的是，学界更缺乏通过对留守经历长期影响的案例研究来确证与反推决定着留守儿童发展结果的危险性因素及安全性因素的综合性实证分析，而一些针对大学生的实证研究也往往因为缺乏通用的分析框架而导致留守后果及其影响因素方面的大量歧异，这使得我们在设计、实施和评估相应的政策措施、服务方案及干预行动时，可能出现一定的偏差。

例如，我们的分析发现，留守类别并非影响发展结果的关键，家庭、学校及社会对于留守儿童的安置、态度与行为更为重要；此外，家庭、学校及社会因素对留守儿童的不同发展领域的影响并不相同。这提示我们，关注不同类别的留守儿童的差异化风险固然有用，它可以让我们在资源约束下对相应的留守儿童子群体给予重点关注。但在有限社会资源的约束下，仅以留守类别作为考量介入程度的依据，往往使得诸多处于高风险状态的留守儿童不能获得及时和充分的关爱保护。因此，建构一个综合考虑留守者个体特征、留守场景、危险因子及保护因子的 CORP 全息分析模型，有助于整合家庭、学校和社区社会力量为留守儿童的健康成长建构有效的支持系统。

基于多年来对于留守儿童问题的关注和思考，笔者认为，研究留守经历对于学业成就等的影响，虽然可以从学理层面厘清留守经历可能带来哪些后果及其具体的作用机制，但最重要的，还是要为留守儿童发展和教育境况的改善提出务实有效的解决方案。从这个意义上来讲，后续的研究可超越结果之争，在厘清具体的作用机制之外，要更多地基于综合的 CORP 全息分析模型，开展整合性的问题诊断和对策思考，并推动相应政策措施的出台，为留守儿童提供针对性的关爱支持服务，为规模庞大的国内国际流动人口消减后顾之忧。

第十一章　留守儿童问题的研究反思与应对路径

留守儿童并非问题儿童，只是相对弱势儿童，是中国城镇化发展不完全的衍生现象和代价承受者（邬志辉、李静美，2015），在国际语境中往往被称为"Deprived Generation"（被剥夺的一代）。这群儿童相比其他父母在身边的儿童而言，缺少了在成长中扮演着至关重要作用的亲子陪伴，在学业表现、生活起居、身心健康等方面面临着更多的风险和挑战。

本书在第二章至第六章用访谈个案侧面刻画出了个体"成为留守儿童"的过程。父母双方或一方的长时段外出即骨肉分离决定了留守这一客观事实；在日常生活包括与同伴和监护人的相处中儿童被赋予了关于留守的具体感知；来自外界社会的看法和行动塑造了儿童对于自身所处的"留守儿童"这个群体的整体认知（参见图11.1）。大众刻板印象中的"留守儿童"，常常与弱势群体、低收入人群等标签相挂钩，但这并非留守儿童的全貌，然而由于前一类人群占比较高且更容易偏离正轨成为"问题儿童"，外界对此的偏见又继而容易被加深。相比于第五章单独罗列出来的具有典型性的农村留守儿童，城市留守儿童可以算是不被自己和外界所承认的另类留守儿童，同样值得关注，但囿于本次调查中所涉案例较少，因而未单独成章加以介绍。

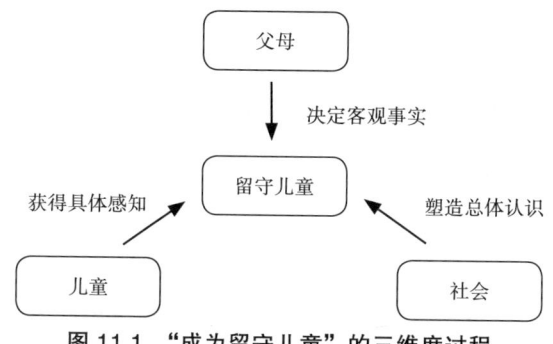

图 11.1 "成为留守儿童"的三维度过程

与此同时值得注意的是，由于农村留守儿童群体过于庞大，具体到一个村庄而言，可能绝大多数儿童都是留守儿童，反倒是非留守儿童成了另类，被前者调侃为"父母管得太严""不好玩"。即使是成年后对儿时的留守经历进行回溯，也有一些曾留守受访者疑惑，"为何要故意把一件很平常的事揪出来说"。

这种在留守当下并未被察觉的异样和影响，或许在当事人成年后或者结束留守后慢慢显露。他们中的绝大多数人都会在未来卷入城镇化之中，以各种职业身份在城市打拼，进入城市的适应问题叠加其既有的成长问题，可能会进一步削弱他们的安全感和满足感，在不知不觉中被边缘化（林培淼、袁爱玲，2007）——再有甚者，可能从被留守者转变为留守决策者，陷入了留守家庭的周期困境。

由对个案访谈的回溯可见，实在的留守经历不一定导向自在的留守认同。笔者认为原因之一可能是一种农村社区的共识在起作用。农民外出的合理性得到来自当地社会较为普遍的认同。因此对于在农村地区留守的儿童来说，父母外出是他们熟悉的生活方式，他们长期在"爸妈出去打工是为了这个家"这一共识中成长起来，对父母的决定不一定能完全体谅，但或多或少都是理解的，并且只能让自己在不习惯中努力习惯。父母外出的家庭并不具有个别的意义，每个家庭的周围都有相似的外出家庭。留守儿童不是孤立地感受"留守"，这些孩子形成了一类群体，甚至在一些村庄成了主流的儿童群体，因此也就没有"相对剥夺

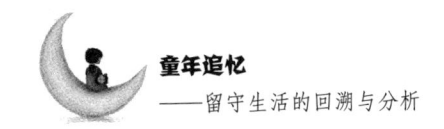

感",而更多的是共鸣。不少受访者提到,自己意识到作为留守儿童的"特殊性"是在前往县城读书与周边城市同学对比之下才有的,过去在农村时,周边都是和自己情况相似的同学,内心不会有落差感;不过市区学校中的老师和同学并不关心家庭背景,因此他们通常也不会被歧视或特殊对待。其次,留守儿童的家庭条件主要取决于当地的经济状况和父母的工作,留守绝不代表着贫穷,相反有时候留守儿童因为有父母寄回家的丰厚的生活费,日子过得比一般孩子还要舒服。然而,一件事情的普遍性并不代表着它具有合理性。当一个村庄的大多数儿童都处于留守状态——这种状态不一定是异常的、需要被另眼相待的,但一定是值得外界多加留意和关注的。

留守经历对孩子来说到底意味着什么,受到许多因素的影响,包括家庭经济条件、当地风气、实际监护状况、同辈群体等。只有基于个体对留守生活的回溯与反思,综合分析各方因素,才能对此拥有较为准确的理解,并据此对关爱保护我国留守儿童提出可能的政策主张与应对路径。

一 制度改进和创新

根据2013年全国妇联发布的《中国农村留守儿童、城乡流动儿童状况研究报告》,全国有农村留守儿童6102.55万人,占农村儿童37.7%,占全国儿童21.88%。留守儿童问题作为在中国市场经济转型、社会变革中产生的"非预期产物",应当得到妥善的解决,而不能放任其成为中国社会进步的牺牲品。2022年12月,东北师范大学中国农村教育发展研究院发布了《中国农村教育发展报告2020—2022》,报告显示,2021年全国有义务教育阶段农村留守儿童1199.20万人,占义务教育在校生总数的7.59%;与2012年相比减少1071.87万人,减幅达47.20%(陈鹏,2022)。由此可见,农村留守儿童数量和占比在近十年内大幅下降,这很大程度上得益于政府在解决农村留守问题上做出的努力。

十年间,党和国家高度重视留守儿童保护,相继出台了《国务院关于加强农村留守儿童关爱保护工作的意见》等系列文件，为守护关爱留守儿童指明了发展方向、提供了制度保障。然而，受经济社会发展水平等因素制约，我国儿童事业发展的不平衡不充分问题仍广泛存在，留守儿童的保护和服务机制尚有待健全，从源头上减少儿童留守现象、保障留守儿童应有的相关权益应当成为相关政策的侧重点。

（一）城乡体制壁垒及其破除

正如前文所道，青壮年的跨地域务工经商和留守儿童的大量产生，是城镇化发展和经济发展不完全、不充分的产物。如果要从根本上减少隔代抚养和亲子分离的现象，则势必仰赖于我国公共服务和社会福利的均等化，以及提高城市包容度和城乡融合水平（杨菊华、何炤华，2014）。这一系列社会变化使得过去计划体制里的城乡身份逐渐变得不再重要，城乡之间的区隔在市场化的过程中逐渐消解，人们可以自由地选择流动的方向，获得了更多元的生活方式选择，这其中也包括农村不再象征着资源的贫乏、城市也不再单纯只是物质的丰裕，在城市与农村间的选择，更重要的是人们对于美好生活的定义与需求。

如第三章第一节"代理监护：是别处温暖还是额外负担"所展示的那样，外出务工的父母在挣钱养家和照顾子女中左支右绌、捉襟见肘。若想在两者中维持平衡，他们大多只能依靠亲友关系，将孩子托付给祖辈、叔辈们抚养。然而，代理监护大都来自传统资源，亲友互助、邻里守望（谭深，2011），我们很难保证在人际关系原子化和传统道德伦理渐趋瓦解的当下，这类传统资源是否依旧有效。因此，我们应当反思的是，当农民工服务于现代体制和城市建设时，后者如何回馈他们和他们的子女，而不是把他们作为一个外来者和边缘者？在第四章"是否会陷入留守的周期困境"这一问题上，能否取得城市户口并在当地立足成为这群曾留守者是否会重复父母的选择的决定性因素。

> 阿华对自己有孩子以后该怎么办一点也不担心，现在他们家已经在无锡落户了，他以后也会在无锡工作、成家，根本不会遇到自己外出打工、孩子留守家中的情况。他不会再和自己的父母一样遇

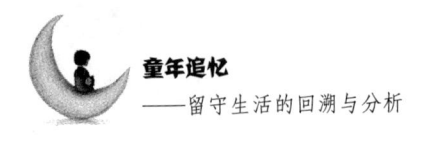

到这种两难的状况，而是一定能够陪在孩子身边，成为无锡的新市民。——摘自未收入个案《同归：重复父辈的故事》

当下的研究多将留守儿童和流动儿童分而论之，然而事实上，两者应当被统筹起来作为"流动人口子女"这一整体来共同考虑。"流动"还是"留守"，这既是家庭的灵活选择，更是社会结构下的无奈之举。《在一起！中国流动人口子女发展报告2021》显示，从2010年至2020年，处于义务教育阶段（6—14周岁）的进城务工人员子女与父母一起随迁的比例和在流入地公办学校就读比例逐年提高。我国的户籍制度在过去存在缺陷，二元结构不仅限制了进城务工的农民工享受与城市人口相应的医疗、就业、住房、养老等方面的保障，还阻碍了他们的子女享有本地孩子一样就近入学的权利。城市学校有限的学位供给和高昂的借读费以及复杂的中高考制度，使得流动人口不得不将子女留在户籍地。尤其对于农村留守儿童而言，由于农村的教育资源有限，加之儿童缺乏必要的父母陪伴与教导，伴随于此的各类问题频出。如果要推动流动人口子女与父母团圆，破解教育的城乡二元结构是应有之义，而降低城市生活成本（如学费、房价）等也同样重要。

近年来，部分人口输入地城市逐步放开、放宽落户政策，虽然可以即时地改善流动人口亲子分离的状况，但也不是根本之策，前者可能会增大城市公共服务供给的压力，继而带来一系列城市病。大量农村父母选择忍受骨肉分离之殇涌入城市，更深层次的原因在于经济发展水平的不均衡与社会福利水平的有限。如果地方经济发展前景好，能提供充足的就业机会，人们能够在家乡所在地取得一份不错的工作，就会缓解如此大规模的外出务工流，减少成片的留守现象。因此，破解城乡体制壁垒的题中之义，不仅在于破除城乡户口限制，更在于统筹城乡发展，持续推动城乡经济一体化，进一步缩小城乡区域发展差距。

（二）儿童主任制度的改进与创新

儿童主任制度源自2010年的"中国儿童福利示范项目"试点，其初衷是为事实无人抚养儿童、留守儿童、贫困儿童等困境儿童提供制度化、常规化的帮助。

2010年至2015年期间，民政部、联合国儿童基金会及中国公益研究院联合在5省12个县市的120个村开展了"中国儿童福利示范项目"，通过设立"儿童主任"岗位，开始了建立基层儿童福利服务体系的尝试。其间，民政部还于2013年在河南洛宁、江苏昆山、浙江海宁、广东深圳开展了适度普惠型儿童福利制度"先行先试"试点工作。中国儿童福利示范项目结束后，相关试点村的项目得以继续，并在民政部的支持下，开展了更大范围的试点推广。2015年10月，民政部启动全国百县千村基层儿童福利服务体系建设试点工作。2016年6月，国务院下发《关于加强困境儿童保障工作的意见》，儿童主任模式被写入国家政策。2019年5月和8月，民政部等十部门下发《关于进一步健全农村留守儿童和困境儿童关爱服务体系的意见》及《儿童主任工作指南》，将儿童主任这一制度安排推广到全国各地。据《2021年民政事业发展统计公报》，截至2021年年底，全国共有儿童主任65.1万人[1]，儿童主任制度在大陆地区基本实现了村居社区全覆盖，成为我国一项新的基层社会制度。

1. 儿童主任制度的成效与不足

儿童主任制度旨在解决儿童和家庭获取政府和社会资源不畅的问题，是破解儿童关爱保护"最后一公里"递送问题的关键。其思路是，将儿童工作下沉至村居社区，推动儿童服务由被动受理向主动发现转变。具体而言，是由儿童主任收集村居社区所有儿童信息，对不同类型儿童进行分类建档，并开展后续的针对性服务，以确保所有儿童都能获得必要的关爱保护。有了儿童主任，一方面，儿童和家庭可触及的最近服务资源就在村居社区，有利于家庭及早解决困难。另一方面，村居社区的儿童工作有了专人负责，在政策宣传、信息收集、需求判断到最后的服务落实和效果反馈方面，都可以做到凡事有交代、件件有着落、事

---

[1] 民政部：《2021年民政事业发展统计公报》，2022年8月26日，https://images3.mca.gov.cn/www2017/file/202208/2021mzsyfztjgb.pdf。

事有回音,解决服务递送断层问题。儿童主任作为我国基层社区的新设岗位,承担着新时期基层儿童福利服务传递的关键责任,对于我国留守儿童的关爱保护意义重大,也较好地解决了孤儿、残疾儿童、重病儿童、服刑人员未成年子女等传统困境儿童的福利递送问题。

然而,任何一项制度尤其是新生的制度,总会面临供给和需求的匹配不当、上层与基层的焦点错位、理想与现实的条件落差、地方与地方的实情不同等带来的实施问题。学者们在全国不同地方的调查发现,儿童主任制度在执行中普遍存在如下三个方面的挑战:一是在儿童主任队伍建设方面,存在选拔标准模糊、准入门槛低、专业能力不足、流动性大的问题;二是在儿童主任权责定位方面,存在身份定位与工作职责不明晰、制度了解和认同度低等问题;三是在儿童主任履职方面,存在挂名而不履职、履职积极性不高、选择性执行、缺乏工匠精神、缺少儿童保护意识和主动的责任感等问题(刘志军,2021b;王立鹄,2020;伍宗云、纪拓,2020;郑广怀、马铭子,2021)。总体来看,儿童主任制度在执行中与制度设计存在偏差,施行效果很不理想。

过去五年来,笔者团队在开展关于留守儿童的研究时,密切关注上述儿童福利服务体系建设试点工作和儿童主任制度的实施情况。据团队调研所见,相关试点工作已初步建立起政府、高校、儿童主任、公益性社会组织和社会团体共同参与的福利工作模式,但也显示出制度缺陷和政策执行不力的问题,距离制度目标仍有较大差距。

2021年1月至2月,我们在16个省份的25个社区开展了广泛的调查走访,很遗憾地发现,社区的儿童主任以虚设居多,调查员要找到儿童主任都颇费周折。例如,青海省海东市某村的儿童主任是村主任自己兼任的,没有在村里宣传过,村民也无一知晓,邻镇的几个村主任或书记也都表示,没有听说儿童主任或没有实际上的工作任务。曾在湖南省邵阳市某村驻村多年的一名干部表示,自己在村里工作多年,也对儿童主任一无所知。即便在经济条件良好的浙江省慈溪市的某社区,调查员多方打听,也未能找到儿童主任。名义上设置了儿童主任的社区,这一职务也多由妇女主任或民政员兼任。北京社会管理职业学院副教授伍宗云等对四个省份 240 名儿童主任的调查显示，兼职儿童主任占比 75.6%，而据我们对 25 个非试点社区的调查，所有儿童主任都为兼职或缺失。这些兼任的儿童主任，由于缺乏工作经费和报酬，没有明确的工作要求与技术指导，大多只是开展儿童信息摸底统计和核查类工作，甚少开展改善困境儿童生活环境、增进其身心健康的福利服务类工作。2022 年暑假，笔者在湖南、四川、云南 10 多个社区走访调查，发现状况依然没有改善。

另一个突出问题是，几乎所有城镇社区及发达农村社区的儿童主任并不将流动儿童纳入工作对象的范畴。以浙江某发达县的一个社区为例，其户籍居民 2739 人，外来流动人口 3000 多人，其中流动儿童超过 500 人。但除了专门为流动儿童设立的"小候鸟假日学校"之外，儿童主任举办的"折翼天使"、六一儿童节慰问等活动都仅仅针对户籍儿童，除非上级政府另有规定。但这些人数众多的流动儿童，恰恰是最需要关爱帮扶的对象。

综合我们了解的情况，儿童主任权责不明、身份模糊、能力欠缺、经费不足、激励缺乏、制度性地排斥流动儿童等问题在全国各地广泛存在，还难以真正实现关爱保护困境儿童的基本目标，离"适度普惠"的理想目标则更有距离。

2. 儿童主任制度的深化建设和配套支持

深化儿童主任制度建设，对于应对和解决留守儿童问题意义重大。根据前期的调查，笔者认为，聚焦于打通儿童福利服务"最后一公里"的儿童主任制度，需从儿童主任的职能定位、责权利分配、资源配备、遴选培训、儿童困境评估、儿童需求收集与反应机制、儿童之家活动设计等方面入手加以改进完善，提供配套的方法和技术支持。

首先，要兼顾现实需求及社会条件，科学定位儿童主任的岗位功能及职能目标。

人们习惯上认为儿童无知且不能准确表达自身需求，因此儿童在儿童福利体系中往往处于一种"失语"的弱势状态。在我国的儿童福利服务中，这一状态也普遍存在，导致政策设计和实施时具有较强的"选择性",政策设计目标与儿童身心全面健康的发展目标存在明显差距。

例如,笔者团队在调查中就发现,作为儿童主任制度重要工作平台的"儿童之家"的建设和管理,很少顾及儿童自身对于资源配备、活动设计、管理模式等方面的诉求。因此,应将思维导向从"我们为儿童提供了什么"转变为"儿童需要我们提供什么",将"施方视角"的关爱活动变为"需方视角"的关爱服务,使全体儿童能够为自己发声,充分挖掘各类型儿童的多层次、多样化福利服务需求,以确保儿童主任制度之下的儿童福利服务有依据、有秩序、有成效。

在具体操作上,可将儿童福利服务划分为支持性服务(协助家庭成员运用自己的力量来减轻亲子间的压力和紧张)、补充性服务(补充父母职责和家庭功能)和替代性服务(作为儿童保护最后防线的寄养服务、机构式服务和领养服务等),并基于我国现有的儿童福利规章制度、农村发展状况、可以调配的人力物力和组织资源,对儿童主任进行恰当的功能定位,并据此拟定其具体的职能目标。

其次,需明确儿童主任的权利待遇、资源配备和能力资质,加强职业技能培训,保障其有效履职。

从笔者团队的调查发现来看,儿童主任以兼职为主且时间投入有限,无相应岗位资质且专业培训缺乏,资源短缺因而有心无力,能力欠缺从而倍感压力,工作内容繁多但工资待遇较低,可以说矛盾重重、问题众多。因此,亟须明确儿童主任的权利和待遇、应当具备的资质和条件、必须配备的人力物力财力资源等,让儿童主任有明确的职业预期、必备的履职能力和坚实的履职基础。

其中,需特别明确以任务清单形式界定清楚儿童主任必须完成的工作职责,因为基层的日常运作往往遵循风险控制的原则,如果没有硬性的规定和约束,儿童主任将成为一种具有很大自由裁量空间的新型的"街头官僚",使得其日常工作沦落为以风险规避为核心考虑的应付性行动。

另一个急迫任务是技能与职能的匹配问题。笔者团队在全国层面的调查显示，很多地方只是简单下达设置儿童主任的任务，并无明确的任职要求，不少乡镇甚至直接要求由村主任或妇女主任、民政员兼任，而不去考虑其是否具有相应的能力和精力，亟须加以纠正。当前，考虑到基层人才的成长或引进需要一个长期的过程，儿童主任也是一个新生的社会职务，还需特别加强儿童主任的职业技能培训，提升儿童主任的专业化水平和综合素养，解决诸多儿童主任一腔热情却无从下手的履职困境。

再次，需要尽快构建"儿童困境评估指标体系"，助力儿童主任高效履职。

为提高儿童主任履职的针对性和准确性，需设计一套以儿童信息、父母信息和实际监护人信息为基础的儿童困境评估指标体系，用于甄别儿童困境的类别和级别。这些困境可区分为自身困境、监护困境和家庭困境三大类，各类困境又可区分为 A（危机介入个案）、B（高风险个案）、C（中风险个案）、D（低风险个案）、E（监测个案）这五个等级。对这三类困境做综合评估，即可比较准确地判断儿童的大体处境及介入工作的类型、方式、程度和需要链接的资源。

今后可在试点评估的基础上，开发操作简便的儿童困境综合评估智能手机应用，并增加评估以外的信息传递、流程追踪、资源链接、意见反馈等功能，让儿童主任可以借助这样的管理平台，便捷动态地掌握儿童境况及需求，及时做出响应，提高履职效能。

最后，应善用数字化手段构建儿童困境动态监测系统，提高儿童福利服务的精准化和智能化水平。

在加快建设数字政府的大背景下，应善加利用既有的社会治理大数据和移动互联的技术手段，在现有的"全国农村留守儿童和困境儿童信息管理系统"的基础上，整合利用民政、教育、卫生等系统的数据库，建立覆盖所有儿童的基础数据库及儿童困境动态监测系统，以实现儿童状况的动态监测、儿童困境的精准识别和预警、儿童福利服务的快速递送及跟踪评估，构建起融"监测、评估、报告、介入、跟踪、反馈"于一体的儿童关爱保护网络，提高儿童福利服务的精准化

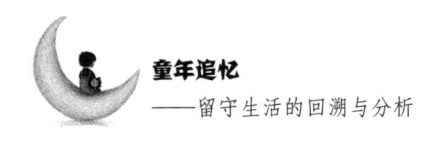

和智能化水平。

3. 儿童主任制度效能的系统提升和整合推进

在留守儿童问题之外,我国还面临流动儿童、事实无人抚养儿童、残疾与大病儿童等困境儿童问题,也有着面向所有儿童发展普惠性儿童福利服务的时代诉求。因此,对现有儿童主任制度的效能做系统提升,整体性地应对留守儿童发展等儿童问题,是最经济、有效且可行的策略。

在具体操作上,需考虑我国基层社区的现实状况,自上而下做系统投入和支持。社区作为社会治理的最末梢,各类事务繁多,额定职数有限(一般为4—6人),在政府没有提供足够支持的背景下,要求社区设立专职或主要从事儿童工作的职位,是不可能完成的任务。因此,需下定决心、排除困难,从法律赋权、财政赋资、行政赋能三个方面入手,对形式已经上在全国铺开的儿童主任制度做全面的改造升级,以开创新时代儿童关爱保护工作的新局面,一体化地解决包括留守儿童、流动儿童、事实无人抚养儿童、残疾与大病儿童、普通儿童等在内的所有儿童的关爱保护和发展促进问题。

(1)法律赋权

现有儿童福利服务的一个重大障碍,是国家亲权与父母亲权的法律定位。中国长期奉行的是"谁的孩子谁负责"的亲权理念,将儿童养育管教等视为家庭责任,历史上的政府公权力从不主动介入这样的"家务事",只有在家庭和家族遭遇重大危机时才事后介入。这种国家公权与家庭私权之间的默认分工,使得现有的儿童主任对强力介入儿童事务抱有疑虑和担心,导致其工作大多局限于送温暖、递送福利服务等"做加法"的层面,并不会积极主动地介入儿童的养育和发展,甚至对介入儿童虐待和忽视问题也缺乏正确的认识或足够的底气。

因此,近年来儿童主任制度的推行,主要解决了留守儿童等困境儿童的福利服务递送问题,而在儿童保护、儿童伤害防范、儿童养育指导、儿童全面发展等方面具有天然的不足。即便我们已经有《中华人民共和国未成年人保护法》《中华人民共和国家庭教育促进法》《中华人民共和国预防未成年人犯罪法》等法案，在原则上强调了国家亲权，但在细则规定、实际执行中仍未有效解决法律层面的赋权问题，使得儿童工作难以跃上新台阶，不能有效适应当今及未来的社会发展态势。

有鉴于此，当务之急是通过法律细则、行政规定等，更加明确地为儿童主任等儿童工作者赋予国家亲权，即赋予他们对留守儿童等所有18岁以下未成年人进行日常监测、对其家长及监护人进行日常监督的法定权力。在此基础上，建立健全儿童权益损害的强制报告制度，进一步明确规定教师、医生、社会工作者等特定职业人员报告相应情况的义务、方法和程序，提供相应的培训和教育；并通过广泛的媒体宣传、学校教育、社区倡导等，让社会大众树立国家亲权意识，积极参与儿童权益保护和发展促进工作。

（2）财政赋资

基层社区之所以不愿也不能设立专职或主职的儿童主任，最直接的原因是没有相应的财政支持。据媒体报道，安徽省肥东县于2017年试点专职儿童主任制度，当年县财政投入1235万元，通过政府购买服务方式为全县22个乡镇和335个村居社区配备了专职儿童工作队伍，每人每年的标准是3.5万元。专职试点的背后，是来自财政的固定支持。这从另一个角度说明，要获得专门或主要从事儿童工作的人员队伍，必要条件是提供专项的财政拨款。此外，这项拨款不能如肥东县那样仅仅涵盖人员费用，还需考虑工作费用。

据《2021年民政事业发展统计公报》，截至2021年年底，全国共有儿童主任65.1万人，按人均拨付人员经费5万元、活动经费5万元计算，每年约需651亿元。按我国2022年一般公共预算支出260609亿元计算，大约每年需要拿出财政预算的0.25%用于支持儿童主任制度的提质升级。虽然数目不小，但鉴于儿童的健康成长和全面发展对于国家和民族未来的至关重要性，这样的投入完全必要。

事实上，我国在儿童工作上的投入并不少，但由于分散在民政、教育、卫生、共青团、妇联、关爱下一代委员会等不同部门的不同战线，很多活动呈运动式、散发式状态，重展演而轻实效，整体绩效偏低。如

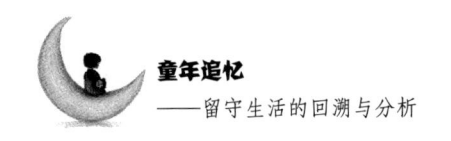

果政府对这些分散的财政投入和资源进行整合，则需要增加的投入会相应降低，利用效率则会相应提升，就能在基层以儿童主任制度为抓手、以社区为核心平台、以儿童主任为核心责任人，把儿童工作做实做好。

（3）行政赋能

如果没有精干的儿童福利服务队伍，财政投入就不能高效利用。在我国儿童主任基本靠挂名兼职、社区专业人才缺乏的大背景下，亟须改革体制机制，选好、用好、培养好儿童工作人才。已有调查表明，儿童主任队伍的整体文化水平还较低、专业能力较为欠缺、学习和培养提升机会很少、职业发展和上升通道受限，行政赋能的任务还异常艰巨。鉴于这种情况，笔者认为，可以从专业赋能、技术赋能、职业赋能等方面入手加以提升和改善。

首先，利用大学生村官制度，发动社会工作、社会学、心理学、医学等专业的优秀毕业生回到家乡担任儿童主任。高校是培养人才的主阵地，在这里接受过系统培养的优秀毕业生是担任儿童主任的良好人选，他们有专业能力、有青春活力、有服务热情，因为年龄原因，也与儿童有更多共情和共鸣。之所以主张大学生返乡任职，是因为作为同乡，具有语言、文化、情感上的地方亲密性，有利于更好地融入社区，被儿童及其家庭接纳，也有利于人员队伍的稳定。

其次，基于社会工作者职业水平评价制度，建立完善儿童主任资质、职级、职称体系。我国自2006年正式实施社会工作专业人才职业水平评价制度，至今已历18年，逐步完善并为社会熟知和广为接受。可以充分利用这一制度，将儿童主任职位、职级和薪酬与社会工作专业资格挂钩，解决广大儿童主任的资质门槛设定、职级职称评定及岗位待遇厘定等问题，让能者上岗、在岗者爱岗，更好地服务于儿童。

最后，升级改造儿童主任制度，打通"儿童主任—儿童督导员—国家公务员"的职业发展通道，建立完善儿童主任队伍的激励机制。现有儿童主任制度，将儿童主任定位为社区自选自定的工作人员，且由于政府赋予的法定权力和配套资源不足，往往被边缘化为其他社区干部附带挂名担任的边缘职位，使得这一职位本身就缺乏吸引力和含金量，这与该工作的潜在重要性和贡献很不匹配。因此，可探索将儿童主任设置为独立于社区干部系统的职位，操作上可参照派驻制度，由乡镇街道或县一级政府统一选派，而不由村居自治机构遴选和管辖。如此安排的作用有二，一是保障儿童主任工作的独立性，避免被社区安排的杂务缠身，集中精力做好儿童福利服务；二是保障儿童主任选派的专业性和统一性，也有利于形成整合的儿童服务队伍网络，便于内部开展业务交流，组织业务培训，畅通晋升和职业发展通道。

（三）儿童发展账户机制的探索与本土化

儿童发展账户作为一种政策工具，发端于美国经济学家迈克尔·谢若登（Michael Sherraden）于1991年提出的"以资产为基础"的社会政策理念（Sherraden & Gilbert, 1991）。该理念主张由"输血式扶贫"向"造血式扶贫"的转向，提出以政策手段引导低收入群体建设并积累资产，提高他们的可持续发展能力，从而实现永久性脱贫。基于该理念，谢若登提出了"个人发展账户"工具，该账户对所有人开放，资金一经存入后，普通人存款可以享受税收优惠，低收入群体存款则可以获得政府的配套资助，以此来鼓励人们形成良好的储蓄与投资意识（Sherraden, Schreiner & Beverly, 2003）。在实践应用中，谢若登倡导政府自儿童出生伊始便为其设立"儿童发展账户"，一方面，鼓励家庭为儿童的教育与发展投资；另一方面，通过配套的金融教育与公民教育，引导儿童从小了解个人发展账户、参与投资决定、培养理财能力。在儿童成年前，其个人发展账户的储蓄资金用途通常被限定为教育、医疗、培训等，在其成年步入高等教育阶段后则可以取出相应资金。

该理论出台后，在美国、英国、新加坡、韩国、中国香港与中国台湾等多个国家和地区开展了政策实践（Loke & Sherraden, 2009；郑丽珍，2005；邓锁等，2014；何芳，2020；黄进等，2021）。相关的政策评估显示，儿童发展账户有利于提升弱势儿童的学习兴趣、学业水平、学业信心、社会化能力，同时有助于培养亲子间的良性互动关系、提高低收入家庭对教育投资的期待、提高家庭的风险抵抗能力（Yadama & Sherraden, 1996；Sherraden, Schreiner & Beverly, 2003；Clancy et al., 2016; Huang, Kim & Sherraden, 2017）。结合国外实践经验，我国少部分研究者在陕西、北京、上海等地开展了社会实验（邓锁，2016、2018；朱晓、曾育彪，2016），然而由于项目持续时间短、样本量小、实验设计不合理、实验对象不配合等多方面原因，围绕儿童发展账户开展的实验并未对当地儿童带来如其他国家经验中所示的正向效果。

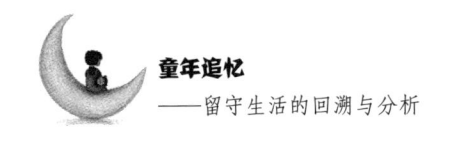

探索儿童发展账户建设的本土化，对于深化新时代留守儿童关爱保护与发展工作意义重大。随着我国于2020年取得脱贫攻坚战的全面胜利，留守儿童工作的工作重心有必要随之转向建立缓解相对贫困的长效机制、打破贫困的代际循环。面向历史新阶段的新任务，"以资产为基础"的儿童发展账户理念，有可能实现通过长期资产建设赋能儿童的可持续发展。在这一过程中，虽然其他国家和地区的实践经验可以为我国儿童发展账户建设提供适当借鉴，但仍迫切需要根据我国国情因地制宜地制定一揽子的本土化方案。在试点阶段，尝试在深度贫困地区探索面向留守儿童或低收入家庭，建设以政府激励为主导、完善政策为保障、社会多元力量共同参与的儿童发展账户体制。

首先，建立健全法规制度，推动各级服务系统集成、协同高效，提高留守儿童服务工作实效。

儿童发展账户实践的探索应充分发挥政府的主体作用和保障功能，建成以政府为主导、多方共同参与、成果联通共享的系统服务机制。在我国目前已经开展的儿童发展账户社会实验中，研究者多以同基金会合作的方式开展试点。政府的缺位让参与项目的家长缺乏信任感，往往在项目开始前便拒绝邀约，或在项目早期选择退出项目。反观已经推广儿童发展账户多年的国家和地区，在试点阶段伊始便推动相关立法落地，如新加坡的《儿童发展共同储蓄法》、英国的《儿童信托基金法》等，为后续政策执行提供了有效指导。因此，推动儿童发展账户本土化，应加快资产建设的专门性立法，落实对银行作为储蓄账户平台的规范化管理，推动儿童发展账户与其他福利服务的系统性整合。

其次，完善投资激励机制，优化储蓄配套措施，提高留守儿童家庭参与积极性。

在我国已开展的儿童发展账户社会实验中,存在激励机制不合理和配套措施不完善的现象,这可能是导致相关实验无法取得良好成效的重要原因。在上述实践中,研究者要求家长只能前往指定的银行网点存款,每月提供的配套资助数额较小,划定资助对象的标准存在"一刀切",对资金用途的限制严格,项目提供的配套金融课程应用性也不强。不完备的激励机制与配套措施,大大提高了家长参与儿童发展账户投资的时间成本,从而降低了他们的积极性。因此,未来的试点工作中,在投资激励机制建设方面,可以探索建立分级多档资助,通过量化分值、匿名问卷、民主互评等方式,对留守儿童的家庭困难情况进行分级分档资助,从而提高精准资助水平;在储蓄配套措施设置方面,应当充分以人为本,考虑留守儿童及其监护人的实际困难,降低儿童发展账户项目的参与门槛。

最后,协同多元社会力量参与,拓展儿童发展账户资金来源与服务形式,推动建成儿童友好社会共建共享新格局。

在政府主导之下,应积极动员社会各界力量,完善儿童发展账户建设与留守儿童学业、心理、情感、行为等重点领域保护的长效机制。一方面,鼓励社会多元力量共同承担储蓄责任,建立政府、社会和家庭共同参与的儿童资产建设机制。另一方面,协同社会多元力量共同提供配套教育,发挥企业、高校、社会组织中的专业力量,为留守儿童家庭提供金融投资理财、学业生涯规划、家庭关系辅导等帮助,多形式有效促进儿童的可持续发展;同时,应加快培育扶持聚焦留守儿童服务的专业社会组织、社会工作者团队,推动儿童发展账户与儿童福利保护系统有效衔接。

二 多方合力的行动者网络构建

王玉香、杜经国(2018)等的研究表明,通过链接留守儿童及其家庭、学校、社区等内外部资源,培养和增强留守青少年内在和外在双重保护因子,可以帮助留守儿童更好地应对所面临的挫折和困境。曾留

守者的个人自述及我们对这些访谈资料的质性分析佐证了这一结论。因此，建设多方合力的行动者网络，为留守儿童提供安全可靠的社会支持环境，才是根本之道。

（一）家庭、政府、学校和社会的通力合作

在前文的分析中，笔者发现学校危险性因素、家庭保护性因素在留守儿童行为发展中发挥着关键作用。家庭作为儿童最原初和最亲近的港湾，需从积极维度做营造工作，尽可能多地让儿童感受到被呵护的温暖感和归属感，而学校则需从消极维度做规避工作，让儿童在家庭之外不会产生边缘感、排斥感及不安全感。从更为具体的操作层面来看，如果要为留守儿童提供最基础的行为发展安全阀，家庭须尽力做好积极教导、亲子交流、亲友网络维护等工作，并避免教育环境上的危险因素（包括"父母不良行为""父母管教方式不当""监护者管教不当""缺乏管教"等），避免家庭情感氛围方面的危险因素（包括"与监护者关系较差""与父母交流不当""缺乏情感支持""父母感情不和"等）；学校则需要尽力避免出现师生互动方面的危险因素（包括"老师不关心""父母参与学校活动障碍"等）及同学互动危险因素（包括"校园欺凌""缺乏良好的同伴关系"等）。

落实在具体的实行主体而言，应当加强合作分工，发挥家庭和政府的"双龙头"带动作用，建立家庭第一责任、政府监督干预、学校专业引导、社会综合支持、基层动态监测的多方协同保护机制。落实家庭监护责任，强化政府监督职能，从而达成家庭责任与政府干预的平衡，建成内外呼应、多方联动的支持体系。

表11.1 多方协同的留守儿童保护体系

行动者	可以提供的帮助
家庭第一责任	（1）承担儿童教育的主要责任，对孩子的学习、生活等各个方面加以关心、教育与指导； （2）助推儿童教育形成合力，与政府、学校、社会联动，及时与任课老师、基层社会工作者等沟通交流。

续表

行动者	可以提供的帮助
政府监督干预	（1）制定法律法规，强化父母在子女监护教育方面的职责； （2）推进新型城镇化发展，吸纳外出务工人员回乡就业； （3）推进寄宿制学校建设等相应的托管机制，改善流动人口子女生活环境； （4）落实儿童主任制度，破解儿童关爱保护"最后一公里"递送难题。
学校专业引导	（1）建立健全对留守儿童的监督帮扶机制，及时了解本校学生的留守情况，加强对流动人口子女的心理健康教育、安全教育、感恩教育等； （2）加强对留守儿童家长的培训与沟通工作，使父母掌握与孩子沟通的技巧； （3）建立朋辈心理辅导机制，实现"小伙伴"间互助。
社会综合支持	（1）加强物质帮扶，动员社会力量，凝聚爱心人士，探索设立留守儿童关爱基金，持续资助流动人口子女； （2）兼重精神关怀，成立专门的志愿者组织开展留守儿童心理辅导、家庭关爱、课后辅导等服务，不断提升留守儿童的自信心、自尊心与进取心。
基层动态监测	（1）建立翔实完备的农村留守儿童信息台账，一人一档案，实行动态管理，及时了解本村人口外出情况； （2）推进社会主义新农村建设，发展农村经济、深化农村改革、强化公共服务，吸引外出务工人员返乡； （3）落实儿童友好社会建设，健全儿童之家，统筹规划组织网络，科学搭建活动平台，合理布局服务队伍，为留守儿童提供公益性服务，如成人看护、后进帮教、心理咨询等。

这其中，又以家庭和政府是最为关键的行动主体，家庭是儿童养育教育的第一责任人，而政府则需要采取切实措施做好监督和干预工作。

1. 家庭落实第一责任

在留守儿童的培养教育中，家长应主动承担自己的教养职责。在进行外出务工的决策时，应当让孩子参与到父母外出务工的决策过程中，至少是给予提前告知和充分解释。在做出外出务工的决策后，如不能长期与子女生活在一起，家长应调整好外出工作的方式与时间，为子女提供必要的生活和学习条件，如父母可以两人交替着外出务工，或父母交替回家探望子女等。无论物理距离远近，家长都应想方设法加强与子女之间的沟通，这是关心子女最为重要的方式。在与子女沟通的过程中，家庭首先应避免交流不当、忽视情感支持、夫妻矛盾公开化等家庭情感氛围方面的危险因素，以及监护者差别对待、重男轻女等生活环境上的危险因素。

父母如不得已与子女分开，应为子女慎重选择有监护能力的代理监护人，尽可能选择文化水平高、教育能力强、有责任心、有保护意识和时间充裕的人，因为监护人的水平对子女性格的形成有很大影响。此外，家庭氛围也是极其重要的，良好的沟通方式、规律的生活作息、较少的家庭争执等，能够尽量减少留守经历对儿童的情感创伤。

父母应与子女多加沟通，留意子女的身心发展，对子女的学习、生活等各个方面加以关心、教育与指导，以便其成长问题能得以及时发现和获得解决。对于空间距离可能带来的亲子隔阂感，父母应主动建立多形式、常态化的联络方式，如常与代理监护人、老师、子女的其他玩伴等进行联系沟通，从多方了解子女的近况，联动学校、社会、基层工作者共同形成儿童教育合力。

2. 政府做好监督干预

关心爱护留守儿童不仅关涉家庭的教养职责，更涉及社会公平正义与经济社会的可持续发展，亟须国家积极主动作为、承担统筹规划责任。

长期来看，国家要弥补法律空白和政策空白，必须以法律形式明确流动儿童和留守儿童享有与父母团聚的权利、享受同等质量义务教育的权利。国家以政策为杠杆，引导用工企业普遍提高农民工的工资待遇，让他们逐步具备居住条件和经济能力，以随身抚养孩子。教育方面，城镇学校应大幅降低农民工子女的就学门槛。此外，各地应进一步推进新型城镇化发展，深化城乡发展一体化进程，吸纳外出务工人员回乡就业。

短期来看，在强化基础建设之外，国家也应加大对低收入家庭的帮扶力度。西方儿童福利政策的发展经验表明，家庭是比机构更适合儿童成长的环境，鉴于父母和子女天然的生物性、心理性和情感性的联系，原生家庭在儿童成长中扮演着无可替代的角色，因而国家应该加强对家庭层面的支持力度，通过提供现金福利、工作福利和家庭服务等方式，减轻家庭的养育负担，提升家庭功能（乔东平、谢倩雯，2014）。

最后，在破解儿童关爱保护"最后一公里"递送难题的过程中，政府应当充分调动多元主体积极性，以政府购买服务、财政补贴等形式，将市场、企业、社区、非营利组织、学校等多元行动者纳入留守儿童服务矩阵之中。

（二）基于综合评估的个性化干预支持

无论是从访谈个案本身所反映的质性信息，还是对编码量化后个案信息的初步统计分析，都提示我们，关注不同类别的留守儿童的差异化风险固然有用，它可以让我们在资源约束下对相应的留守儿童子群体给予重点关注；但在有限社会资源的约束下，仅以留守类别作为考量介入程度的依据，往往使得诸多处于高风险状态的留守儿童不能获得及时和充分的关爱保护。

如前所述，在笔者团队的实地考察中，发现我国基层儿童工作者缺乏对留守儿童的个性化评估与干预，致使我国的留守儿童关爱保护工作中存在财力、物力和人力的浪费现象。其直接诱因来源于评估片面化，其一在于政府对基层工作者的考核标准不明晰，激励惩戒机制尚未建立；其二在于基层工作者对儿童的评估浮于表面，重台账而轻实效。

在政府对基层工作者的考核中，常态化的督促激励机制未能建立。在基层村庄一级，儿童工作基本只能依靠自我开展、自我检查，没有考核压力但有追责压力，即仅在出现恶性事故时进行责任追究，情节严重者给予免职的处罚。在乡镇及以上行政级别，政府缺乏一个行之有效的留守儿童关爱保护工作评价体系，因而很多地方都将这一工作成效简化为台账记录的家访次数、关爱机构或福利救助机构的数量、儿童福利工作投入资金等。然而这只是从供给方面进行的片面评估，在保证充足的供给的条件下，供给是否有效匹配需求，是否满足了需求，还需要进一步追踪评估。无论是以台账考察村一级的儿童工作，还是以机构数量和投入资金等数据衡量某一行政级别的儿童工作，实质上都是避重就轻地选择易于评判、易于统一化标准化的指标。事实上，各地的情况是不同的，经济发展水平、教育资源、文化传统、慈善力量等因素都会影响儿童工作的开展，也能为儿童工作所利用。

政府对基层工作者的考核与激励缺位，进一步导致了基层儿童工作者对留守儿童的持续性追踪与支持缺位。当前工作对政策执行过程的考察比较多，例如要求一事一台账详细记录家访了留守儿童几次。但对于政策执行的效果，即干预后对儿童成长的帮助则缺乏衡量的尺标。虽然有些地方尝试探索邀请第三方社工机构进村评估（抽查非普查），但评估方式基本仅限于对村里的活动剪影、活动记录、签到人数等佐证资料进行收集和打分，依旧没有直面执行效果评估的问题。

我们的研究从整体性、生态性的视角为如何介入留守儿童的社会支持提供了具体而微的线索。这启示我们，在留守儿童问题的应对上，不能简单地依留守状态施策，而需具体分析其关键危险性因素，并据此采取有针对性的关爱保护行动。

（1）不能按照留守类别孤立地看待留守儿童，简单地将其做类别划分及分类对待，更不能将留守儿童视为同质性群体采取无差分的应对策略，而应基于每个人的具体留守状况综合评估其留守负荷，注重对儿童的个性化评估，将基层儿童工作从考核思维中解放出来。

（2）不能仅仅关注留守负荷，还应全面考察每个留守儿童所处的多维发展生态系统，评估其留守保护状况，厘清关键的危险性因素及安全性因素，将"施方视角"的关爱活动变为"需方视角"的关爱服务，充分挖掘各类型儿童的多层次、多样化福利服务需求。

（3）在留守儿童发展过程中发挥不同作用的家庭、学校和社会，应基于留守负荷与留守保护的评估，有侧重地查漏补缺，为留守儿童的发展提供精准支持。归结到一点，就是留守儿童关爱保护政策的制定需规避按类施策的简化思维，应鼓励引导学校、社区及相关组织基于留守负荷与留守保护的综合评估做出精准干预和支持。

三　推动儿童参与的儿童友好社会建设

儿童是人类最宝贵的财富，儿童的发展状况事关民族和国家的未来，这已成为世界共识，更是我们党和国家的一贯认识。我国有将近3亿人的庞大儿童群体，超过总人口的五分之一。党和国家因此也一直重视儿童发展与服务工作。2021年9月，国务院印发《中国儿童发展纲要（2021—2030年）》，提出了进一步实现儿童在健康、安全、教育、福利、家庭等领域权利的工作目标，强调了儿童主任在儿童福利服务当中的重要作用，要求进一步落实儿童主任的工作职责、加大儿童主任的培训力度、提高其服务能力[1]。这表明，自2019年在全国铺开的儿童主任制度已成为我国建立健全基层儿童福利服务机制的关键。民政部发布的《2021年民政事业发展统计公报》显示，截至2021年年底，全国共有65.1万村居社区配备了儿童主任[2]，在中国大陆地区基本实现了全覆盖。在更宏观的层面上，我国已规划提出了建设儿童友好城市和儿童友好社区的中长期目标，一些地方也已在积极开展儿童友好社会的建设试点，这为我们今后从全人群视角做好留守儿童等困境儿童的关爱保护工作提供了启迪。

（一）儿童友好社会建设的目标设定

2021年，我国在《第十四个五年规划和2035年远景目标》中首次提出建设儿童友好城市，指出要"深入实施儿童发展纲要，优化儿童发展环境，切实保障儿童生存权、发展权、受保护权和参与权"。《中国儿童发展纲要（2021—2030年）》则进一步提出要"建设儿童友好城市和儿童友好社区"，充分保障"儿童参与家庭、学校和社会事务的权利"，首次将"儿童参与"作为儿童工作的基本原则之一。同年，国家发改委等23个部门联合发布的《关于推进儿童友好城市建设的指导意见》，对儿童友好城市建设作规划，推动全国范围内儿童友好城市建设试点的开展。

联合国儿童基金会（UNICEF）和人居署（UN-Habitat）于1996年联合国第二次人类居住会议（Habitat Ⅱ）上正式发起"儿童友好城市倡议"（Child Friendly Cities Initiative, CFCI），目前，随着"儿童友好城市倡议"的启动，低收入、中等收入和高收入国家中都有国家开始积极推动儿童友好城市运动，全球有900多个城市和地区已获得了儿童友好城市的认证（张会平，2021），儿童友好逐渐成为全球诸多城市建设发展的重要目标，儿童需求被纳入城市建设的考量之中（刘堃等，

---

[1] 国务院：《国务院关于印发中国妇女发展纲要和中国儿童发展纲要的通知》，2021年9月27日，http://www.gov.cn/zhengce/content/2021-09/27/content_5639412.htm。

[2] 民政部：《2021年民政事业发展统计公报》，2022年8月26日，https://images3.mca.gov.cn/www2017/file/202208/2021mzsyfztjgb.pdf。

2018）。但我国目前没有一座城市通过国际儿童友好城市认证，儿童友好社区的建设也处于初级的探索阶段。

（二）推动儿童参与的儿童友好社会建设

1989年，联合国发布《联合国儿童权利公约》（The United Nations Convention on the Rights of the Child, UNCRC），明确指出儿童参与是儿童的基本权利。《联合国儿童权利公约》第12条规定："缔约国应保证能够形成自己意见的儿童有权在一切影响到儿童的问题上自由发表意见，其意见应按照儿童的年龄和成熟程度给予适当的重视。"[①]然而，儿童参与在法律和政策上虽然是一项普及的权利，但是在实践过程中仍面临着重重困境。儿童往往被视作受保护的对象，较之成人，儿童在社会经济地位和身心发展水平上皆处于弱势地位，往往不被认为具有参与能力。这种成人和儿童之间的权力失衡（Tisdall & Cuevas-Parra, 2022），导致儿童常常被排斥在家庭事务、社区建设和城市发展之外。如何让儿童参与权得以真正实现，如何让儿童真正参与和其切实利益有关的制度设计和实施，建设真正符合儿童需要的儿童友好社会，是一个亟须解决的问题。

为此，以欧盟为代表的西方国家在促进儿童参与方面做出了诸多尝试。几乎所有的欧盟国家都有某种形式的国家层面儿童参与结构，最普遍的是全国儿童理事会或青年理事会（Children's or Youth Council）、全国儿童议会或青年议会（Children's or Youth Parliaments）（雷越昌等，2021）。其中，儿童和青年议会也被认为是以自下而上的方式听取儿童的声音的有效正式制度（Ravi, 2020）。儿童和青年议会出现在20世纪90年代中期（如法国在1994年成立了儿童议会），目前在西方国家广泛存在（Shephard & Patrikios, 2013）。

深圳市是我国率先开展儿童友好城市建设布局工作的城市。它于2016年申请加入"儿童友好城市倡议"，2018年发布《深圳市建设儿

---

① 《联合国儿童权利公约》第12条，原文如下："States Parties shall assure to the child who is capable of forming his or her own views the right to express those views freely in all matters affecting the child, the views of the child being given due weight in accordance with the age and maturity of the child."

童友好城市战略规划（2018—2035年）》和《深圳市建设儿童友好城市行动计划（2018—2020年）》，一直在摸索建立全流程、长效性的儿童参与机制，并逐步建立起与儿童和青年议会类似的"儿童议事会"制度（雷越昌等，2021）。如果想让所有的儿童都被纳入决策过程中，则需要一个自下而上发力的层级结构（Ravi, 2020），即"儿童议事会"制度应该从最基层的社区开始。

儿童参与的"儿童议事会"制度在国内是一个全新的建立儿童参与长效机制的尝试，旨在进一步保障儿童参与权与知情权。近两年，该制度在深圳、上海、杭州、温州等多个地区实施，以社区—街道—区儿童议事会为主，被视为实现儿童参与和建设儿童友好社区与儿童友好城市的重要平台。如何让"儿童议事会"制度具有可行性、长效性，成为儿童友好社区和儿童友好城市建设的重要探索方向。

儿童和成人平等的对话和合作是最恰当的儿童参与形式，笔者认为，一方面，需要将儿童参与（实质性参与）作为理念贯彻到社区建设和治理的方方面面，在政策制定、社会治理、社区服务等活动中嵌入儿童参与，打破"成人中心"，避免成人意志对儿童意志的湮没。另一方面，要根据活动和儿童的具体需求和特点采取不同的参与程度和设计不同的参与形式，警惕"儿童中心"，避免由于儿童群体身心发展都尚处于成长状态且不同成长阶段的特点不尽相同而导致的不成熟的儿童意志过度扩张。

此外，借鉴芬兰坦佩雷儿童议事会的"金字塔模型"和印度存在的"社区—联邦州—国家—联合国"的层级制儿童议事会的经验，需建设这种有层次的儿童参与系统，以在基层和顶层之间建立联系，保障信息在不同层级之间的双向流动，从而可以将儿童的声音从基层传递到顶层，也将顶层的声音传到基层。为了提高儿童参与的可及性和便捷度，亦可以为儿童搭建可以实时交流的线上群组或小程序，让儿童的声音可以在关系网中自由、顺畅地传递。

最后，根据哈特的儿童参与阶梯理论，儿童的实质性参与可以划分为五个阶段，无论是配合参与还是自主参与都是有效的参与，因此，在初期阶段及针对低龄段的儿童，不必一味追求最高程度的儿童参与，可以循序渐进，在儿童的参与中逐步推动儿童友好社会的建设。从曾留守者的访谈个案来看，大多数被访者都提及留守期间并未获得多少来自政府和社会的帮助，这与他们的心声不为政策制定者所知、不能有效表达诉求及未能形成诉求压力等有关。因此，推动儿童参与的儿童友好社会建设，从制度上保障留守儿童的心声和诉求被听见、被重视和被实现，是应对留守儿童问题、减少留守经历对儿童发展的负面影响的可行之计。

四 本章小结

根据 2015 年中国 1% 人口抽样调查数据计算，2015 年中国约有 9560 万名儿童未能和父母双方居住在一起，超过儿童总数的三分之一，其中农村留守儿童 4051 万人、城镇留守儿童 2826 万人（国家统计局等，2017）。第七次人口普查数据也显示，截至 2020 年，中国人户分离人口为 4.93 亿人，其中流动人口为 3.76 亿人（国家统计局等，2023）。也就是说，在未来的很长一段时期里，庞大的留守儿童群体都将在中国城乡社会持续存在。

诺贝尔经济学奖获得者赫克曼（James Joseph Heckman）指出，童年和成人期的不良表现与早期缺乏支持性的家庭环境紧密相关（赫克曼、罗斯高，2019），海内外的众多研究也已经证明，成年个体的社会适应能力和工作表现得益于其儿童早期的能力开发（王蕾等，2019）。对于留守儿童而言，童年的留守经历具有多重影响，一方面外出务工的父母为家庭带来收入增长，也为孩子们听闻或者见识外面的世界打开了窗口；另一方面，亲子隔离也对亲子依恋的形成及父母的言传身教带来不利冲击。在这样的环境中长大的留守儿童，人格健全发展方面会面临更多的挑战。如果他们在国家和社会的帮助下，能够获得更充分的照料，以成长为高素质的人才，那么小到对个人和家庭的生计改善，大到对国家和社会的贡献，都是至关重要的。此外，考虑到留守经历对于认知、人格、行为等方面发展的长期影响，我们对正处于留守状态的未成年人进行有针对性的关爱保护，也会直接关系到他们未来的发展状况。

虽然叶敬忠（2005）、谭深（2011）等学者提出的"留守儿童存在的问题有被夸大的趋势"的观点不无道理，但被夸大好过于被掩饰与忽略。本书基于访谈个案的讲述及编码分析，至少可以获得以下四个方面的结论和启示：

（1）留守儿童虽然不等同于问题儿童，但留守生活对其心理发展的影响是深刻而长远的，值得政府和社会加大投入。从我们的分析结果来看，留守经历对于儿童成年后的行为发展、人格发展、情绪创伤等方面都具有显著并长期的负面影响，因此，在今后加强制度性的留守儿童关爱保护工作是必要之举。

（2）要根据"留守负荷""留守环境"的不同及儿童"留守适应"的规律特点对留守儿童进行针对性地干预和支持。亦即不能按照留守类别孤立地看待留守儿童，简单地将其做类别划分及分类对待，更不能将留守儿童视为同质性群体采取无差分的应对策略，而应基于每个人的具体状况综合评估其留守负荷以采取应对策略。

（3）在留守儿童发展过程中发挥不同作用的家庭、学校和社会等主体行动者，应基于留守负荷与留守保护的评估，有侧重地查漏补缺，通力合作，建构为留守儿童提供整体性关爱保护的行动者网络。充分调动多元主体积极性，以政府购买服务、财政补贴等形式，将学校、社区、社会组织、非营利组织、企业等多元力量纳入留守儿童服务矩阵中。

（4）在体制机制上为系统性地解决留守儿童问题做出改进和创新，包括针对城乡户籍制度、儿童主任制度、儿童发展账户实践、儿童参与机制做出持续的探索、改进与创新，最终建成对包括留守儿童在内所有儿童都友好的、普遍意义上的儿童友好社会。

结束语

国内外的众多调查研究都表明，童年期的留守经历影响深远，可以通过影响个人的性格特征、反应模式、认知图式以及教育进度等影响一生的成就和福祉；而这种影响又具有显著的时长效应和时间窗效应。处于留守困境的时间越长，消极影响越大，成年后恢复的可能性越小；后者与留守发生的年龄段有关，年龄越小往往影响越大，童年早期的留守对于智力、认知能力及心理健康的影响尤其深远。据个体心理学创始人阿德勒的研究，人的生活风格在四五岁时就已在家庭环境中形成，几乎一生不变。而诺贝尔经济学奖获得者赫克曼则特别关注了生命前1000天的关键作用，认为这段时间的发展决定了人一生的发展质量。我们针对已成年留守儿童的实证研究也证实了童年期留守经历对精神健康、亲密关系、社交活力及主观幸福感等方面的深远影响。

各类社会研究和言说的背后，都有着共同的关怀，那就是如何让生活在这个社会中的所有个体健康而幸福。如果从根源和长远来看，首要的就是让所有儿童都能健康而幸福地成长成才。因为正如社会改革家和政治家弗雷德里克·道格拉斯在150多年前所说的那样，"培养一个健康的孩子，比修复一个破损的成人容易得多"。而要培养一个健康幸福的孩子，需要家庭、邻里及社会的协同关爱和保护。

习近平总书记指出，"少年儿童是祖国的未来，是中华民族的希望"，也特别强调，"今天的少年儿童是强国建设、民族复兴伟业的接班人和未来主力军"。在历届党和国家领导人的重视和指导下，我国不同时期的儿童工作都取得了卓越成就，近几十年来对于留守儿童的关爱保护也取得了积极成效。但受经济社会发展水平、传统思想认识、新兴社会挑战等因素的制约，我国的儿童保护与儿童发展事业依然任重道远。

期待本书对于留守儿童过往生活的深度描述、扎根分析以及针对留守儿童问题的对策思考，能在全面建设社会主义现代化国家的新征程上，为进一步推动国家、政府和社会关心、爱护和支持留守儿童等困境儿童贡献绵薄之力，为推动面向所有儿童的福利服务迈上新台阶并最终建成儿童友好的美丽乡村、儿童友好的美丽社区、儿童友好的美丽中国助上一臂之力！

参考文献

一 中文文献

曹杏田:《曾留守大学生自尊与积极心理品质的关系：自我和谐的中介作用》,《贵州师范大学学报（自然科学版）》2017年第2期。

陈鹏:《〈中国农村教育发展报告2020—2022〉发布：乡村教育多项指标进步明显》,https://m.gmw.cn/baijia/2022-12-26/36256096.html, 2022年12月26日。

陈剩勇、马斌:《民间商会与地方治理：功能及其限度——温州异地商会的个案研究》,《社会科学》2007年第4期。

陈香君、罗观翠:《西方青少年抗逆力研究述评及启示》,《海南大学学报（人文社会科学版）》2012年第3期。

陈欣欣、张林秀、罗斯高、史耀疆:《父母外出与农村留守子女的学习表现——来自陕西省和宁夏回族自治区的调查》,《中国人口科学》2009年第5期。

陈旭、谢玉兰:《农村留守儿童的问题行为调查及家庭影响因素》,《内蒙古师范大学学报（哲学社会科学版）》2007年第1期。

陈怡:《多重需要：社会工作实践教育的现实处境——以某侨乡留守儿童社会服务为例》,《社会工作下半月（理论）》2008年第12期。

陈孜、卢溪、何骢、陆阳、杨曦:《早期留守经历对大学生人格的影响》,《中国健康心理学杂志》2012年第7期。

[美]加里·达姆施塔特(Gary Darmstadt)、杨洁、聂景春、安琪、刘恺、史耀疆:《推动儿童早期发展——从个体到社会》,《华东师范大学学报(教育科学版)》2019年第3期。

邓锁:《贫困代际传递与儿童发展政策的干预可行性研究——基于陕西省白水县的实证调研数据》,《浙江工商大学学报》2016年第2期。

邓锁:《资产建设与跨代干预:以"儿童发展账户"项目为例》,《社会建设》2018年第6期。

邓锁、[美]迈克尔·谢若登、邹莉、王思斌、古学斌:《资产建设:亚洲的策略与创新》,北京大学出版社2014年版。

杜鹏:《聚焦"386199"现象 关注农村留守家庭》,《人口研究》2004年第4期。

段成荣、吕利丹、郭静、王宗萍:《我国农村留守儿童生存和发展基本状况——基于第六次人口普查数据的分析》,《人口学刊》2013年第3期。

段成荣、赖妙华、秦敏:《21世纪以来我国农村留守儿童变动趋势研究》,《中国青年研究》2017年第6期。

范方:《留守儿童焦虑/抑郁情绪的心理社会因素及心理弹性发展方案初步研究》,博士学位论文,中南大学,2008年。

范方、桑标:《亲子教育缺失与"留守儿童"人格、学绩及行为问题》,《心理科学》2005年第4期。

范兴华、方晓义:《不同监护类型留守儿童与一般儿童问题行为比较》,《中国临床心理学杂志》2010年第2期。

费孝通:《温州行》(上),《瞭望周刊》1986年第20期。

费孝通:《温州行》(中),《瞭望周刊》1986年第21期。

费孝通:《温州行》(下),《瞭望周刊》1986年第22期。

冯锋、周霞:《政策试点与社会政策创新扩散机制——以留守儿童社会政策为例》,《北京行政学院学报》2018年第4期。

国家统计局:《第七次全国人口普查公报》,https://www.gov.cn/guoqing/2021-05/13/content_5606149.htm,2021年5月11日。

国家统计局、联合国儿童基金会、联合国人口基金:《2015年中国儿童人口状况:事实与数据》,https://www.unicef.cn/reports/population-status-children-china-2015,2021年12月24日。

国家统计局、联合国儿童基金会、联合国人口基金:《2020年中国儿童人口状况:事实与数据》,http://www.stats.gov.cn/zs/tjwh/tjkw/tjzl/202304/P020230419425666818737.pdf,2023年7月20日。

国家卫生健康委员会:《中国流动人口发展报告2018》,中国人口出版社2018年版。

何芳:《儿童发展账户:新加坡、英国与韩国的实践与经验——兼谈对我国教育扶贫政策转型的启示》,《比较教育研究》2020年第10期。

郝振、崔丽娟:《留守儿童界定标准探讨》,《中国青年研究》2007年第10期。

[美]詹姆斯·赫克曼(James Heckman)、[美]罗斯高(Scott Rozelle):《世界经验对中国儿童早期发展的启示——罗斯高(Scott Rozelle)与詹姆斯·赫克曼(James Heckman)的问答录》,《华东师范大学学报(教育科学版)》2019年第3期。

侯景新:《论区域文化与经济发展的相关关系》,《生产力研究》2003年第1期。

胡枫、李善同:《父母外出务工对农村留守儿童教育的影响——基于5城市农民工调查的实证分析》,《管理世界》2009年第2期。

胡江辉、李潜、赵文健、刘卫文、汤梦娟:《有"留守"经历大学生的心理健康状况分析及对策思考》,《医学教育探索》2008年第4期。

胡心怡、刘霞、申继亮、范兴华:《生活压力事件、应对方式对留守儿童心理健康的影响》,《中国临床心理学杂志》2007年第5期。

黄进、邹莉、周玲:《以资产建设为平台整合社会服务:美国儿童发展账户的经验》,《社会建设》2021年第2期。

纪韶:《留守经历影响新生代农民工就业质量》,《人民论坛》2016年第18期。

贾香花:《家庭教育"缺位"与学校教育"补位"——农村留守儿童人格发展问题及解决路径》,《辽宁教育研究》2007年第5期。

蒋凌霞:《留守的力量》,硕士学位论文,中南大学,2012年。

金一虹:《离散中的弥合——农村流动家庭研究》,《江苏社会科学》2009年第2期。

课题组:《农村留守儿童问题调研报告》,《教育研究》2004年第10期。

雷越昌、魏立华、刘磊:《城市规划"儿童参与"的机制探索——以雷根斯堡市和深圳市为例》,《城市发展研究》2021年第5期。

李陈续:《农村"留守儿童"教育问题亟待解决》,《光明日报》2002年4月9日。

李春玲:《城乡移民与社会流动》,《江苏社会科学》2007年第2期。

李丹、林贻亮:《农村留守儿童抗逆力养成机制的解构及启示——基于CHKS理论的个案叙事分析》,《武汉理工大学学报(社会科学版)》2019年第4期。

李晓敏、罗静、高文斌、袁婧:《有留守经历大学生的负性情绪、应对方式、自尊水平及人际关系研究》,《中国临床心理学杂志》2009年第5期。

李晓敏、袁婧、高文斌、罗静、杜玉凤:《留守儿童成年以后情绪、行为、人际关系研究》,《中国健康心理学杂志》2010年第1期。

李燕平、杜曦:《农村留守儿童抗逆力的保护性因素研究——以曾留守大学生的生命史为视角》,《中国青年社会科学》2016年第4期。

李杨、刘志军:《儿童主任制度执行困境与出路:从街头官僚视角对26位儿童主任的质性分析》,《社会工作》2023年第3期。

李永刚:《传统民间文化理性与浙江民营经济发展——基于非正规制度理论的一种新解释》,《中共浙江省委党校学报》2002年第1期。

廖传景:《留守儿童安全感研究》,博士学位论文,西南大学,2015年。

林宏:《福建省"留守孩"教育现状的调查》,《福建师范大学学报(哲学社会科学版）》2003年第3期。

林培淼、袁爱玲：《全国留守儿童究竟有多少——"留守儿童"的概念研究》，《现代教育论丛》2007年第4期。

凌辉、张建人、易艳、周立健、洪婉妍、文晶：《分离年龄和留守时间对留守儿童行为和情绪问题的影响》，《中国临床心理学杂志》2012年第5期。

刘成斌、王舒厅：《留守经历与农二代大学生的心理健康》，《青年研究》2014年第5期。

刘海霞、王玖、林林、胡乃宝、韩春蕾、孙红卫：《高校有留守经历大学生心理健康现况调查》，《中国卫生统计》2015年第4期。

刘红升、靳小怡、陈洲：《留守儿童的心理弹性：分化、归因、干预》，《西南交通大学学报（社会科学版）》2019年第1期。

刘靖：《非农就业、母亲照料与儿童健康——来自中国乡村的证据》，《经济研究》2008年第9期。

刘堃、高原、魏子珺、孙晓晔、刘磊、周雪瑞：《儿童友好社区规划中游戏化儿童参与方法研究》，2018中国城市规划年会论文，杭州，2018年7月。

刘林平、郑广怀、孙中伟：《劳动权益与精神健康——基于对长三角和珠三角外来工的问卷调查》，《社会学研究》2011年第4期。

刘霞、赵景欣、申继亮：《农村留守儿童的情绪与行为适应特点》，《中国教育学刊》2007年第6期。

刘志军：《留守儿童的定义检讨与规模估算》，《广西民族大学学报（哲学社会科学版）》2008年第3期。

刘志军：《留守儿童：基于一个村落的人类学研究》，《中南民族大学学报（人文社会科学版）》2008年第3期。

刘志军：《童年期留守经历的情感补偿与代际效应》，《浙江大学学报（人文社会科学版）》2018年第5期。

刘志军：《留守经历与精神健康——基于80后外来工的实证分析》，《中国农业大学学报（社会科学版）》2019年第1期。

刘志军:《留守儿童情绪创伤的决定因素及其消减——基于个案访谈的回溯研究》,《甘肃行政学院学报》2020年第4期。

刘志军:《留守儿童行为发展影响因素研究——基于137个案例的回溯分析》,《浙江大学学报（人文社会科学版）》2020年第6期。

刘志军、徐芳:《留守经历与社交困难——基于新生代外来工的实证分析》,《社会发展研究》2020年第3期。

刘志军:《能力还是心理?——对留守经历长期影响的一项实证检验》,《浙江社会科学》2021年第3期。

刘志军:《儿童主任制度的困境及完善》,https://www.thepaper.cn/newsDetail_forward_15077009,2021年10月28日。

刘志军:《留守经历与退缩型人格——基于新生代外来工的实证分析》,《华东师范大学学报（教育科学版）》2022年第3期。

刘志军、杨帅、王岩:《时间之窗与时间之创——留守经历对主观幸福感影响的时间效应》,《社会》2022年第6期。

刘志军:《留守状态还是留守处境——留守儿童人格发展的影响机制及其启示》,《教育导刊》2023年第2期。

刘志军:《留守儿童全息发展模型的构建、实证与启示》,《东北农业大学学报（社会科学版）》2023年第1期。

陆益龙:《农民中国——后乡土社会与新农村建设研究》,中国人民大学出版社2010年版,第75页。

罗国芬、佘凌:《留守儿童调查有关问题的反思》,《青年探索》2006年第3期。

麻彦坤:《奥尔波特人格理论述评》,《心理学探新》1989年第3期。

乔东平、谢倩雯:《西方儿童福利理念和政策演变及对中国的启示》,《东岳论丛》2014年第11期。

秦安兰:《社会生态系统理论视域下农村留守儿童心理弹性提升研究》,《少年儿童研究》2020年第5期。

全国妇联课题组:《全国农村留守儿童状况研究报告（节选）》,《中国妇运》2008年第6期。

全国妇联课题组:《全国农村留守儿童 城乡流动儿童状况研究报告》,《中国妇运》2013年第6期。

邵美玲、张权:《父母迁移模式对农村留守儿童问题行为的影响》,《中国儿童保健杂志》2021年第1期。

申继亮、武岳:《留守儿童的心理发展:对环境作用的再思考》,《河南大学学报(社会科学版)》2008年第1期。

石林:《情绪研究中的若干问题综述》,《心理学动态》2000年第1期。

宋维真、张建新、张建平、张妙清、梁觉:《编制中国人个性测量表(CPAI)的意义与程序》,《心理学报》1993年第4期。

苏娜娜、王军强、黄海量:《有留守经历大学新生的心理健康状况调研与对策》,《中国医学创新》2016年第6期。

孙欢欢:《留守儿童媒介形象研究》,硕士学位论文,华中师范大学,2016年。

谭深:《人口流动对农村贫困和不平等的影响》,《开放时代》2009年第10期。

谭深:《中国农村留守儿童研究述评》,《中国社会科学》2011年第1期。

唐胜蓝、肖芳、辛培娜:《留守经历对大学生人际交往能力的影响》,《社会心理科学》2013年第5期。

陶然、周敏慧:《父母外出务工与农村留守儿童学习成绩——基于安徽、江西两省调查实证分析的新发现与政策含义》,《管理世界》2012年第8期。

田国秀、曾静:《关注抗逆力:社会工作理论与实务领域的新走向》,《中国青年政治学院学报》2007年第1期。

同雪莉:《留守儿童抗逆力生成研究》,博士学位论文,南京大学,2016年。

同雪莉:《留守儿童抗逆力生成机制及社工干预模式研究》,《学术研究》2019年第4期。

万江红、李安冬:《从微观到宏观:农村留守儿童抗逆力保护因素分析——基于留守儿童的个案研究》,《华东理工大学学报(社会科学版)》2016年第5期。

汪建华、黄斌欢:《留守经历与新工人的工作流动——农民工生产体制如何使自身面临困境》,《社会》2014年第5期。

王锋:《农村留守儿童心理和行为问题研究》,博士学位论文,浙江大学,2017年。

王蕾、贤悦、张偲琪、白钰、[比利时]杜燕(Dorien Emmers)、[荷兰]缅诺·普拉丹(Menno Pradhan)、[美]罗斯高(Scott Rozelle):《中国农村儿童早期发展:政府投资的效益——成本分析》,《华东师范大学学报(教育科学版)》2019年第3期。

王立鹄:《基层"儿童主任"政策执行难问题研究》,硕士学位论文,暨南大学,2020年。

王璐、李先锋:《社会转型背景下城市留守儿童与监护人代际冲突分析》,《农村经济与科技》2008年第1期。

王晓、童莹:《另类的守望者——国内外跨国留守儿童研究进展与前瞻》,《华侨华人历史研究》2019年第3期。

王谊:《农村留守儿童教育研究》,博士学位论文,西北农林科技大学,2011年。

王玉花:《有童年期留守经历的大学生成人依恋、社会支持与主观幸福感的关系研究》,《心理学探新》2010年第2期。

王玉香:《农村留守青少年校园欺凌问题的质性研究》,《中国青年研究》2016年第12期。

王玉香、杜经国:《抗逆力培育:农村留守青少年社会工作服务的实践选择》,《中国青年研究》2018年第10期。

魏佳羽:《在一起!中国流动人口子女发展报告2021》,https://m.thepaper.cn/baijiahao_16255384,2022年1月22日。

温义媛:《"留守经历"对大学生人格特质的影响》,《赣南师范学院学报》2009年第4期。

温义媛、曾建国:《留守经历对大学生人格及心理健康影响》,《中国公共卫生》2010年第2期。

邬志辉、李静美:《农村留守儿童生存现状调查报告》,《中国农业大学学报(社会科学版)》2015年第1期。

吴丹:《有留守经历大学生心理安全感和社交焦虑的相关研究》,硕士学位论文,南昌大学,2015年。

吴帆、张林虓:《父母参与在青少年行为发展中的作用——基于CEPS数据的实证研究》,《中国青年研究》2018年第12期。

课题组:《农村留守儿童问题调研报告》,《教育研究》2004年第10期。

吴薇莉、简渝嘉、方莉:《成人依恋研究》,《四川大学学报(哲学社会科学版)》2004年第3期。

吴重涵、戚务念:《留守儿童家庭结构中的亲代在位》,《华东师范大学学报(教育科学版)》2020年第6期。

伍宗云、纪拓:《儿童主任职业现状与能力提升研究——以河南巩义、北京房山、新疆伊宁、内蒙古赤峰四地儿童主任为例》,《社会福利(理论版)》2020年第6期。

席居哲、左志宏:《抗逆力(Resilience)研究需识别之诸效应》,《首都师范大学学报(社会科学版)》2014年第1期。

谢东虹:《留守经历对新生代农民工居留意愿的影响》,《广西社会科学》2016年第7期。

谢东虹:《留守经历对新生代农民工工作流动的影响——基于2015年北京市数据的实证检验》,《南方人口》2016年第3期。

谢其利、宛蓉:《羞怯、自尊、社会支持与留守经历大学生孤独感》,《贵州师范大学学报(自然科学版)》2016年第4期。

谢新华、张虹:《对有"留守经历"大学生研究的述评》,《青少年研究(山东省团校学报)》2011年第2期。

熊凤水:《流变的乡土性》,社会科学文献出版社2016年版。

徐礼平、王平:《有"留守经历"的大学生自我和谐状况分析》,《新余高专学报》2009年第1期。

徐礼平、方倩、陈晶、王平、陈剑:《"留守"经历医学生总体幸福感、心理安全感与社会支持的关系探讨》,《医学与社会》2012年第4期。

许琪:《父母外出对农村留守儿童学习成绩的影响》,《青年研究》2018年第6期。

闫伯汉:《乡城流动与儿童认知发展:基于2012年中国城镇化与劳动移民调查数据的分析》,《社会》2017年第4期。

严骏夫、徐选国:《社会资本、抗逆力与留守儿童的教育获得——基于7省"农村中小学生发展状况调查"的实证研究》,《中国农业大学学报(社会科学版)》2020年第2期。

杨菊华、段成荣:《农村地区流动儿童、留守儿童和其他儿童教育机会比较研究》,《人口研究》2008年第1期。

杨菊华、何炤华:《社会转型过程中家庭的变迁与延续》,《人口研究》2014年第2期。

杨玲、龚良运、杨小青:《社交焦虑与缺陷感的关系研究——以有留守经历的大学生为例》,《教育导刊》2016年第4期。

杨曙民、李建秀、原冬霞:《留守经历大学生生活技能现状及影响因素分析》,《中国卫生统计》2015年第5期。

杨帅、刘志军、王岩:《童年期留守与成年后信任:阈限效应、内部差异与作用机制》,《浙江社会科学》2023年第6期。

杨通华、魏杰、刘平、张胜洪、郑勤妮、何飞:《留守儿童心理健康:人格特质与社会支持的影响》,《中国健康心理学杂志》2016年第2期。

姚远、张顺:《持久的"心灵烙印":留守时间如何影响青年早期的主观福祉》,《青年研究》2018年第3期。

叶敬忠、王伊欢、张克云、陆继霞:《对留守儿童问题的研究综述》,《农业经济问题》2005年第10期。

叶敬忠、王伊欢、张克云、陆继霞:《父母外出务工对留守儿童生活的影响》,《中国农村经济》2006年第1期。

叶一舵、白丽英:《国内外关于亲子关系及其对儿童心理发展影响的研究》,《福建师范大学学报(哲学社会科学版)》2002年第2期。

袁亚春:《浙江专业市场的发展与社会结构变迁》,《浙江大学学报(人

文社会科学版)》2002年第6期。

詹丽玉、练勤、王芳:《留守经历大学新生自我效能感社会支持及心理健康的相关性》,《中国学校卫生》2016年第4期。

张会平:《儿童友好型城市建设:发展中国家经验及其启示》,《社会建设》2021年第2期。

张吉鹏、卢冲:《户籍制度改革与城市落户门槛的量化分析》,《经济学(季刊)》2019年第4期。

张建新、周明洁:《中国人人格结构探索——人格特质六因素假说》,《心理科学进展》2006年第4期。

张莉华:《具有"留守经历"大学生的心理分析》,《当代青年研究》2006年第12期。

张伟源:《壮族留守儿童行为问题及个性特征的调查研究》,硕士学位论文,广西医科大学,2009年。

赵景欣、刘霞:《农村留守儿童的抑郁和反社会行为:日常积极事件的保护作用》,《心理发展与教育》2010年第6期。

赵苗苗:《贫困农村地区留守儿童与非留守儿童健康差异及影响因素研究》,博士学位论文,山东大学,2012年。

郑广怀、马铭子:《农村儿童主任何以从"赤脚"走向"工匠"?》,《杭州师范大学学报(社会科学版)》2021年第5期。

郑丽珍:《"台北市家庭发展账户"方案的发展与储蓄成效》,《江苏社会科学》2005年第2期。

郑信军、岑国桢:《家庭处境不利儿童的社会性发展研究述评》,《心理科学》2006年第3期。

周春燕、黄海、刘陈陵、吴和鸣:《留守经历对大学生主观幸福感的影响:父母情感温暖的作用》,《中国临床心理学杂志》2014年第5期。

周大鸣:《中国农民工研究"半世纪":基于个人的调查与经验》,《湖南科技大学学报(社会科学版)》2021年第4期。

周欢怀、张一力:《海外华人产业集群形成机理分析——以佛罗伦萨温商皮具产业集群为例》,《华侨华人历史研究》2012年第4期。

周明洁、陈杰、王力、张建新:《人格有多少是遗传的:已有的证据与未来的取向》,《科学通报》2016年第9期。

周玉明、戚艳杰、张之霞、何凡、郑毅:《农村2—3岁留守儿童的行为问题及人格发展》,《中国心理卫生杂志》2019年第9期。

周宗奎、孙晓军、刘亚、周东明:《农村留守儿童心理发展与教育问题》,《北京师范大学学报(社会科学版)》2005年第1期。

朱孔芳、刘小霞:《上海市回沪知青子女抗逆力研究》,《当代青年研究》2010年第1期。

朱晓、曾育彪:《资产社会政策在中国实验的启示——以一项针对北京外来务工子女的资产建设项目为例》,《社会建设》2016年第6期。

庄家炽:《参照群体理论评述》,《社会发展研究》2016年第3期。

二 外文文献

Adams J. C., "Integrating Children into Families Separated by Migration: A Caribbean-American Case Study," *Journal of Social Distress and the Homeless*, Vol. 9, No. 1, 2000, p. 19.

Amato Paul R., "Parental Absence During Childhood and Depression in Later Life," *Sociological Quarterly*, Vol. 32, No. 4, 1991, p. 543.

Antman Francisca, "Gender, Educational Attainment, and the Impact of Parental Migration on Children Left Behind," *Journal of Population Economics*, Vol. 25, No. 4, 2012, p. 1187.

Aronowitz M., "The Social and Emotional Adjustment of Immigrant Children: A Review of the Literature," *International Migration Review*, Vol. 18, No. 2, 1984, p. 237.

Bakker C., Elings-Pels M. & Reis M., *The Impact of Migration on Children in the Caribbean*, https://www.unicef.org/easterncaribbean/Impact_of_Migration_Paper.pdf, November 29, 2009.

Beardslee William R., "The Role of Self-Understanding in Resilient

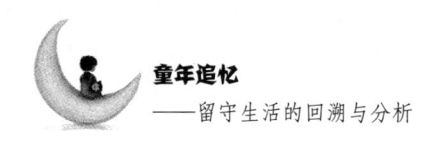

Individuals: The Development of a Perspective," *American Journal of Orthopsychiatry*, Vol. 59, No. 2, 1989, p. 266.

Bifulco A., Brown G. W., Lillie A. & Jarvis J., "Memories of Childhood Neglect and Abuse: Corroboration in a Series of Sisters," *Journal of child psychology and psychiatry, and allied disciplines*, Vol. 38, No. 3, 1997, p. 365.

Blank L., *Situational Analysis of Children and Women in the Eastern Caribbean*, http://www.unicef.org/barbados/cao_unicefeco_sitan.pdf, December 17, 2007.

Bronfenbrenner U., "Ecological Systems Theory," in R. Vasta, ed., *Six Theories of Child Development: Revised Formulations and Current Issues*, Greenwich, CT: JAI Press, 1989, p. 187.

Carlson Marcia J. & Corcoran Mary E., "Family Structure and Children's Behavioral and Cognitive Outcomes," *Journal of Marriage and Family*, Vol. 63, No. 3, 2001, p. 779.

Castañeda Ernesto & Buck Lesley, "Remittances, Transnational Parenting, and the Children Left Behind: Economic and Psychological Implications," *Latin Americanist*, Vol. 55, No. 4, 2011, p. 85.

Chang Hongqin, Dong Xiao-Yuan & Macphail Fiona, "Labor Migration and Time Use Patterns of the Left-Behind Children and Elderly in Rural China," *World Development*, Vol. 39, No. 12, 2011, p. 2199.

Cheng J. & Sun Y. H., "Depression and Anxiety Among Left-Behind Children in China: A Systematic Review," *Child: Care, Health & Development*, Vol. 41, No. 4, 2015, p. 515.

Cicchetti Dante, "Preventive Intervention Efficacy, Development, and Neural Plasticity," *Journal of the American Academy of Child & Adolescent Psychiatry*, Vol. 54, No. 2, 2015, p. 83.

Clancy Margaret M., Beverly Sondra G., Sherraden Michael & Huang Jin, "Testing Universal Child Development Accounts: Financial Effects in a

Large Social Experiment," *Social Service Review*, Vol. 90, No. 4, 2016, p. 683.

Cortes R., *Children and Women Left-Behind in Labour Sending Countries: An Appraisal of Social Risks*, https://www.unicef.org/policyanalysis/files/Children_and_women_left_behind(2).pdf, December 20, 2008.

Cortes Patricia, "The Feminization of International Migration and its Effects on the Children Left Behind: Evidence From the Philippines," *World Development*, Vol. 65, 2015, p. 62.

Crawford-Brown C., "The Impact of Parent-Child Socialization on the Development of Conduct Disorder in Jamaican Male Adolescents," in J. L. Roopnarine & J. Brown, eds., *Caribbean Families: Diversity among Ethnic Groups*, Greenwich, CN: Ablex Pubhshing, 1997, p. 205.

Cross Dorthie, Fani Negar, Powers Abigail & Bradley Bekh, "Neurobiological Development in the Context of Childhood Trauma," *Clinical Psychology: Science & Practice*, Vol. 24, No. 2, 2017, p. 111.

Davis Jason, "¿Educación O Desintegración? Parental Migration, Remittances and Left-Behind Children's Education in Western Guatemala," *Journal of Latin American Studies*, Vol. 48, No. 3, 2016, p. 565.

Davis Jason & Brazil Noli, "Migration, Remittances and Nutrition Outcomes of Left-Behind Children: A National-Level Quantitative Assessment of Guatemala," *PLoS ONE*, Vol. 11, No. 3, 2016, p. 1.

De Wolff Marianne S. & van Ijzendoorn Marinus H., "Sensitivity and Attachment: A Meta-Analysis on Parental Antecedents of Infant Attachment," *Child Development*, Vol. 68, No. 4, 1997, p. 571.

Dias Brian G., Maddox Stephanie A., Klengel Torsten & Ressler Kerry J., "Epigenetic Mechanisms Underlying Learning and the Inheritance of Learned Behaviors," *Trends in Neurosciences*, Vol. 38, No. 2, 2015, p. 96.

Dillon Mona & Walsh Christine A., "Left Behind: The Experiences of Children of the Caribbean Whose Parents Have Migrated," *Journal of Comparative*

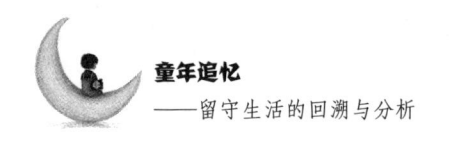

Family Studies, Vol. 43, No. 6, 2012, p. 871.

Doyle Colleen & Cicchetti Dante, "From the Cradle to the Grave: The Effect of Adverse Caregiving Environments on Attachment and Relationships Throughout the Lifespan," *Clinical Psychology: Science & Practice*, Vol. 24, No. 2, 2017, p. 203.

Eagle Rita S., "The Separation Experience of Children in Long-Term Care: Theory, Research, and Implications for Practice," *American Journal of Orthopsychiatry*, Vol. 64, No. 3, 1994, p. 421.

Edwards Alejandra Cox & Ureta Manuelita, "International Migration, Remittances, and Schooling: Evidence From El Salvador," *Journal of Development Economics*, Vol. 72, No. 2, 2003, p. 429.

Elliot-Hart F., Avery L. & Rehner T., "Outcomes of Caregiver Interruption Among Jamaican Youth," *Caribbean Journal of Social Work*, No. 5, 2006, p. 91.

Evans Gary W. & Kim Pilyoung, "Childhood Poverty, Chronic Stress, Self-Regulation, and Coping," *Child Development Perspectives*, Vol. 7, No. 1, 2013, p. 43.

Fan Fang, Su Linyan, Gill Mary Kay & Birmaher Boris, "Emotional and Behavioral Problems of Chinese Left-Behind Children: A Preliminary Study," *Social Psychiatry & Psychiatric Epidemiology*, Vol. 45, No. 6, 2010, p. 655.

Fellmeth Gracia, Rose-Clarke Kelly, Zhao Chenyue, Busert Laura K., Yunting Zheng, Massazza Alessandro, Sonmez Hacer, Eder Ben, Blewitt Alice, Lertgrai Wachiraya, Orcutt Miriam, Ricci Katharina, Mohamed-Ahmed Olaa, Burns Rachel, Knipe Duleeka, Hargreaves Sally, Hesketh Therese, Opondo Charles & Devakumar Delan, "Health Impacts of Parental Migration On Left-Behind Children and Adolescents: A Systematic Review and Meta-Analysis," *Lancet*, Vol. 392 North American Edition, No. 10164, 2018, p. 2567.

Gao Yang, Li Li Ping, Kim Jean Hee, Congdon Nathan, Lau Joseph & Griffiths Sian, "The Impact of Parental Migration on Health Status and Health Behaviours Among Left Behind Adolescent School Children in China," *BMC Public Health*, Vol. 10, 2010, p. 1.

Garmezy Norman & Masten Ann S., "Stress, Competence, and Resilience: Common Frontiers for Therapist and Psychopathologist," *Behavior Therapy*, Vol. 17, No. 5, 1986, p. 500.

Glasgow G. F. & Gouse-Sheese J., "Themes of Rejection and Abandonment in Group Work with Caribbean Adolescents," *Social Work with Groups*, Vol. 4, No. 17, 1995, p. 3.

Graham Elspeth & Jordan Lucy P., "Migrant Parents and the Psychological Well-Being of Left-Behind Children in Southeast Asia," *Journal of Marriage & Family*, Vol. 73, No. 4, 2011, p. 763.

Gunnar Megan R. & Donzella Bonny, "Social Regulation of the Cortisol Levels in Early Human Development," *Psychoneuroendocrinology*, Vol. 27, No. 1-2, 2002, p. 199.

Guo Jing, Chen Li, Wang Xiaohua, Liu Yan, Chui Cheryl Hiu Kwan, He Huan, Qu Zhiyong & Tian Donghua, "The Relationship Between Internet Addiction and Depression Among Migrant Children and Left-Behind Children in China," *CyberPsychology, Behavior & Social Networking*, Vol. 15, No. 11, 2012, p. 585.

Guo Jing, Ren Xuezhu, Wang Xiaohua, Qu Zhiyong, Zhou Qianyun, Ran Chun, Wang Xia & Hu Juan, "Depression Among Migrant and Left-Behind Children in China in Relation to the Quality of Parent-Child and Teacher-Child Relationships," *PLoS ONE*, Vol. 10, No. 12, 2015, p. 1.

Hietanen Heidi, Aartsen Marja, Kiuru Noona, Lyyra Tiina-Mari & Read Sanna, "Social Engagement From Childhood to Middle Age and the Effect of Childhood Socio-Economic Status On Middle Age Social Engagement: Results From the National Child Development Study," *Ageing & Society*,

Vol. 36, No. 3, 2016, p. 482.

Howard Sue, Dryden John & Johnson Bruce, "Childhood Resilience: Review and Critique of Literature," *Oxford Review of Education*, Vol. 25, No. 3, 1999, p. 307.

Huang Yun, Zhong Xiao-Ni, Li Qing-Ying, Xu Dan, Zhang Xuan-Lin, Feng Chao, Yang Guo-Xiu, Bo Yun-Yun & Deng Bing, "Health-Related Quality of Life of the Rural-China Left-Behind Children or Adolescents and Influential Factors: A Cross-Sectional Study," *Health & Quality of Life Outcomes*, Vol. 13, No. 1, 2015, p. 1.

Huang Jin, Kim Youngmi & Sherraden Michael, "Material Hardship and Children's Social-Emotional Development: Testing Mitigating Effects of Child Development Accounts in a Randomized Experiment," *Child: care, health and development*, Vol. 43, No. 1, 2017, p. 89.

Jackson Katherine, Winkley Ruth, Faust Otto A. & Germak Ethel G., "Problems of Emotional Trauma in Hospital Treatment of Children," *RN*, Vol. 16, No. 14, 1953, p. 50.

Janson Staffan, "Children Left Behind," *Acta Paediatrica*, Vol. 103, No. 6, 2014, p. 572.

Jayasuriya Rasika & Opeskin Brian, "The Migration of Women Domestic Workers from Sri Lanka: Protecting the Rights of Children Left Behind," *Cornell International Law Journal*, Vol. 48, No. 3, 2015, p. 579.

Jia Zhaobao, Shi Lizheng, Cao Yang, Delancey James & Tian Wenhua, "Health-Related Quality of Life of "Left-Behind Children": A Cross-Sectional Survey in Rural China," *Quality of Life Research*, Vol. 19, No. 6, 2010, p. 775.

Jia Zhaobao & Tian Wenhua, "Loneliness of Left-Behind Children: A Cross-Sectional Survey in a Sample of Rural China," *Child: Care, Health & Development*, Vol. 36, No. 6, 2010, p. 812.

Jones Adele, Sharpe Jacqueline & Sogren Michele, "Children's Experiences of Separation from Parents as a Consequence of Migration," *Caribbean Journal of Social Work*, Vol. 3, No. 1, 2004, p. 89.

Katz Cindi, *Growing Up Global: Economic Restructuring and Children's Everyday Lives*, Minneapolis: University of Minnesota Press, 2004, p. 15.

Lahaie C., Hayes J. A., Piper T. M. & Heymann J., "Work and Family Divided Across Borders: The Impact of Parental Migration on Mexican Children in Transnational Families," *Community, Work and Family*, Vol. 12, No. 3, 2009, p. 299.

Lara Jaime, "International Migration and Human Capital in Mexico: Networks or Parental Absence?" *International Journal of Educational Development*, Vol. 41, 2015, p. 131.

Levitt M. J., Levitt J., Bustos G. L., Crooks N. A., Hodgetts J., Martelly M. & Young K., *Family Disruptions and Adjustment in Newly Immigrant Adolescents*, http//:www.fiu.edu/~levittmj/sol, December 18, 2004.

Liang Wenyan, Hou Longlong & Chen Wentao, "Left-Behind Children in Rural Primary Schools," *Chinese Education & Society*, Vol. 41, No. 5, 2008, p. 84.

Ling Hui, Fu En & Zhang Jian-Ren, "Effects of Separation Age and Separation Duration Among Left-Behind Children in China," *Social Behavior & Personality: an international journal*, Vol. 43, No. 2, 2015, p. 241.

Liu Yan, Li Xiaowei, Chen Li & Qu Zhiyong, "Perceived Positive Teacher-Student Relationship as a Protective Factor for Chinese Left-Behind Children's Emotional and Behavioural Adjustment," *International Journal of Psychology*, Vol. 50, No. 5, 2015, p. 354.

Liu Zhengkui, Li Xinying & Ge Xiaojia, "Left Too Early: The Effects of Age at Separation from Parents on Chinese Rural Children's Symptoms of Anxiety and Depression," *American Journal of Public Health*, Vol. 99, No. 11, 2009, p. 2049.

Liu Zhijun & Zhou Bo, "The Lasting Impact of Parental Migration On

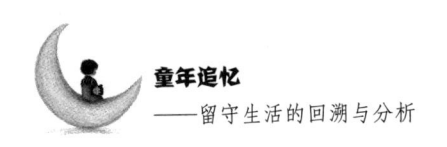

Children's Behavioral Outcomes: Evidence From China," *Chinese Sociological Review*, Vol. 52, No. 4, 2020, p. 438.

Loke Vernon & Sherraden Michael, "Building Assets from Birth: A Global Comparison of Child Development Account Policies," *International Journal of Social Welfare*, Vol. 18, No. 2, 2009, p. 119.

Lu Yao, "Education of Children Left Behind in Rural China," *Journal of Marriage & Family*, Vol. 74, No. 2, 2012, p. 328.

Lu Yao, "Parental Migration and Education of Left-Behind Children: A Comparison of Two Settings," *Journal of Marriage & Family*, Vol. 76, No. 5, 2014, p. 1082.

Luo Jiayou, Peng Xichun, Zong Rong, Yao Kuanbao, Hu Rushan, Du Qiyun, Fang Junqun & Zhu Mingyuan, "The Status of Care and Nutrition of 774 Left-Behind Children in Rural Areas in China," *Public Health Reports*, Vol. 123, No. 3, 2008, p. 382.

Luthar Suniya S. & Cicchetti Dante, "The Construct of Resilience: A Critical Evaluation and Guidelines for Future Work," *Child Development*, Vol. 71, No. 3, 2000, p. 543.

Lyle David S., "Using Military Deployments and Job Assignments to Estimate the Effect of Parental Absences and Household Relocations on Children's Academic Achievement," *Journal of Labor Economics*, Vol. 24, No. 2, 2006, p. 319.

Meyerhoefer Chad D. & Chen C. J., "The Effect of Parental Labor Migration on Children's Educational Progress in Rural China," *Review of Economics of the Household*, Vol. 9, No. 3, 2011, p. 379.

Musalo Karen, Frydman Lisa & Cernadas Pablo Ceriani, *Childhood and Migration in Central and North America: Causes, Policies, Practices and Challenges*, https://cgrs.uclawsf.edu/sites/default/files/Childhood_Migration_HumanRights_FullBook_English.pdf, November 30, 2015.

Olwig Karen Fog, "Narratives of the Children Left Behind: Home and Identity in Globalised Caribbean Families," *Journal of Ethnic & Migration Studies*, Vol. 25, No. 2, 1999, p. 267.

Popa Nicoleta Laura, "Academic Attributions and School Achievement Among Romanian Children Left Behind by Migrant Parents," *Journal of Educational Sciences & Psychology*, Vol. 2, No. 1, 2012, p. 10.

Pörtner Claus, "Effects of Parental Absence on Child Labor and School Attendance in the Philippines," *Review of Economics of the Household*, Vol. 14, No. 1, 2016, p. 103.

Pottinger Audrey M. Pottsie Cwjamaica, "Children' S Experience of Loss by Parental Migration in Inner-City Jamaica," *American Journal of Orthopsychiatry*, Vol. 75, No. 4, 2005, p. 485.

Ravi Swarnalakshmi, How to Carry the Voices of Children from the Grassroots to Global Governance through Neighbourhood-Based Chidren's Parliaments Using Sociocracy, Master dissertation, Aston University, 2020.

Richardson Glenn E., "The Metatheory of Resilience and Resiliency," *Journal of Clinical Psychology*, Vol. 58, No. 3, 2002, p. 307.

Robles Veronica Frisancho & Oropesa R. S., "International Migration and the Education of Children: Evidence from Lima, Peru," *Population Research and Policy Review*, Vol. 30, No. 4, 2011, p. 591.

Rutter M., "Resilience in the Face of Adversity. Protective Factors and Resistance to Psychiatric Disorder," *The British Journal of Psychiatry : The Journal of Mental Science*, Vol. 147, 1985, p. 598.

Rutter M., "Parent-Child Separation: Psychological Effects on the Children," *Journal of child psychology and psychiatry, and allied disciplines*, Vol. 12, No. 4, 1971, p. 233.

Shen M., Yang S., Han J., Shi J., Yang R., Du Y. & Stallones L., "Non-Fatal Injury Rates Among the 'Left-Behind Children' of Rural China," *Injury Prevention (1353-8047)*, Vol. 15, No. 4, 2009, p. 244.

Shephard Mark & Patrikios Stratos, "Making Democracy Work by Early

Formal Engagement? A Comparative Exploration of Youth Parliaments in the Eu.," *Parliamentary Affairs*, Vol. 66, No. 4, 2013, p. 752.

Sherman Laura J., Rice Katherine & Cassidy Jude, "Infant Capacities Related to Building Internal Working Models of Attachment Figures: A Theoretical and Empirical Review," *Developmental Review*, Vol. 37, 2015, p. 109.

Sherraden Michael & Gilbert Neil, *Assets and the Poor: A New American Welfare Policy*, Armonk, NY: M. E. Sharpe, 1991, p. 1.

Sherraden Michael, Schreiner Mark & Beverly Sondra, "Income, Institutions, and Saving Performance in Individual Development Accounts," *Economic Development Quarterly*, Vol. 17, No. 1, 2003, p. 95.

Song L. Y., Singer M. I. & Anglin T. M., "Violence Exposure and Emotional Trauma as Contributors to Adolescents' Violent Behaviors," *Archives of Pediatrics & Adolescent Medicine*, Vol. 152, No. 6, 1998, p. 531.

Sroufe L. Alan, Egeland Byron, Carlson Elizabeth A. & Collins W. Andrew, *The Development of the Person: The Minnesota Study of Risk and Adaptation from Birth to Adulthood*, New York, NY: Guilford Publications, 2005, p. 1.

Su S., Li X., Lin D., Xu X. & Zhu M., "Psychological Adjustment Among Left-Behind Children in Rural China: The Role of Parental Migration and Parent-Child Communication," *Child: Care, Health & Development*, Vol. 39, No. 2, 2013, p. 162.

Suárez-Orozco C., Todorova I. L. G. & Louie J., "Making Up for Lost Time: The Experience of Separation and Reunification Among Immigrant Families," *Family Process*, No. 41, 2002, p. 625.

Tisdall E. Kay M. & Cuevas-Parra P., "Beyond the Familiar Challenges for Children and Young People's Participation Rights: The Potential of Activism," *International Journal of Human Rights*, Vol. 26, No. 5, 2022, p. 792.

Tomşa R. & Jenaro C., "Children Left Behind in Romania: Anxiety and

Predictor Variables," *Psychological Reports*, Vol. 116, No. 2, 2015, p. 485.

Valtolina G. G. & Colombo C., "Psychological Well-Being, Family Relations, and Developmental Issues of Children Left Behind," *Psychological Reports*, Vol. 111, No. 3, 2012, p. 905.

Wang Yan, Yang Shuai, Wang Feng & Liu Zhijun, "Long-Term Effects of Left-Behind Experience on Adult Depression: Social Trust as Mediating Factor," *Frontiers in Public Health*, No. 10:957324, 2022, p.1.

Wang Yun, Hesketh Therese & Zhou Xu-Dong, "Behavioural and Emotional Problems in Children Affected by Parental Migration in Rural China: A Cross-Sectional Survey," *The Lancet*, Vol. 386, 2015, p. 82.

Watson David, Clark Lee Anna & Tellegen Auke, "Development and Validation of Brief Measures of Positive and Negative Affect: The Panas Scales," *Journal of Personality and Social Psychology*, Vol. 54, No. 6, 1988, p. 1063.

Watson David & Clark Lee Anna, "Measurement and Mismeasurement of Mood: Recurrent and Emergent Issues," *Journal of Personality Assessment*, Vol. 68, No. 2, 1997, p. 267.

Wen M. & Lin D., "Child Development in Rural China: Children Left Behind by their Migrant Parents and Children of Nonmigrant Families," *Child Development*, Vol. 83, No. 1, 2012, p. 120.

Werner Emmy E., "Resilient Children," *Young Children*, Vol. 40, No. 1, 1984, p. 68.

Werner Emmy E., "Protective Factors and Individual Resilience," in Samuel J. Meisels & Jack P. Shonkoff, eds., *Handbook of early childhood intervention.*, New York, NY: Cambridge University Press, 1990, p. 97.

Wickramage Kolitha, Siriwardhana Chesmal & Peiris Sharika, *Promoting the Health of Left-Behind Children of Asian Labour Migrants: Evidence for Policy and Action*, International Organization for Migration and Migration

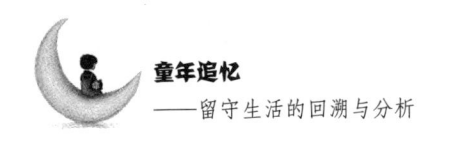

Policy Institute, 2015, p. 1.

Xiang Biao, "How Far are the Left-Behind Left Behind? A Preliminary Study in Rural China," *Population Space & Place*, Vol. 13, No. 3, 2007, p. 179.

Yadama Gautam N. & Sherraden Michael, "Effects of Assets on Attitudes and Behaviors: Advance Test of a Social Policy Proposal," *Social Work Research*, Vol. 20, No. 1, 1996, p. 3.

Yang Tingting, Li Cuicui, Zhou Chengchao, Jiang Shan, Chu Jie, Medina Alexis & Rozelle Scott, "Parental Migration and Smoking Behavior of Left-Behind Children: Evidence from a Survey in Rural Anhui, China," *International Journal for Equity in Health*, Vol. 15, 2016, p. 1.

Yang Shuai, Wang Yan, Lu Yuan, Zhang Hanhan, Wang Feng & Liu Zhijun, "Long-Term Effects of the Left-Behind Experience on Health and its Mechanisms: Empirical Evidence from China," *Social Science & Medicine*, No. 116315, 2023, p.1.

Zhang Hongliang, Behrman Jere R., Fan C. Simon, Wei Xiangdong & Zhang Junsen, "Does Parental Absence Reduce Cognitive Achievements? Evidence From Rural China," *Journal of Development Economics*, Vol. 111, 2014, p. 181.

Zhang Nan, Bécares Laia & Chandola Tarani, "Does the Timing of Parental Migration Matter for Child Growth? A Life Course Study on Left-Behind Children in Rural China," *BMC Public Health*, Vol. 15, No. 1, 2015, p. 1.

Zhao Xue, Chen Jian, Chen Ming-Chun, Lv Xiao-Ling, Jiang Yu-Hong & Sun Ye-Huan, "Left-Behind Children in Rural China Experience Higher Levels of Anxiety and Poorer Living Conditions," *Acta Paediatrica*, Vol. 103, No. 6, 2014, p. 665.

Zhou Minhui, Murphy Rachel & Tao Ran, "Effects of Parents' Migration on the Education of Children Left Behind in Rural China," *Population & Development Review*, Vol. 40, No. 2, 2014, p. 273.

后　记

本书的资料收集、动手写作和最终出版，得益于多方面的帮助和支持。借此机会，我们想一一表达发自肺腑的感激之情！

首先，要感谢所有接受我们调查的曾经留守过的年轻人！他们有的已经在各行各业努力奋斗，有的还在大学就读，但都无一例外地敞开心扉，为我们呈现了一个个鲜活的过往故事。这些故事都是真实的生活写照，他们的叙述笔调总体上是平淡的，然而，这种平淡的背后却蕴含着诸多复杂的情感，有无奈、有酸楚，也有怀念、有珍惜，还有笑看风云过的云淡风轻。我们在调查中也时常能感受到他们的五味杂陈和心海微澜。但无论面对什么样的过往、处在什么样的当下，他们都毫无保留地和我们坦诚交流，并允许我们将他们的人生故事、所知所感和所思所想分享给广大读者。感谢他们无私的支持！

其次，要感谢所有协助我们开展深入访谈的同学们！他们来自浙江大学及其他高校，既有本科生，也有硕士生和博士生。正是来自全国各地的他们，为本书的写作提供了最原始的社会写真。对这些同学认真负责的面访调查、具体翔实的访谈记述、耐心细致的个案整理，我们理应表达最衷心的感谢！需要特别说明的是，参与本项目的一部分同学就是曾经的留守儿童，他们通过自我追忆、询诸父辈祖辈和同学亲友，提供了最为珍贵的个案素材。这些同学既是调查者，也是被调查者，我们要在此奉上双重的感谢！

再次，要感谢国家自然科学基金、浙江省之江青年基金、浙江大学学科交叉预研专项基金提供的经费资助！相关的科研项目关注留守经历的长期影响、作用机制及应对之策，开展大规模的问卷调查及定量分析是主要任务，但在完成3000余份的问卷之余，我们也附带开展了深入访谈，本书即基于期间收集的137份访谈个案写成。这些被访对象分布于全国21个省份，中西部个案约占总数的3/5，来自东部省份的56个个案也主要来自于这些省份的欠发达地区。要完成问卷调查及深入访谈，除了需要课题组人员付出大量的人力劳动外，还需要花费较多的差旅费和调查补贴，如果没有充足的经费支持，我们的调查不可能顺利完成。感谢这三项基金的大力支持！

复次，要感谢浙江大学文科精品力作出版资助基金及中国社会科学出版社的全力支持！本书在申请2023年度浙江大学文科精品力作出版资助时，还处于比较粗糙的状态，但各位评审专家依然本着支持实证研究和扎根研究的宗旨投了赞成票。感谢各位评审专家及浙大社科院的厚爱！拙作能在中国最好的出版社之一公开出版，得益于魏长宝先生的引荐，我们倍感荣幸、心怀感激！出版社的资深编辑刘亚楠女士热情友善、工作细致，本书从选题申报、合同签署、内容校对到书稿付梓，她付出了大量心血。感谢她专业高效、一丝不苟的编辑工作！

最后，要感谢研究团队所有老师和同学这些年来的积极参与和鼎力相助！虽然本书的直接写作由我和两位博士生完成，但我们融于书中的观点、情感和表达，都离不开这些年来与团队成员的密切互动、交流和探讨。团队两周一次在浙大紫金港东三301的碰头会，是我们交流学习研究心得的主要平台。会上既有严肃的思想碰撞和学术争鸣，也有轻松的新闻八卦和生活吐槽，每逢传统节日和迎新、毕业等重要时刻，还常有点心水果的绝少分甘和围桌游戏的放浪形骸。讨论之外，同学们还协助完成了大量的研究设计、项目组织、调查实施及资料整理工作。他们当中的一些同学已经毕业离校，其余正在刻苦攻读，但都在这里留下了欢声笑语和各抒己见、互勉共进的印迹。其中要特别提及的是三位已经毕业的硕士生叶修竹、毛潇雨及朱湉湉！修竹同学不仅参与了个案访

后 记

谈，还在毛潇雨同学的辅助下完成了个案的信息编码、录入及初期分析工作。朱湉湉同学则参与了项目的问卷调查及个案访谈等工作。感谢同学们这些年来的风雨与共！同时，这里还要特别感谢浙江大学公共卫生学院周旭东教授、杭州师范大学公共卫生学院王锋副教授、浙江大学公共管理学院谢倩雯研究员的友情支持！三位老师虽然与我们是平行的合作关系，但我在内心将他们视为高级顾问而纳入团队范畴。感谢他们的不吝赐教！

本书得以成稿，是三位署名作者通力合作的结果。博士生张伊茜同学在接受整理书稿初稿的任务时，还只是一位初出茅庐的大四学生，但在看到多达 60 万字的访谈资料后，并没有犹豫，而是欣然接受了这一艰巨的任务。随即于 2022 年初提出了初步思路，并在经历过反复的个案阅读、遴选归类、整理打磨后，于当年 6 月提交了初稿，随后又与我交流讨论，几易其稿。她凭借出众的素养、缜密的逻辑和灵秀的文笔，为本书的写作奠定了厚实的基础。博士生杨程越同学虽然在 2023 年 3 月下旬才加入书稿写作队伍，但凭借只争朝夕的精神，通过夜以继日地努力，用细腻而富有才情的笔触改写了大部分个案并拓展了分析和讨论的内容。两位同学为本书成稿倾注了大量心血、付出了艰苦努力，感谢她们所做的卓越工作！

在书稿的材料准备、动笔写作及整理修改过程中，各位作者也各有感触和延伸的讨论及思考，借书稿出版的机会，也一一呈现给大家。

张伊茜：属于这个时代的记忆

137 个案例、60 余万字的生活故事，由 50 多位访谈者收集而来，并由刘老师整理汇总后，托付于我。当这些扎实而鲜活的案例以文字的形式沉甸甸地摆在我面前时，我四分激动、六分犹豫：我是否有资格、

有能力在保持这些故事的原汁原味的同时，有序地将它们组织起来，并赋予一些学术性的思考和拓展。

作为一个在此之前未曾接触过留守儿童研究领域的新手，我很庆幸有刘老师作为引路人。他带领我和师兄师姐一同自驾前往中西部多个省份进行了留守儿童现状的实地调研，使我从学术文献和新闻媒体上获取的模糊认识逐渐转化为了真切的体验和深刻的知识。而前人在此领域的研究积累帮助我很快地进入正轨，并随后找寻到解读这些曾留守者故事背后深层含义的独特视角。"见自己，见天地，见众生"——习武之人的三种境界，或许也适用于治学。

两年的写作历程，在或白昼或黑夜的时光中划过，回首写作过程中的感动与欣喜、痛苦与纠结，这些当时看似强烈的情绪，在现在看来，难以再被捕捉，只有存留下来的三十万字的书稿跃然纸上，见证着我在这一道路上的波峰和波谷。每一段故事背后都蕴含着丰富而强烈的生活启示，我阅读它们，好似走过了一条又一条有别于我自身成长经历的另类人生道路。我从对案例进行初步的筛选开始，继而对它们逐一分类；并在和刘老师的多次讨论与推倒重来后确定全书的基本框架；最终是对所选案例的进一步浓缩和打磨，全程耗时近两年。这期间，我曾因为课业繁重而停滞了大半年；而棘轮一旦停下，要再次驶动便显得有些艰难了。所幸，程越师姐的加入，对我而言，如久旱逢甘霖，她精准的注解和有力的编辑为书稿带来了翻天覆地的改观。

在写这篇后记的时刻，胸中有一股如释重负的轻松和怡然之感。这本书或可视为对既有的留守儿童研究的致敬。曾留守者的讲述、访谈者的记录、笔者的编撰……在每一个传递、接收和转译的节点上，过去的经历被以言语和文字的形式不断唤醒，而这些曾留守者的记忆并不仅仅属于他们个人，更是属于这个时代——这是个人的童年创伤，也是社会在特定时代的疤痕。

在此，感谢所有受访者和访谈者，他们的真诚构筑了本书的灵魂，让我们有机会一窥曾留守者的内心世界。感谢刘老师对我的信任与耐心，鼓励我领略留守儿童研究领域的丰富性和复杂性，使我有了挑战自我、追求知识的勇气和决心。感谢程越师姐为本书注入的灵感和启示，正是她出色的补充和润色，让这部作品更具魅力。最后，感谢陪伴我的家人与师长，来自各个知识背景的建议让本书更具深度和广度。在成书过程中，每一个人的贡献都占据了极其重要的位置，是他们赋予了这部作品的全部韵味。而我，能有这样一次充实而珍贵的学习机会，唯有感恩。

杨程越：在时间的原野上书写

2020年夏初，我在田野工作中最早接触了留守儿童群体。在随身携带的笔记本里，我留下了许多琐碎又平凡的瞬间，关于高山学校里明亮的眼睛，关于乡村原野上遥远的月亮，关于爱与等待。此后不久，我正式开始了社会学的学习，这让我有机会以理性、求是、热忱、尊重的目光重新审视这段意外的人生经历，而留守儿童也成为我学习科研旅途中的重要关切。

日征月迈，岁序更新。2023年春末，感谢刘老师给予我机会共同参与本书的写作，这既让我能够对此前参与的儿童发展账户、儿童主任制度等儿童问题研究作系统回顾，也让我在百余份受访者的人生故事中瞥见建设儿童友好社会的漫漫前路。在此之前，刘老师和伊茜同学已经对137个案例、60余万字的原初访谈记录进行了大量梳理、筛选与重构工作。温故而启新，此番重读访谈者的原始文字材料，我们决定重新以非虚构写作的方式展现受访者故事的全貌，还原那个曾为所有留守岁月亲历者们所共有的时代。

在记录、还原并写作受访者珍贵人生瞬间的过程中，我时常感到沮丧，又间或体味欢喜。当故事中的主人公作为第三人称被重新唤起，我们望见成功攀越青藏高原腹地的江南女孩，望见最终走出皖北村庄的英雄主义男孩，也望见拼尽全力奔赴儿女的父亲母亲。从山川河谷到平原通途，从田间地头到市井巷陌，这些故事教会我如何做忠实的记录者，去倾听、去共情、去体味、去诉说。在他们以时间为坐标的人生原野上书写，我时常不得不停笔驻足，去为已然落成的伤痕而沮丧，也为跨越迷惘的勇气而喜悦。

庆幸的是，在线性的时间里讲述跨越五年、十年，甚至二十年的故事，让我依仗文字的媒介获得了某种安全感。只因站在受访者留守时光终结后的日子里回首，让我们能够有幸见证童年故事的"结局"里，那些曾经的留守儿童披荆斩棘、翻山越岭，没有辜负儿时的守望、勇气与坚持。然而，在庆幸的同时也应保持警惕，物理意义上的留守时光已经结束，但精神世界中的留守痕迹也许仍旧留存。道阻且长，行则将至。在今天对留守生活作回溯记忆和反身性思考，既是为了过去，也是为了此刻，更是为了未来。

行文至此，我想对共同赋予往日留守岁月以全新意义的引路人致以最诚挚的感谢与祝福。感谢刘老师的悉心指导，感谢伊茜同学的陪伴与共勉，感谢所有参与课题调研与访谈的同学们，感谢与我们一起记录并将这些人生瞬间带至大家面前的受访人。最后，感谢社会学，我将持续书写。

刘志军：念念不忘，终有回响

自 2005 年开始涉猎留守儿童研究，至今已过去了整整 18 年。于人而言，18 岁是成年的标志，但对于研究者来说，18 年只是一个时间跨度，仅仅表明熬过了较长的一段时间而已。聊足欣慰的是，终于可以将我们此前积累的部分访谈个案及其分析结论汇总出版，以集中呈现笔者这么多年来在留守儿童研究领域的阅读体会、调查感触、学术探究和前

后 记

瞻思考。

作为读者，我偏爱有血有肉的故事，喜欢从他人的生命叙事中触摸心灵、品味情愫、感悟人性，从而领略悲欢离合背后的丰富多彩的人生况味，也体察这个复杂多元、婀娜多姿的社会的万种风情。因此，将很多人视为边角料和隐藏于抽象分析背后的鲜活的个人故事较为完整地呈现于读者面前，让和我有着同样偏好的读者产生心灵共鸣，拓展认知边界、增加人生厚度，是我多年来的夙愿。

我来自湘西南一个山清水秀的美丽村庄，祖祖辈辈在这里辛勤劳作、耕读传家，那是我魂牵梦萦的可爱故乡。然而，由于相对的贫穷落后，改革开放以来，村里的青壮年纷纷外出务工，留下大量年幼儿童在村里和祖辈一起生活。这些留守儿童就生活在我的家族、我的四邻、我的村庄里，我看过他们亲子分离时抱头痛哭的场景，听过他们压抑不住思念时的默默抽泣，感受过他们对父母相伴的无尽渴望及望而不得后的痛苦、麻木甚至怨恨。但在生活的压力面前，父母和孩子们都不得不接受和承受亲子长期分离的现实。当打工赚钱的机会摆在没有更好选择的农民们面前，谁又能长久地拒绝呢？

如果我们看过央视的纪录片《三姐妹的故事》，了解过四川省武胜县的陈凤英姐姐、陈秋芬妹妹、刘永芬表妹这三位农村姐妹从 1994 年到 2013 年的外出务工经商经历，就能明白她们为了生计和发展而常常将孩子留给老人照料的无奈。对此，无论城乡、无论男女、无论老幼，应该都会"心有戚戚焉"。更何况在千千万万老百姓的朴素认知里，外出务工，赚取更多的钱财，可以为子女提供更好的营养、教育和生活条件，从而有更美好的未来。相比之下，亲子分离只是一种可以接受的机会成本而已。

但是，亲子分离的代价事实上远远高于很多父母的预想。就如上述《三姐妹的故事》所呈现的现实：刘永芬交由公公婆婆照料的女儿在刚满五岁那年不慎丢失、久寻无果；陈秋芬的儿子在爷爷奶奶带养期间非常自闭，几乎不和爷爷奶奶以外的人说话；陈凤英也明显感受到了亲子长期分离的负面影响，着急地希望提前结束远在西藏的红火餐饮生意回

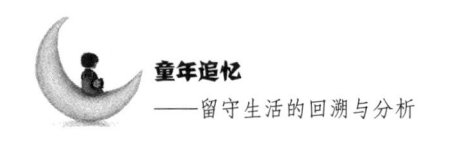

老家去照顾即将步入青春期的女儿。而本书也用一个个曾经留守者的现身说法,辅以较大样本的编码分析,将亲子分离的各种结果全方位地呈现在广大读者的面前。我们期待读到本书的爸爸妈妈、爷爷奶奶、外公外婆等关注过、正在关注或即将关注儿童成长发展的广大老百姓,能因此感同身受,对曾经的留守儿童有更多的了解和理解,也能在今后面临相应家庭决策时做出更好的利弊权衡。

本书聚焦留守儿童问题,通过访谈已经成年的曾经留守者,回溯童年期留守生活的方方面面,不仅仅是为了记录这一群体曾经的酸甜苦辣和喜怒哀乐,还希望通过真实故事的讲述和分析,借此引发社会各界人士的共鸣、思考和行动,以推动我国儿童发展事业迈向新台阶,为留守儿童等困境儿童及所有儿童谋求更好的福祉。

正如哈佛大学儿童发展中心主任杰克·肖可夫教授提醒的那样,"光明的未来属于那些明智地投资于年纪最小的公民的民族"。因此,对于我国儿童的投资是最应该、最需要、最有价值的投资。前国务院发展研究中心主任李伟也曾说过,儿童发展事业是回报率最高的人力资本投资,"投资一个孩子,会改变他的命运;投资一代人,会改变国家的未来"。儿童终将成年,并成为社会中坚,他们拥有什么样的品格、具有什么样的才能、呈现出什么样的精神面貌、坚守着什么样的价值观,直接决定了国家和民族的未来。

然而,对于儿童的投资不单单是政府的任务,它也是每个人的责任和使命。社会中的每一个人善待自己的孩子,善待自己周围的孩子,是让所有儿童都在友爱温暖的氛围之中成长成才的基石。

对于留守儿童等困境儿童来说,每一份来自他人的关心、友爱和支持,都可能成为他们走出童年泥淖的关键。《阿甘正传》里的阿甘很幸运,他有着积极耐心的母亲和善良温情的珍妮;《童年》中的阿廖沙很幸运,他有着善良慈祥的外祖母和乐观淳朴的小茨冈;简·爱也很幸运,她遇到了好老师谭波儿小姐及正直坚强的好朋友海伦·彭斯。不过,电影和文学作品中折射的现实也是残酷的,我们不能寄希望于道德宣教能影响每个人和每个家庭,因此,由政府进行制度化地介入,由社会力量提供日常化的监督和支持，对于兜底保障困境儿童的基本需求和安全就至关重要。

我们期待今后的留守儿童，既能享受到来自家庭、社区和学校的温暖关爱，也能获得政府制度化的保底支持，让他们都能"在世界转角遇见爱"，待到他们成年后，也都会有"幸福来敲门"。

前路虽漫漫，风雨愿同舟！

二〇二四年三月七日
于浙江大学成均苑 8 幢 1032